一日一禅

秋月龍珉

まえがき

　数多くの日本・中国の「禅語」のなかから比較的短い語句を選んで、一年三百六十五日に一日一禅語を配して、それにちなんだ仏祖の機縁（仏陀や祖師たちの言葉や行為）のエピソードを交えながら、その禅的意味を鑑賞するような小冊子を編んだら、現代人のための楽しい読物ができるのではないかと構想し、去年の秋から冬にかけて一気に書きあげたのが本書である。禅語のなかには、寸鉄人の心を刺すような鋭い語もあれば、豊かに深い人生を生きぬいた達人の匂やかな詩的な句もある。すべてこれ本来「不立文字《ふりゅうもんじ》」（一九九ページ参照）のはずの禅を、自由自在に文字化した禅者の赤心片々にほかならない。

　みなさんがこれをどのような読み方をなさろうと、それはみなさんの自由である。気軽に寝ころんで通読していただいても、通勤途上の電車の中で少しずつ読まれても、煩わしい今日の社会を生きる人々の心のオアシス、生命の泉から汲《く》んだ活《い》ける水、現代を生きる人々の一服の清涼剤となるであろうことを信じる。しかし、ここにあえて著者の希望をいわせていただければ、禅語はやはりどこまでも禅語として読まれるのが本当であろうと思う。朝早くでも夜おそくにでも、身辺を清掃してできれば床の間に一本の線香でもたてて、静かに三十分の坐禅をしたのちに、昼間本書の解説で読んだその日の分の禅語を、くり返して思い味わっていただけたらと祈るものである。坐禅なしの禅はない。禅定《ぜんじょう》（身心《しんじん》の安定・統一）のなかからの鑑賞であってこそはじめて、その禅語のもつ禅味も禅機（禅的な働き）も本当に味わうことができるからである。

そもそも「禅語」とはどういうものか。禅語はすべて、本来ある意味で「公案」としての役割をもつ。公案とは、公府の案牘《あんとく》すなわち権威ある文書《もんじょ》の意から、参禅にあたって師から修行者に与えられる参究の課題である。たとえば「日々是《こ》れ好日」とか「明鏡止水」というような句を、世間でも政治家や実業家などが自己の心境を述べる語としてよく用いるが、公案として見る場合にはそのような安易なことではすまぬ。少なくとも後世に公案として使われるような禅語は、一人の禅者が一生の修行と体験とをこめて、自己自身の存在をただこの一句として吐《は》き出したとでもいうべき重みをもっている。だから、その禅語に参ずる修行者にもまたそれだけの真摯な修行が要求される。「日々是《こ》れ好日」の語を公案として参ずる場合、修行者は坐禅の静中《じょう》にあるいは日常行持の動中に、この語を縦に嚙《か》み横に嚙んで、血のにじむような真剣な参究ののちに、おのずから出てきた見解《けんげ》（その公案に対する自己の見方）を呈すべく、師の室に独《ひと》り参じて（これを独参とも入室《にっしつ》ともいう）師と一対一で問答商量する。その場合、師はけっして公案の答えを教えてはくれない。ただ弟子が自分と同じ見地に到達し、その境涯（主観すなわち自己と客観すなわち公案の示す世界とが一如したところに現われる心境）がそこに届いたとき、はじめてその公案の透過を許すだけである。一つの公案が透れば、その師の室内伝統の「公案体系」によって、また次の公案が課せられる。透らぬときは、師は黙って手もとの鈴をふるだけである。修行者はそのときただちに問答をやめて、ひきさがって再工夫《くふう》しなければならない。

　したがって公案は、師が弟子を「見性成仏《けんしょうじょうぶつ》」（二七七ページ参照）させるための手段・道具である。師はまずなによりも弟子を見性（悟りのこと）させねばならぬ（「理致」の公案＝三三〇ページ参照）。さらにその悟りを深めて、日常の生活のなかでその悟りを自由に働かせるように訓練させねばならぬ（「機関」の公案＝同ページ参照）。そして最後にはその悟りの臭みをも抜いて、禅のねらう真の人間性（「無位の真人《しんにん》」とも「無相の自己」ともいう）を実現させねばならない（「向上」の公案＝同ページ参照）。そうした「公案体系」のことは別の小書（『禅入門――公案三十三則』潮文社新書）にゆずってここでは詳述は避けるが、本書にもⅤとⅥに、二様の小体系を組んで具体的な公案集として紹介しておいた。特にⅤで述べた「日本語による公案」とその解説は、責任ある禅匠の手になる文字としては、故少林窟（飯田欓隠）老師のわずかなそれを別とすれば、おそらくはじめて一般に公開されたものである。

　ともあれ、ここでは「公案」とか「禅語」とかいうものが、本来修行者の禅経験を引きだすことを第一目的とするものであることに注目していただきたいのである。そこでもし読者が本書の禅語の解説を読んで、どうにもわけがわからぬと思われるような場合、そこに二様の理由があるということになる。その一つは、筆者の解説がゆきとどかぬ場合である。もう一歩、筆者として親切な表現を工夫すれば容易に読者の理解が得られるのに、その工夫がたりない場合である。編集部の再三にわたる注文もあり、なんべんか手を入れて読みやすくしたつもりだが、それでもなおまだ筆者としての工夫の余地が残っていると思う。そうした点については、読者各位の寛恕と教示とを切に希《ねが》う次第である。

さて、ここでどうしても筆者として指摘しておかねばならぬたいせつなことは、先の二様の理由のもう一つの場合である。「禅語」が「公案」として、本来修行者を禅体験へと導くための道具であるということから来る、知的解説を不可能にする禅語の独自の性格についてである。そもそも「禅経験」というものが、日常的知性の次元を超越する「無分別の分別」(鈴木大拙)という般若《はんにゃ》直観(霊性的直覚)の自覚体験である。だから、禅語や公案を日常の分別知性で理解しようということが、第一に根本からのまちがいなのである。だから時として、禅者はわざと好んでするかのように逆説的《パラドキシカル》な表現をしたりもする。それは、分別知性がいきづまったところからのみ、本当の禅の参究が始まることを禅者はよく知っているからである。そこにこそはじめて自我否定による実存超越の世界が開ける。そこに禅の「覚」がある。何もかも分別で割りきって理解しようという日常的知性の立場に立って、実存の問題が片がつくという理性的な余裕のあるあいだは、宗教は問題にできないのである。そこには人間の実存の問題はまだない。ひっきょうそれは実存の自己に対する誠実さの問題だといっていい。

お前の解説はわからぬ、いやわからぬだけではなく読んでいていらいらしてくる、という批判に対して、それが先の第一の理由によると思われる場合には、筆者は素直に反省して、より親切なゆきとどいた表現を工夫するにやぶさかではない。しかし、それが第二の理由による場合には、筆者は率直にいいたい。Aという言表とBという言表とが知性的論理的につながらぬといわれるとき、あなたご自身が親しくみずから禅経験を体験して、般若の心眼を開けば、そこにすでにちゃんと禅者独自の一線道《いっせんどう》が通じていたことが、自分の掌の筋を見るようにはっきり見えてくるであろう、と。そして禅者はむしろ、あなた自身がみずからそのいらいらを踏み台にして、禅経験へと飛躍することをただじっと待っているのだ、と。なぜなら、禅経験による般若の自覚とは、ただ禅という特別の宗教世界のことにとどまらず、人間性の根源的な自覚にかかわる大事《だいじ》だからである。禅者の信ずるところによれば、ただこの一点の自覚の有無こそが、現代の社会と実存とのさまざまな矛盾の根本的な、その死活を制する究極の解決のカギとなると信じるからである。そこで、あえていわずにじっと待つのが、禅者の親切心なのだ。たとえば、「日々是れ好《こ》日」の公案に、古人が「鉄鉆《てっこ》、三台を舞う」という語を著《つ》けた（二四九ページ参照）、というだけにとどめて、前者の句と後者の句の禅的つながりをあえて解説しないのも、ただそのためである。だから、古人も「道《い》わじ、道わじ」(二〇六ページ参照)といったのである。いえば、いつか訪れるであろうあなた自身の「冷暖自知」(三〇六ページ参照)の喜びを奪うことになりかねないからである。

最後に、本書の構成を述べておくと、ⅠとⅡでまず主として日本の禅者の機縁を述べて、この国の一般読者の親しみをひこうとはかった。そしてⅢとⅣで、より端的な中国の禅者のそれへと進んだ。ⅤとⅥでは、白隠下の公案教授の体系に則《のっと》って、それぞれ二組の公案の小体系を編んでみた。これは先にも述べたように、本書の目玉の一つでもある。単なる禅語の鑑賞を越えて、より真剣な禅の参究を志す読者には、これから以降後半(Ⅶ〜Ⅻ)にかけての公案の解説が参究のよき伴侶となるはずである。さらに後半では、ⅦからⅩまでに『碧巌録』の公案百二十則を、そしてⅪとⅫに『無門関』の公案六十六則を紹介した。つまり後半は、『碧巌録』と『無門関』の邦訳による「簡便な公案集」としても使っていただけると思う。ただし『碧巌録』と『無門関』の公案の順序については、古来の流布本によらず、立田《たった》英山《えいざん》老居士(両忘庵釈宗活老師の法嗣《はっす》、人間禅教団初代総裁)の「新編本」に従った。ただ一々の公案の解説については、筆者の責任において管見を述べた。したがって、せっかくの老居士の新編の「深意」を殺してしまった部分も少なくない。それは筆者の意図が、ただ『碧巌録』と『無門関』の公案の順序の「新編」という独自の見識による果断な試みの存することと、その実際の順序だけを紹介することにあったからである。公案の解説はすべて筆者のものといっても、ここでの公案の解説がただちに筆者の室内の見解というわけではないが、それはどこまでも筆者の禅者としての責任においてなされたことはいうまでもない。

なお、さらに進んで書物による禅の参究を続けたい読者各位には、小著『禅の探求』（サンポウ・ブックス）、『禅入門』『禅問答』（潮文社新書）、『現代の禅』（河出書房新社）、『禅と人生』（雪華社）等をあわせ読んでいただければ幸いである。

本書執筆の途次、編集部の渋谷裕久部長から数多の御高見を賜わった。また担当の那須真逸郎氏は、読者代表という立場で、まるで自分自身の本のように、筆者の原稿に再三にわたって問題点を指摘された。先にもふれたとおり、本書が筆者の当初の原稿よりたいへん読みやすくなったのは、ひとえに同氏の協力の賜物である。最後に、秘蔵の書画の写真掲載を御快諾くださった永青文庫はじめ各所蔵家の御好意に、深く感謝する次第である。

なお、本文中の括弧内に参照とある数字は、禅語の番号をあらわしている。

昭和五十二年一月十四日　母の忌日に

秋月龍珉

目次

31 三乗十二分教　皆是拭不浄故紙
32 十方無壁落　四面又無門
33 採菊東籬下　悠然見南山
34 入火真金色転鮮
35 本自天然　不仮彫琢
36 孤輪独照江山静
37 無辺刹境　自他不隔毫端
38 十世古今　始終不離当念
39 泥中蓮花
40 両刃交鋒不須避　好手却同火裏蓮
41 安禅不必須山水　滅却心頭火自涼
42 冷熱は生道人の知るところにあらず
43 山高水深　雲閑風静
44 好児不使爺銭
45 施無畏
46 爾に出づる者は須らく爾に返るべし
47 両頭倶截断　一剣倚天寒
48 電光影裏斬春風
49 わしは戦争のことなど識らぬ
50 伊勢の海千尋の底の一つ石袖もぬらさで取るよしもがな
51 迷時三界有　悟後十方空
52 隻手音声

Ⅳ　滴水滴凍――中国の禅者の機縁2

93 看狗

94 此不是火

95 我於耽源処得体　潙山処得用

96 去年貧未是貧　今年貧始是貧

97 打葛藤

98 莫妄想

99 高高峰頂立　深深海底行

100 一人在孤峰頂上　無出身之路
一人在十字街頭　亦無向背

101 有一人論劫在途中　不離家舎
有一人離家舎　不在途中

102 渠今正是我　我今不是渠

103 一等是拍手撫掌　見他西園奇怪

104 踏碓忘却移脚

105 子親到龍潭

106 師兄　今日始是鰲山成道

107 子縁在徳山

108 鏡清今日失利

109 心生種種法生　心滅種種法滅

110 秦時轅轢鑽

111 我首座牧牛也

112 我四十年　方打成一片

113 二十年来曾苦辛　為君幾下蒼龍窟

114 到得還来無別事　廬山煙雨浙江潮

115 不知最親切

130　富士山を燈心でくくり出せ

131　東山水上行

132　茶碗を行道させてみよ

133　かぎの穴から入つてこい

134　化け物が八畳敷き一杯に寝てをる。そこを通つて床の間の香炉を取つてこい。

135　空手にして老僧を起しめよ

136　向かうから来るは姉か妹か

137　世界恁麽広闊　因甚向鐘声裡披七条

138　道得即救　道不得即斬却也

139　趙州頂草鞋　意作麽生

140　度驢度馬

141　願一切人生天　願婆婆永沈苦海

142　老僧末上入

143　釈迦弥勒猶是他奴　且道他是阿誰

144　文殊乗獅子　普賢乗象王　未審釈迦乗什麽

145　相送当門有脩竹　為君葉葉起清風

146　対一説

147　倒一説

148　陳操只具一隻眼

149　非非想天　即今有幾人退位

150　其知可及也　其愚不可及也

211 斫額望汝
212 喪我児孫
213 勘破了也
214 如何是祖師西来意
215 作者好求無病薬
216 且聴這漢疑三十年
217 三歩雖活　五歩須死
218 好雪　片片不落別処
219 三界無法　何処求心
220 尽大地撮来　如粟米粒大
221 南山有一条鼈鼻蛇　汝等諸人切須好看
222 拄杖子化為龍　呑却乾坤了也
223 万法帰一　一帰何処
224 踏毘盧頂上行
225 与老僧作箇無縫塔
226 道即太煞道　只道得八成
227 菩薩子喫飯来
228 這野狐精
229 榔標横担不顧人　直入千峰万峰去
230 一刀両断任偏頗
231 帰到家山即便休
232 展両手
233 東門西門　南門北門
234 南方還有這箇麽
235 昨夜驪龍拗角折
236 擾擾忽忽水裏月

301　趙州和尚　因僧問　狗子還有

仏性也無　州云無

302　大慧曰　趙州無字祇麼挙

303　如啞子得夢　只許自知

304　密却在汝辺

305　瞎却頂門眼　錯認定盤星

306　倩女離魂　那箇是真底

307　奚仲造車一百輻　拈却両頭去

却軸　明甚麼辺事

308　庭前柏樹子

309　先師無此語

310　我当時若見　一棒打殺　与狗

子令喫却　貴要天下太平

311　柏樹子話有賊機

312　麻三斤

313　如世良馬　見鞭影而行

314　活却従前死路頭　死却従前活

路頭

315　路逢達道人　不将語黙対

316　将謂吾辜負汝　元来却是汝辜

負吾

317　美食不中飽人湌

318　若将耳聴応難会　眼処聞声方

始親

319　為伊不成仏

320　業識忙忙　那伽大定

321　殺人刀　活人剣

322　巻起明明徹太空　太空猶未合

離　向甚処去
339 不是風動　不是幡動　仁者心
動
340 開口即失　閉口又喪
341 長憶江南三月裏　鷓鴣啼処百
花香
342 光明寂照遍河沙
343 将謂胡鬚赤　更有赤鬚胡
344 不落因果　不昧因果
345 一刀両断底且置　一刀一断底
如何
346 平常心是道
347 洗鉢盂去
348 青原白家酒　三盞喫了　猶道
未沾唇
349 即心是仏
350 非心非仏
351 天晴日頭出　雨下地上湿
352 不是心　不是仏　不是物
353 乾屎橛
354 不得喚作浄瓶　汝喚作甚麼
355 十方薄伽梵　一路涅槃門
356 放汝三頓棒
357 台山路向甚処去
358 大小徳山　未会末後句
359 拈花微笑
360 倒却門前刹竿著
361 我手何似仏手　我脚何似驢脚

一日一禅

I

柳緑花紅——日本の禅者の機縁1

柳は緑、花は紅《くれない》。
——心眼を開いて見れば、
ありのまま・そのままが真如実相にほかならぬ。
「如」を見る、その「覚」こそ禅である。

1　一日不作　一日不食（一日作《いちじつな》さざれば、一日食《くら》わず）――伝燈録――

百丈和尚《ひゃくじょう》（七四九―八一四）ははじめて禅院生活の規矩（規則）を定めた宗匠として知られる。その『百丈清規《しんぎ》』（清衆すなわち修行僧の規矩）に、「作務《さむ》」といわれる肉体労働の定めがある。「普請《ふしん》」（上下力を均《ひと》しくして普《あまね》く一山の全員に請《こ》うて労働に従事する意）ともいわれ、一般に村中総出で働くとき道普請などというのが、それである。百丈和尚は老齢になっても、自身この作務をやめなかった。弟子たちが、もうおやめいただきたいと願っても、やはりみずから率先して出てくる。あるとき、係の者が和尚の鎌を隠した。道具がなければ仕事をやめるだろうと思ったからである。和尚はその日、作務を休んだが、そのかわり食事をとらなかった。「なぜ、食事をなさいませんか」と聞くと、和尚はいった、「働かぬときは、その日一日ものを食べない」と。『易』にも、「天行健なり、君子以て自彊《じきょう》して（みずから努めて）息《や》まず」の語があった。キリストもまた、「天父は常に働き給う、故に子もまた働くなり」（『新約聖書』）といった。

2　喫茶去《きっさこ》――趙州録――

趙州《じょうしゅう》和尚（七七八―八九七）は二人の新到《しんとう》（新参者）の僧にたずねる。「前にもここに来たことがおありか」「来たことはありません」「お茶を召しあがれ」。また他の新到にたずねる。「前にもここに来たことがおありか」「来たことがあります」「お茶を召しあがれ」。院主（寺務総長）がいった、「老師、はじめて来た者に『お茶を召しあがれ』といわれるのはよいとして、前にも来たことがある者に、なぜ『お茶を召しあがれ』といわれるのですか」。趙州は「院主さん」と呼んだ。院主は「はい」と返事をした。和尚はいった、「お茶を召しあがれ」。

新参にも旧参にも、趙州は区別なくお茶をふるまおうというのである。この一杯の茶が無心にいただけたら、禅の大事はもう卒業だともいえる。周知のように、今日の「茶の湯」はもと禅門の「茶礼《されい》」から出た。珠光（一四二二―一五〇二）がこれを一休（一三九四―一四八一）から受けて、利休（一五二二―九一）が大成した。「茶の湯とは、ただ湯をわかし茶をたてて飲むばかりなる本《もと》を知るべし」。利休のいわゆるこの「本」を忘れて茶道はない。しかしこのただ（祇麽《しも》）の二字は、けっしてたやすくは手に入らぬ。

3　可惜一杯茶（惜しむべし一杯の茶）――五燈会元――

中国の五代のころ、稽山《けいざん》の章《しょう》禅師が、まだ投子《とうす》和尚のもとで修行していたとき、柴頭《さいじゅ》

（柴を刈ってまきを作る係）という役位についていた。ある日、薪作務《たきぎさむ》のあとで、師の投子和尚がねぎらいのお茶を一服与えた。そのとき茶をつぎながらいった、「森羅万象、すべて這裏《しゃり》（此処《ここ》の意の唐宋の俗語）に在《あ》り」。これはたいへんなお茶である。うっかり飲もうものなら、どんなめにあうかわからぬ。しかし章禅士《ぜんし》（禅士は修行者）は少しばかりの力量を誇って、師の言葉が終らぬうちに、茶碗をふっとばして、「森羅万象、甚麽処《なんのところ》にかある」と、若い禅機（禅的機鋒）をむき出しにした。投子和尚は静かにいった、「惜しむべし、一杯の茶」。あたら一杯のお茶を台なしにしたね。そんなことではお前はまだほんとうに這裏《ここ》が手に入《はい》っていないというのである。

4　茶《さ》禅一味《ぜんいちみ》　――本朝参禅録――

夾山《かっさん》和尚（八〇五―八八一）はある日、一碗の茶を飲み終ると、みずからまた茶をたてて侍者に与えた。侍者がその茶碗を受け取ろうとすると、和尚は手をひっこめていった、「是《こ》れ甚麽《なん》ぞ」。侍者は答えなかった。さあ、あなたなら、侍者にかわってどう挨拶するか。

古来、茶味と禅味は一味といわれる。利休居士はいった、「小座敷の茶の湯は第一仏法をもつて修行得道することなり。水を運び薪《たきぎ》を取り、湯を沸《わか》し茶をたてて、仏に供へ人にも施し我《われ》も飲み、花を立て香をたきて、みなみな仏祖の行なひの跡を学ぶなり」。利休の孫の宗《そう》旦《たん》（一五七八―一六五八）の所へ、ある和尚が白玉椿の一枝を小僧に届けさせた。小僧は途中でだいじな花を落してしまったが、正直にそのことを告げてわびた。折返し宗旦から茶の案内を受けた和尚が、席に通ってみると、床の柱懸《はしらか》けに固いつぼみをもった花のない枝がさされ、その下に白い落ち花が一つ無造作《むぞうさ》においてあった。なんともいえぬ風情《ふぜい》であったが、落ちた花一輪をみごとに生かしきった宗旦の心こそ禅の心そのものといえよう。

5　枯木龍吟（枯木龍吟《こぼくりゅうぎん》す）――碧巌録2――

利休の師紹鷗《じょうおう》（一五〇四―五五）はその「侘茶《わびちゃ》」の心を表現するのに、『新古今集』の定家の歌を引用して、「見渡せば花も紅葉《もみじ》もなかりけり浦のとまやの秋の夕暮」といった。春の花のあでやかさも秋の紅葉の輝かしさもない、浦風に薄《すすき》のなびく蕭条《しょうじょう》たる晩秋の景色こそ、茶の湯の侘《わび》に通じるというのであろうか。

しかし、これを評して『南方録』には、「花紅葉を知らぬ人の、初めよりとま屋には住まれぬぞ。〔花紅葉を〕眺め眺めてこそ、とま屋の寂《さび》すましたる所は見立たれ」という。おもしろい見方である。

しかし利休はさらに『壬二《みに》集』から家隆の一首を引用して、「花をのみ待つらむ人に山里の雪間《ゆきま》の草の春を見せばや」といった。白一色の山里にも一陽来復、雪間に芽生《めば》えんとする草の生命が動く。死の極に動き出さんとするこの生の一気にこそ、真の侘《わび》があるというのか。

死にはて枯れはてた木の洞《ほら》が風に鳴って龍のように吟ずるところ、禅定《ぜんじよう》（身心《しんじん》の安定統一の境《きよう》）の静が智慧（悟りの智恵）の働きの動にと一気に吹き返さんとする、そこに禅の、茶の生命がある。

6　逢茶喫茶　逢飯喫飯（茶に逢うては茶を喫《きつ》し、飯に逢うては飯を喫す）――本朝参禅録――

総持寺開山瑩山《けいざん》和尚（一二六八―一三二五）は師匠の徹通《てつつう》和尚（一二三二―一三〇九）が、「平常心是れ道」（346参照）の話《わ》を提唱するのを聞いて豁然《かつねん》として大悟し、思わず「私は悟った」と叫んだ。徹通が「どう悟ったか」ときくと、「黒漆の崑崙《こんろん》、夜裏《やり》に走る」と答えた。真黒な丸い玉が暗闇《くらやみ》の中を飛ぶというのである。真空無相・平等一如《びようどういちによ》（一切の差別を泯《みん》滅《めつ》した無心無我）の心境を述べたのであろう。徹通はそれに対して「未在《いまだし》、更《さら》に道《い》え」と突っ込んだ。そのとき瑩山は、「茶に逢うては茶を喫し、飯に逢うては飯を喫す」と答えた。師の徹通は微笑して、「汝向後将《まさ》に洞上の宗風を興さんとす」と、これを印可したという。

平常心《ふだんのこころ》が道なら茶のときは茶を飲み、飯のときは飯を食うだけであろう。しかし、その背景に「黒漆の崑崙、夜裏に走る」という禅定三昧《ぜんじょうざんまい》(身心統一の無我の境になりきった境涯をいう)の裏づけがないと、真に禅者の行持《ぎょうじ》とはならない、そこがだいじだというのである。

7　雨過青苔潤(雨過ぎて青苔潤《せいたいうるお》う)――本朝参禅録――

俳人芭蕉《ばしょう》はかねてから鹿島の根本寺の仏頂《ぶっちょう》和尚について参禅していた。梅雨晴れの一日、和尚は久しぶりに、みずから江戸深川の芭蕉庵を訪ねた。芭蕉は喜んで表へ飛び出した。顔を見合わせたとたんに、芭蕉が何かをつかんだのを見てとった和尚は問うた、「近日甚麽《なん》の事《じ》かある」(なんぞよいことでもあったか)。芭蕉は答えた、「雨過ぎて青苔潤う」(なんとこの雨あがりの苔のきれいなことよ)。心眼が開けると真如実相(あるがままそのままの実在。如。as-it-is-ness)が見えるようになる。雨過ぎて青苔潤う――この新鮮な感覚こそ、まさに悟りの眼にほかならない。しかし和尚は容易に許しはしない。「如何《いか》なるか是れ青苔未生《みしょう》以前の仏法」と突っ込んだ。朕兆未萌《ちんちょうみぼう》(もののきざしさえまだめばえぬ)以前ともいわれる、一念の念さえもまだ生じない絶対無の只中《ただなか》である。「黒漆の崑崙、夜裏に走る」とでもいうところか。

しかし、芭蕉はさすがにそうした黒闇の鬼窟(差別なき悪平等に落ちた心境)には堕していなかった。言下に「蛙《かわず》飛び込む水の音」と答えた。有名な「古池や」という蕉風開眼の瞬間である（152参照）。

8 都府楼纔見瓦色　観音寺只聴鐘声（都府楼は纔《わずか》に瓦の色を見、観音寺は只だ鐘声を聴く）――槐安国語――

ある一日、奕堂《えきどう》和尚（一八〇五―七九）は殷々《いんいん》とひびく暁鐘に心耳をすまし、禅定《ぜんじょう》から起《た》って隠侍（隠寮すなわち師家の居室に仕える侍者）を召し、鐘つく者は誰かと問うた。隠侍はその者が新参の一小沙弥《しゃみ》（出家して十戒を守り、比丘戒を受けるまでの男子）であることを報告した。そこで奕堂和尚はその沙弥をよんで、「今暁の鐘はどんな心持ちでついたか」とたずねた。沙弥は「別にこれという心持ちもなくただついたばかりでございます」と答えた。和尚は「いやそうではあるまい。何か心に思うていたであろう。鐘つかばかくこそ、まことに貴い響きであったぞ」というと、かの小沙弥は「別にこれという心得もありませぬが、ただ国もとの師匠が、鐘つかば鐘を仏と心得て、それに添うだけの心の慎みを忘れてはならぬと、常々戒めてくださったことを思いうかべて、鐘を仏と敬い、礼拝しつつついたばかりでございます」と答えた。奕堂和尚はしみじみとその心掛けを賞し、「終生万事に処して今朝の心を忘れるなよ」と戒めた。

この沙弥こそ後年の永平寺貫首《かんす》森田悟由禅師（一八三四―一九一五）であった。無心に見、無心に聴く――そこに禅がある。無心に、ただ（祇麽）聴くとは、どういうことか。そこが参究の眼目である。詩は菅公が太宰府《だざいふ》へ流されたときの作。禅者はこの詩の「見聴」の二字に着眼して、無心の「祇麽《しも》禅」を示す語として愛用した。

9　没可把《もっかは》　――碧巌録42――

没可把は、把捉《はそく》できぬ、捉まえどころがないの意で、また「没巴鼻《もっはび》」ともいう。近代洞門の英傑森田悟由禅師は永平寺貫首を二十五年も重任した高徳であったが、ふだんどんな問話《もんな》にも、ただ「没可把」と答えるだけであった。このことが有名になって、人々がなんとか他の語をいわせようと苦心したが、ついに没可把で通したという。

あるとき維新の元勲伊藤博文が、文学博士井上哲次郎の紹介で訪ねてきた。三人鼎坐しての閑談の中で、伊藤は自分が御一新以前にたびたび死地に落ちた話をして、「禅宗では『生死巌頭に立って大自在を得る』というが、わしもずいぶん白刃の下をくぐってきた。禅僧の貴僧の目から見てどう見えるだろうか」といった。禅僧の座布団の上の口頭禅など実地には何の役にも立つまい、という下心である。これまで伊藤の苦心談に一如《いちにょ》して、熱心に耳を傾けていたかに見えた禅師の目が、このとき一瞬きらりと光った。そしてぽつりと、「人間も、自分の過去の経歴を語るようではダメだ」といった。伊藤もさすがに「これは一本参りました」と頭をさげたという。

禅師無心の妙用による「没可把」の平話（平常の言葉での表現）である。

10　空手還郷《くうしゆげんきよう》　——永平広録——

道元禅師（一二〇〇—五三）が中国から帰朝した時の法語に、「山僧叢林《そうりん》を歴《ふ》ること多からず。只《た》だ等閑《なおざり》に天童《てんどう》先師に見《まみ》えて、当下《とうげ》に眼横鼻直《げんのうびちょく》なることを認得して、人に瞞《まん》せられず。便《すなわ》ち空手にして郷に還《かえ》る。所以《ゆえ》に一毫《いちごう》も仏法なし。朝々《ちょうちょう》日は東《ひんがし》に出で、月は夜々《やや》西に沈む。鶏《とり》は暁《あかつき》の五更に鳴き、三年一閏《いちじゅん》あり」とある。

「私は大宋国に法を求めて渡ったが、たくさんの道場を歴参したわけではない。たまたま天童山で如浄《にょじょう》禅師（一一六三—一二二八）にお目にかかって、そのお導きでただちに『眼は横に鼻は直《たて》に』ということを悟った。すなわち『如《にょ》』を見ることができた。もう他人にだまされることはない。それで空手（手ぶら）で故国に帰ってきた。だから私には仏法らしいものは何一つない。ただ毎朝日は東に出、毎晩月は西に沈む、鶏は夜明けの五更に鳴き、三年たつといっぺん閏年《うるうどし》がめぐってくる、それだけだ」

というのである。

11　鶏暁五更鳴（鶏《とり》は暁《あかつき》の五更に鳴く）　——永平広録——

雪潭《せったん》和尚は美濃の慈恩寺の棠林《とうりん》和尚を師として参じたが、容易に悟れなかった。薩門という兄弟子がいて、「悟りたいなら、擂木《すりこぎ》で老師の頭をぶんなぐれ」とけしかけた。求道《ぐどう》の一心で雪潭は師の頭めがけて擂木をふりおろした。棠林は「このならず者めが」といって手もとの棒をふりあげた。そのとき薩門が走り寄っていった、「この男の無礼も悟りたい一念からです。どうか向こう七日間、この男の命を私にお預けください」。薩門はそこで雪潭に、「あと七日の命だ。なんとしてでも悟れ。そうでないと、わしも師匠にあわす顔がない」と激励した。雪潭は決死の覚悟で坐禅した。一夜あけ二夜あけ、ついに七日めの夜もあけたが、悟りは開けない。彼は楼上の欄干《らんかん》から飛びおりて自殺しようとした。そのときである。暁天の大気を破って雄鶏が「コケコッコー」と鳴いた。雪潭は思わずへたへたと尻餅《しりもち》をついたが、その瞬間に豁然《かつねん》として大悟した。「鶏暁五更鳴」の語については前則10を参照のこと。

12　参禅は実に大丈夫の事　——本朝参禅録——

寂室元光《じゃくしつげんこう》和尚（一二九〇—一三六七）の詩に、「参禅は実に大丈夫の事、一片の身心《しんじん》鉄と打成《たじょう》せよ。你看《なんじみ》よ従前の諸仏祖、阿那箇《あなこ》か是れ間情を弄する」――参禅はこの一箇の身心を「鉄」（大燈国師に「鉄の話」の公案がある）にしてはじめて成就できるほどの大丈夫（りっぱな男子、大人物）の仕事だ、よく思うがよい、これまでの仏祖方でどなたが閑《かん》（むだな）妄想《もうぞう》をほしいままにされたお方があろうか――というのがある。『碧巌録』にも、「大凡《おおよそ》宗教（禅）を扶竪《ふじゅ》（助け建てる）せんには、須《すべか》らく英霊底の漢（大人物）なるべし」という句があった。

西田寸心（幾多郎）先生の話に、「ある人が禅とはどういうものか、というようなことをいったら、北条時敬先生は『脇腹に刃を刺し込む勇気があったらやれ』といわれた」というのがある。

この話をしてある禅匠はいった、「わしは女性の参禅者が来たら、わしの前ですっ裸《ぱだか》になれるかときくことにしている」。ところが、この老師が、実はミニスカートの女子大生の正座した膝小僧にさえ、目のやり場に困るというお方なのだ。

13 百年鑽故紙　何日有出頭時（百年故紙を鑽《き》るも、何の日にか出頭の時あらむ）――神讃録――

中国福州の大中寺の老僧に三人の弟子がいた。その三人が修行の旅から帰ってきた。一人は都で詩文を学んでき、いま一人は諸方で経論を学んできた。しかし末弟の神讃（生寂不詳）だけは何も得たものはないという。そのため老僧にうとんぜられて、下男同様に使われていた。

ある日神讃は風呂場で師の背中を流しながらいった。「仏殿はりっぱだが、肝心の仏様がダメだ」。師匠がふり向くと彼はいった。「仏様はダメだが、ともかく光は放つことができる」。またある日、師匠は窓下でお経を黙読していた。蜂《はち》が飛び出ようとして窓の障子紙に身をぶっつけていた。神讃はいった、「部屋はこんなに開けはなたれているのにそこから出ようともせず、障子紙を破って無駄骨ばかり折っておる」。そして詩を作っていった、「空門肯《あえ》て出でず、窓に投ずる大いに癡《ち》なり。百年故紙（ほご）を鑽《き》るも、何の日にか出頭の時（悟る日）あらむ」。師はいった、「どうもお前のいうことは他とは違う。きっと誰か偉い人に逢ってきたに違いない」。

神讃はそこで百丈《ひやくじよう》和尚の下で修行して悟ったことを語った。師匠は心から恥じて弟子の神讃に教えを乞い、この年になってはじめて禅の真訣を知ったと涙ながらに喜んだという。

14　漆桶不会《しつつうふえ》　――碧巌録5――

漆桶《うるしおけ》のように暗黒《まつくろ》でなんにもまったくわからぬの意。臨済和尚（?―八六六）も、「私もその昔まだ悟りが開けなかったときは、ただ一面の暗闇《くらやみ》であった」といった。そこでこの迷妄の自己を解脱《げだつ》して豁然《かつねん》として悟ることを、「漆桶を打破する」という。如大尼は俗名を千代野といい、はじめ円覚寺の無学祖元和尚（一二二六―八六）に参じ、のちに京洛で聖一《しょういち》国師（一二〇二―八〇）にも参じた。美濃の松見寺に留まって、雲水たちのために薪水の労をとっていたとき、ある日頭上にのせて運んでいた水桶の底が抜けて、忽然として省悟《せいご》した。投機（悟り）の歌にいう、「千代のをがいただく桶の底ぬけて水たまらねば月も宿らず」。彼女はこの日はじめて真に漆桶を打破して、本来無一物（64参照）の心境を体験できたのである。盤珪《ばんけい》和尚（一六二二―九三）にも次の歌がある、「古桶の底抜けはてて天地《あめつち》に一円相の輪もあらばこそ」。

桶の底がぬけてばらばらになれば、ふつうは丸い輪だけが残る。しかしその輪さえも残らぬという徹底した真空無相（本来無一物）の境地である。一円相については148に詳述。

15　五帝三皇是何物（五帝・三皇是《こ》れ何物ぞ）　――碧巌録3――

花園天皇が大燈国師（一二八二―一三三七）を召してはじめて仏法を聴聞したとき、勅使は、道服を着て一重の座席を隔てて天皇にお話し申しあげるようにといったが、国師は袈裟《けさ》をかけて天皇と対坐することを再三要求した。天皇はこれを許したが、対面のときに「仏法不思議、王法と対坐す」といった。国師はただちにこれに応じていった、「王法不思議、仏法と対坐す」。天皇はこの答えに満足のようすであったという。

雪潭和尚は師の棠林和尚のもとを去ったのち、美濃伊深の正眼寺に住し、その教育手段の苛辣《からつ》さは、天下に「雷《かみなり》雪潭」と仇名された。ある日、尾張犬山の瑞泉寺の招請で祖録を講じた。犬山城主も聴聞するというので、一段高い座を設け、おまけに前面に御簾《みす》がおろしてあった。それを見て席についた雪潭の雷が落ちた、「なんたる無礼者、簾中にあってわしの提唱を漉《こ》して聴こうというのか。わしの提唱に糟《かす》はないぞ」。王者も眼中にない禅者の気宇である。ちなみに五帝三皇は中国古代の聖天子。

16　本有円成仏　為甚還作迷倒衆生（本有《ほんぬ》円成仏《えんじょうぶつ》、甚《なん》としてか還って迷倒の衆生《しゅじょう》と作《な》る）

——正法山六祖伝——

妙心寺開山無《む》相大師《そうだいし》関山《かんざん》和尚（一二七七—一三六〇）は、つねに修行者を試すのに「本有円成仏、甚《なん》としてか還って迷倒の衆生と作る」「柏樹子《はくじゅし》（このてがしわ）の話《わ》に賊機あり、作麽《そも》生《さん》か会《え》する」の公案（311参照）を授けたという。この「本有……」の句は、本来の自己は円満に成就した仏《ほとけ》であるというのにどうして迷蒙顛倒《めいもうてんどう》の衆生になったのか、というのである。

趙州《じょうしゅう》和尚にある僧が「犬にも仏性《ぶっしょう》（仏陀としての本性）があるか」と問うと、和尚は

「ある」と答えた。そこで僧は「あるというからには、なぜこんな皮袋に入ったりして畜生になどなったのか」と突っ込むと、和尚はいった、「それは彼が知って故《ことさら》に犯しているからだ」。「知而故犯《ちにこぼん》」の話《わ》（301参照）といって、宗門ではやかましい調べがある。これを例によって「無《む》ーっ」の一枚悟り（何でもただ「無」で片づける悪平等の悟りをいう）で片づける室内（密室における師家《しけ》つまり正師の印可をもつ有資格の指導者と修行者との一対一の問答をいう）もあるが、これはもっと向上《こうじょう》（その上）の調べ（330参照）でなければならない。

17　仏祖深恩難報謝（仏祖の深恩《じんのん》、報謝し難《がた》し）――正法山六祖伝――

南朝の忠臣藤原藤房（一二九五―一三八〇）は、はじめ大燈国師の居士であったが、三十九歳のとき出家し、のちに妙心寺の開山無相大師（関山慧玄《かんざんえげん》）について「本有円成仏《ほんぬえんじょうぶつ》」の公案に参究、一日豁然《かつねん》として大悟した。そのとき師に呈した投機の偈《げ》（悟りの歌）に云《いわ》く「此《こ》の心一たび了《りょう》して嘗《かつ》て失わず、人天《にんでん》（人間界と天上界）を利益《りやく》すること尽《じん》未来。仏祖の深恩《じんのん》報謝し難《がた》し、何ぞ馬腹と驢胎《ろたい》（ろばの腹）とに居《お》らん」。そこで大師は問うた。「この心はどこにあるか」。藤房、「虚空に充満しています」。大師、「いったい何を以て人天を利益するのか」。藤房、「行いては水の窮《きわ》まる処に到り、坐しては雲の起こる時を看《み》ます」。大師、「仏祖の深恩をどう報ずるか」。藤房、「頭《こうべ》には天を戴き、脚《あし》は地を踏みます」。大師、「馬腹と驢胎とにどうして入らないか」。藤房はここで静かに三拝した。大師は大笑していった。「上人は今日、大悟徹底した」。この藤房卿こそ妙心寺第二世授翁宗弼《そうひつ》禅師その人であると伝える。

ちなみにある禅匠は先の偈《げ》（宗旨をこめた漢詩）に対して、「授翁大師の深恩はまことに報謝しがたい。それはそうだが、わしの目から見ると結句の一字がまだ穏かでない。改めてみよ」といった。

18　慧玄這裏無生死（慧《え》玄《げん》が這裏《しゃり》に生死《しょうじ》なし）——正法山六祖伝——

関山和尚にある僧が問うた、「私はだいじな生死《しょうじ》の問題の解決のために来ました。どうかお教えをいただきたい」。そのとき和尚は大声に叱咤《しった》していった、「慧玄が這裏に生死なし」。慧玄は関山の法名。這裏はここの意の中国唐宋時代の俗語である。

関山の師大燈国師は五条橋下に乞食の群に入っての悟後の修行数年の無理がたたってか、片脚が不自由で結跏《けっか》趺坐《ふざ》が組めなかったという。死に臨んで、「これまではお前のいうことをきいてきたから、今度はわしのいうことをきけ」といって、片脚をぽきんと折って結跏して坐脱（坐禅したまま死ぬこと）したという。関山はある日、旅衣の身支度で二世の授翁を召し、「しばらく行脚してくる」といって、二人して風水泉《ふうすいせん》（井戸の名）の所まで足を運び、大樹の下に立ちどまり、懇々と訓誡を垂れて、そのまま立亡《りゅうぼう》（立ちながら死ぬこと）した。

「わしの所には生死などはない」といいきった無相大師関山の、父子二代にわたる臨終の行《あん》履《り》（行いの跡）である。

19　災難に逢ふ時節には災難に逢ふがよく候。死ぬる時節には死ぬるがよく候。これはこれ災難をのがるる妙法にて候。　——良寛——

大愚《だいぐ》良寛《りようかん》（一七五八—一八三一）は天保二年一月六日、弟の由之や愛弟子の貞心尼などに見守られながら、七十四歳で世を去った。その三年ほど前、越後の三条で大地震があったとき、与板の山田杜皐《とこう》にあてて書いたのがこれである。みずからもまたこの言葉どおりに眠るがごとく死についたという。死病は俗にいう痢病であった。死ぬときは死ぬよりほかにない。それが災難をのがるる妙法である。そうした心境から良寛は歌う、「形見とて何か残さむ春は花山ほととぎす秋はもみぢ葉」。遺偈《ゆいげ》（禅僧が臨終に遺《のこ》す宗旨をこめた漢詩）の代りのこの和歌は、もちろん宗祖《しゆうそ》道元禅師の「春は花夏ほととぎす秋は月ふゆ雪さえて冷しかりけり」を受けたものである。

20　吾常於此切（吾れ常に此《ここ》に於いて切なり）　——伝燈録——

語は、つねに自己を忘じて即今即今になりきって真心一杯に生きる、の意である。天龍寺の夢窓国師（一二七五―一三五一）は朝廷の帰依厚く、七朝の帝師と謳《うた》われていた。ある日、嵯峨から入京するとき妙心寺の前を通って、侍者に関山和尚の在否を問わせた。幸い関山は在寺していて、破れ衣の上に藤づるを丸めて環《かん》とした袈裟をひっかけ、走り出て鄭重《ていちょう》に門迎した。二人は快く対談したが、国師をもてなそうにも貧乏寺のことで何もない。関山は硯箱《すずりばこ》から銭《ぜに》数文を出して急いで侍僧を近所に走らせ、焼餅を買ってふるまった。国師も関山の志の切なるを感じて、心から賞味して退去したという。

夢窓が入内《じゅだい》するときはいつも随従の僧も多く常に美々しい行列となった。ある日もまた宮中からのお召しで輿《こし》に乗って妙心寺の門前を通った。そのとき関山はひとり庭を掃除して、はき集めた落葉を捨てずに、焚物《たきもの》にしようとしていた。その陰徳（かくれて人知れず徳をつむこと）の姿を見て、夢窓は歎じていった、「吾が宗門（禅門のこと）は関山に奪われた」。

21　金翅鳥王当宇宙　未審天龍何処蔵（金翅《こんじ》鳥王宇宙に当る、未審《そも》天龍何の処にか蔵《かく》る）――本朝高僧伝――

ある日、妙心寺の関山和尚は天龍寺に夢窓国師を訪ねて、「金翅鳥王宇宙に当る、未審（いったい）天龍何の処にか蔵るる」と問うた。すると夢窓は「おお、こわや、こわや」とばかり、頭に袈裟をひっかむって屏風《びょうぶ》の後《うし》ろにかくれた。関山はそれを見るや、すっと礼拝したという。伝は「二師出群の作略《きりやく》（働き）あり」と讃えている。金翅鳥というのは経典にいう迦楼羅《カルラ》のことで、龍を餌食《えじき》とするという鳥の王である。だが、龍が袈裟の糸の一本でも身につけていると、金翅鳥王も龍を呑まないといわれる。

関山が天龍寺を訪ねるときは、いつも油掛の石仏の所で、前に流れる川で脚を洗ったという。花園から嵯峨まで歩いた土ぼこりで、天龍寺のりっぱな殿舎を汚すまいとの配慮であった。のちにこのことに気づいた天龍寺の雲水が、洗脚の便をはかって、平らな大石を川のほとりにおいた。この石はのちに天龍山内の南芳院に移され、現に妙心山内の大龍院に「関山国師洗脚石」として保存されている。

22　明鏡止水《めいきょうしすい》　――荘子――

これはもともと禅語ではないが、澄みきった鏡と静かな水と、心の本体の清澄虚明さのたとえに、禅門でもよく用いられる。往年の殺人剣者宮本武蔵も、晩年「神武不殺」の心境に達してからは、もう刀を帯びず、いつも丸腰であった。ある夏の夜、団扇《うちわ》を手にしながら涼み台に腰かけて、美しい星空に見ほれていた。この余念ない武蔵の無心のありさまを見た弟子の一人が、師を試そうとこっそり近づいて刀をふりかぶって涼み台に飛びあがった。武蔵はすっと身を起こすと同時に、敷いてあった筵《むしろ》の端《はし》をつかんで引いた。弟子は足をすくわれて、台からまっさかさまに落ちた。勝海舟の『氷川清話』にこれを評して、「人間もこの極意に達したら、どんな場合に出逢っても大丈夫のものさ。いわゆる心を明鏡止水のごとく磨《と》ぎ澄《す》ましておきさえすれば、いつ如何《いか》なる事変が襲うて来ても、それに処する方法は自然と胸に浮んでくる。いわゆる物来りて順応するのだ」とある。政治家などがよくいう「明鏡止水」の心境も、けっして生易《なまやさ》しい修行では体得できない。安易な無反省な言葉づかいは厳に慎むべきである。

23　掬水月在手　弄花香満衣（水を掬《きく》すれば月手に在《あ》り、花を弄《ろう》すれば香衣《かおりえ》に満つ）——虚堂録——

水を手にすくえば月は手中の水に映るし、花をもてあそべば着物に花の香りが一杯になる。人《にん》（主観）境（客観）一如《いちにょ》、禅者無心の三昧《ざんまい》（身心統一）境は、触れるところの一つ一つみな本分（本来の自己）の妙用《みょうゆう》（ふしぎな働き）となる。鎌倉寿福寺の益中《えきちゅう》和尚は画の名手であった。ある日、延光《えんこう》入道が寺を訪ねて「直指《じきし》人心《にんしん》、見性《けんしょう》成仏」（ただちに人の本心を指して、本性を徹見して仏となる）の一軸を出して、「心」を画いてくれといった。和尚はすぐに筆をとって入道の顔面に点を打った。入道は大いに怒った。和尚はただちにその怒面を画いて示した。入道は重ねて「見性の性《しょう》」を画けと求めた。和尚は筆を取ると、「画はできた」といった。入道にはわからない。すると和尚は「貴公に見性の眼がなければ見ることはできまい」といった。見性《さとり》の心眼さえ開けば、真如《しんにょ》（仏教で真実在をいう語。如は前出）は目前にぎろりと現前しているし、和尚の筆を取る動作もまた「性」（仏性・自性）の働き以外の何物でもない。無眼子《むがんす》（悟りの智眼の開けていない者）の入道は、なおも性の画をと迫った。和尚はいった、「貴公がまず性を示してくれ。そしたら画こう」。入道はもう無言であった。

24　色即是空《しきそくぜくう》――般若心経――

色《しき》とは梵語ルーパ（rūpa）の漢訳で、形のあるものすなわち物質現象をいい、『心経』では受（感覚）・想（表象）・行（意志）・識（知識）の精神作用とともに五蘊《ごうん》の中の一つである。語は、そうした色《しき》は空《くう》すなわち無自性《むじしょう》であるから、これに囚《とら》われるのは愚かなことだ、という教えである。しかし江戸の庶民はこの色の字義を色《いろ》の道にまで拡大し、身近に己れの身にひきつけて味わっていった。

ある人が東海寺の沢庵和尚（一五七三―一六四五）の所へ花魁《おいらん》の掛物を持参して賛《さん》を乞うた。さだめし困るかと思いきや、和尚破顔一笑して、「よう画いてある。衲《わし》もこういう美人を側におきたいものじゃ」といいながら筆を取ってさらさらと書いた。「仏は法を売り、祖師は仏を売り、末世の僧は祖師を売る。汝《なんじ》四尺の真中を売りて、一切衆生の煩悩を安んず。色即是空、空即是色。柳は緑、花は紅。池の面《も》に夜な夜な月は通へども心も留《と》めず影も宿さず」。

25　空即是色《くうそくぜしき》　――般若心経――

石鞏慧蔵《しゃっきょうえぞう》和尚（生寂不詳）が師弟《すてい》（弟子《でし》）の西堂智蔵《せいどうちぞう》（七三五―八一四）に問うた、「貴公、空《くう》をつかまえることができるかい」。西堂が答えた、「できるとも」。石鞏、「どうしてつかまえる」。西堂は手をあげて空をつかむふりをした。それを見て石鞏はどなりつけた。「そんなことでどうして空がつかめるか」。そこで逆に西堂がたずねた。「では、師兄《すひん》（兄弟子《でし》）はどうやってつかまえるのですか」。

そのとき石鞏はいきなり西堂の鼻をぎゅっとつかんで、力まかせにひっぱった。あまりの痛さに西堂は「あいたた！」と悲鳴をあげて、「なんというひどいことをする。ほんとに鼻がもげるようなめにあった」というと、石鞏はすましていった。「空をつかむにはこうやらねばならんのだ。これではじめて空がつかめる」。色（物質）がそのまま空で、空がただちに色（肉体）なら、手をあげて虚空などをつかむより、相手の鼻をねじあげるほうがよっぽど真実に近いにきまっている。

26 竹影払階塵不動　月穿潭底水無痕（竹影階《きざはし》を払って塵《ちり》動ぜず、月潭底《たんてい》を穿《うが》って水に痕《あと》なし）――槐安国語――

竹の葉の風にそよぐ影が階段を払うように映っても塵はそっとも動かぬし、月が池の水底まで透るように映っても水にはなんのあともつかぬように、禅者の無心の行為は少しも跡が残らない、という意味である。

雨あがりの田舎道を歩いてくる二人の禅僧があった。近世洞門の禅傑といわれた原坦山《たんざん》（一八一九―九二）と久我《こが》環渓和尚（一八一三―八四）の若き日の行脚道中であった。やがて道は小川にさしかかった。丸木橋は朽《く》ちて渡れそうにもない。連日の雨ではんらんした濁水が勢いよく流れていた。見ると若い町家の娘が川を渡りかねて立っている。草鞋《わらじ》のまま水中にふみ入ろうとした坦山はつかつかと娘のそばにより、「お困りのようすじゃが渡して進《しん》ぜよう」と声をかけた。娘は顔を赤らめたが、はにかみながらも坦山に抱かれて川を渡った。

二人の僧は娘と別れて道を急いだ。

しかし若い雲水の身が、かりにも妙齢の女を抱いたのである。連れの環渓の心はおだやかではなかった。たまりかねて「おい、坦山和尚、出家の身でなんで女を抱いたりしたのだ」

となじった。

坦山はからからと大笑していった、「なんだ、貴公はまだ、女を抱いていたのか。わしはあのとき放してしまったよ」。

27　全機不覆蔵（全機覆蔵《ふぞう》せず）――人天眼目――

全分の機用《きゆう》（まったき働き）を露呈して隠すところなき禅者の働きを表現する語である。

博多の仙厓《せんがい》和尚（一七四九?―一八三七）は江戸からの帰り道、箱根の関所にさしかかった。ところが何をどう見違えたか、関所の役人が和尚を尼さんと勘違いした。〝入り鉄砲に出女《でおんな》〟が、この関所の法度《はっと》である。

大声で、「尼僧は通すことはまかりならぬ」ととがめた。すると、和尚はいきなり裾《すそ》をまくって、「男か女か本物を見せてやるから、ようく見よ」と、股間《こかん》の一物、みずからの珍宝を露呈して、「アッハッハ……」と傍若無人の高笑いを残しながら、あっけにとられた役人を尻目に裾をまくったまま通り去ったという。

これはひとつまちがうと、「鼻もちならぬ禅臭」と識者の非難するところとなるが、ここにたしかに一種の「禅機」が示されていることは否定できない。

28 男女は交はるものなり ――至道無難禅師集――

至道無難《しどうむなん》和尚（一六〇三―七六）に次の法語がある。「修行者は男女《なんによ》の中を遠ざけよ火には剣《つるぎ》もなまるものなり」「衣を着るほどの人、必ず女のあたりへ寄るべからず。いかに身に誤らずとも、心にうつるなり。故に、女に近づくは、かならず畜生の稽古《けいこ》（畜生になる練習）なり。老僧（私）の女を忌《い》むは、畜生の心残る故なり」。道歌に「美しき形と見るは心なり迷ふは己《おの》が身よりなすなり」とある。「もろこしに隣の家くづれて、その家の女寒しとて、懐《ふところ》に入れて臥《ふ》す。もろこしにもかかる名誉の男あればこそ、書きとどむれ。わが師（愚堂和尚、一五七九―一六六一）ゆあびたまへるに、女のうしろより前にいたりて、残らず洗ふ。これもわが国に珍しからんと思ふ」「大道大覚の時、われを知らぬ証拠には、たとへば女に交はりても、宝に交はりても、何の心もなくなることとなり。これがたいていの修行者のならぬことにて候。かやうの者が、人の師になりてよく候」「ある人、男女の交りを忌む。予いはく、仏道にあらず。男女は交はるものなり」。

最後の語はそれ以前の語と一見矛盾しているようであるが、そうではない。この人にしてこの語があることがなんとも尊いのである。まことに男女は交わるのが自然の道なのである。

29　只箇一点無明焔　錬出人間大丈夫（只《た》だ箇《こ》の一点無明《むみょう》の焔《ほのお》、錬《ね》り出《いだ》す人間《じんかん》の大丈夫）

――禅林句集――

心眼を開いて心機一転すれば、無明《むみょう》（根本の迷い）そのままが真仏の妙相（ふしぎなすがた）だという意。

眼蔵家（『正法眼蔵』の学者）の巨匠西有穆山《にしありぼくざん》（一八二一―一九一〇）は、ある日、達摩《ダルマ》と傾城《けいせい》（遊女）が対面している絵に賛を求められて、さらさらと書いた、「九年面壁なんのその／わたしゃ十年の憂《う》きつとめ／煩悩・菩提《ぼだい》のふたすぢに／わたしゃ誠のひとすぢを／加へてみすぢ（三味線）で日を暮し／糸が切れたら成仏と／客を相手にのむあみだ（南無阿弥陀）／さいど（済度・再度）なさるとなさらぬは／それはあなたの御了簡《ごりょうけん》／ほかに余念はないわいな」。

仙厓和尚が元日の町を通りかかると、黒山の人だかりがして夫婦げんかのまっさいちゅう。そのうち男が女をはった。さあたまらぬ。「叩くより殺せ」と女がわめく。和尚は飛びだしていったものだ、「やれやれ、死んだら引導《いんどう》わたしてやる」。夫婦はきまり悪くなってやめた。そこで何が原因かと聞くと、雑煮を煮すぎて、食えぬの食えるのというのが痴話《ちわ》げんかの元という。そこで仙厓さらさらと書いた、「富士の白雪朝日でとける／今朝《けさ》の雑煮は煮てとける／夫婦喧嘩は寝てとける」。

30　諸悪莫作　衆善奉行（諸《もろもろ》の悪は作《な》すこと莫《なか》れ、衆《もろもろ》の善は奉行《ぶぎょう》せよ）——七仏通戒偈——

一休和尚の有名な墨跡《ぼくせき》（禅者の書）でよく知られているこの句は、伝説によれば、「過去七仏に通じるだいじな教えは何か」という問いに対して、阿難《あなん》尊者が答えた言葉といわれている。詳しくは、「諸悪莫作《まくさ》、衆善《しゅぜん》奉行、自浄其意《じじょうごい》、是《ぜ》諸仏教」というので、正しくは「諸の悪は作《な》すこと莫く、衆の善は奉行して、自《みずか》ら其《そ》の意を浄くする、是《こ》れ諸仏の教えなり」と読む。

唐代に道林《どうりん》和尚（七四一—八二四）という人がいた。つねに大きな松の上で坐禅をしていたので、鳥窠《ちょうか》（鳥の巣）和尚と呼ばれた。白楽天が杭州の長官として赴任してきたとき、「仏法の大精神は何か」ときくと、鳥窠は「諸悪莫作、衆善奉行」と答えた。「そんなことは三歳の童子でも知っています」というと、和尚はいった、「実行することは八十の老翁でもむずかしいぞ」。

II 照顧脚下――日本の禅者の機縁2

脚下《きゃっか》を照顧せよ。

――真理は自己の足もとにある。外に求め回らず「回光《えこう》返照」して常に自己にとってかえせ。

禅はつねに即今《いま》・当処《ここ》・自己にある。

31　三乗十二分教　皆是拭不浄故紙（三乗十二分教は、皆な是《こ》れ不浄を拭うの故紙なり）

――臨済録――

比叡山の一切経の虫干《むしぼし》の日は、麓《ふもと》の坂本や大津のあたりはもとより遠く京洛の巷《ちまた》から、いわゆる「叡山のお虫干」と称して、干《ほ》された一切経を吹きわたる風を身に受けて功徳《くどく》を得たいと、多くの善男善女が集まってくる。この日は、紫野の大徳寺の一休和尚もふらりとやってきた。真夏の日射しが暑くてたまらない。涼しそうな老樹の陰《かげ》を見つけた一休さんは肌《はだ》もあらわに上半身の法衣をはだけて、「ああ、よい気持ちだ」とごろりと寝ころんだ。

やがてこれを見つけた叡山の役僧が驚いた。この虫干の人盛りの中で、出家の身でなんたる破廉恥漢かと近づいて見れば、これが名高い一休禅師である。「禅師さま、こんなことをされては困ります」ととがめると、一休はからからと大笑していった、「叡山では紙に書いたお経のほうが人間よりだいじじゃそうな。わしの体は飯も食えば説法もする。この活《い》きた一切経と、不浄をぬぐうほご紙にひとしい一切経とどっちがたいせつじゃ。これからは、貴公たちも活きた一切経を身体で読むことにしてはどうじゃな。わしはいま活きた一切経の虫干をしておるのじゃ、構《かも》うてくれるな」。

なお、一切経と三乗十二分教とは同じもの。三乗は声聞乗・縁覚乗・菩薩乗という小乗・

大乗の三つの教えで、十二分教は釈尊一代の教えを十二に分類したものである。

32　十方無壁落　四面又無門（十方壁落《へきらく》なく、四面又《ま》た門なし）——五燈会元——

四方八面からりと開《あ》けっ放しで、真空無相、無一物の禅者の境涯をいう語。ある人が趙《じょう》州《しゅう》和尚に、「如何なるか是《こ》れ趙州」と問うた。和尚は答えた、「東門西門、南門北門」と。趙州か、それならどこからでも、貴公の好きな所から入っておいで。それは境（客観）としての趙州城市のことでもあり、また人《にん》（主観）としての従諗《じゅうしん》和尚（趙州の名）その人の心境でもある（233参照）。

明治十三年に東京の本所に大火があった。原坦《たんざん》山和尚が焼け野原でしきりに何か探している。そこへ中野香亭という居士が偶然来かかった。「和尚さま、どうなさいました」。坦山、「知人が類焼にあったというので見舞に来たのだが、住所が見当らず困っておる。わっはっは」と、さほど困ったようすにも見えない。「その方のお名前は」と問うと、坦山、「さて、その名前もこの大火だからどうなったか……」。

いかに八面玲瓏《れいろう》が身上《しんじょう》の禅者とはいえ、これはまたなんとも茫漠たる捉《とら》えようもない心境ではある。

33 採菊東籬下　悠然見南山（菊を東籬《とうり》の下《もと》に採《と》り、悠然として南山を見る）――淵明詩集――

有名な陶淵明の詩であるが、仏法も世法もともに脱けきって大閑《おおひま》のあいた（いっさいを超越した悠々たる）禅者の心境を示す禅語として用いられる。

博多の仙厓和尚が有名になって、故郷の美濃の受業寺（剃髪得度の寺）清泰寺の檀徒某が、はるばる九州博多の聖福寺へ訪ねてきた。仙厓はすでに虚白《こはく》院に隠居していたが、心から喜んで彼を迎えた。しかし、ろくろく挨拶もすまぬうちに、「ちょっと待たっしゃれ。酒の肴《さかな》を作ってくる」と、尻をからげて出ていったきり、日暮れになっても帰ってこない。客が少々心細くなりだしたころ、やっと杖をついて帰ってきた。和尚は、「いや、ちょっと一里ばかり先に、五年ほど前に行って松露《しょうろ》を採《と》ったことがあるのを思い出して、行ってみたところが、あったわあったわ」と、袂《たもと》から小さな松露を十数個取り出した。いかにも嬉しそうである。

遠来の客を待たせておいて、あるかないかわからぬ松露を一里も先に採りにいってきたというのだから、なんとも恐れ入るほかはない。

34 入火真金色転鮮（火に入って真金色転《いろうた》た鮮《あざや》かなり）——五燈会元——

真金は火に入っても変らず、輝きはいよいよ鮮《あざや》かである。そのように明眼《みょうげん》（心眼の開けた）の禅者は難に逢っても変らない。

雲居《うんご》和尚（一五八二―一六五九）は伊達政宗の帰依を受けて松島瑞巌寺《ずいがんじ》の住職となった高僧であった。毎晩十二時ごろ、弁天島の洞窟に行って坐禅をする。

これを知った村の若者が和尚を驚かしてやろうと、途中の松の太い枝にまたがって和尚の通るのを待っていた。

和尚が枝の下に来たとき、若者はその頭を押えた。驚くかと思いのほか、和尚は押えられたままじっと立ちどまっている。若者はかえってうす気味悪くなって手を放した。和尚はそのまますたすた行ってしまった。

若者は和尚の胆力に感服したが、翌日何くわぬ顔できいた、「ゆうべ天狗が出たそうですね。和尚さん頭を押えられたというではありませんか」。しかし和尚は平然たるもので、「あれは村の若い衆《しゅ》のいたずらじゃよ」という。「どうしてわかりましたか」。「なに、押えられたとき、ふっくらして温かい手だったよ」。

若者はすっかり恐れ入って心からわびたという。

35　本自天然　不仮彫琢（本自《もとおのずか》ら天然《てんねん》、彫琢に仮《よ》らず）――伝燈録――

祥蕊《しょうずい》和尚はある日、長谷部《はせべ》村から四里ほどの徳島の町に出て来て、酒蔵家の岡屋十兵衛方を訪ねた。かねて懇意な仲なので、十兵衛は喜んで迎えて大いにもてなした。和尚はその夜岡屋に泊ったが、翌朝起きて、「徳島は蚊がいないのでいい。ゆうべはひさしぶりにゆっくり眠れた」と喜んだ。十兵衛はいくらなんでも十一月になって蚊がいるわけはない、と変に思って、「長谷部にはまだ蚊がいますか」と問うと、「まだいる」という。

ちょうどその日そっちの方面に用があるので、十兵衛は和尚と同道して、途中お寺に立ち寄ってみた。部屋は書物や家具が雑然とおかれて埃《ほこり》にまみれている。なんと蚊帳《かや》がつってあった。「この蚊帳は夏からつりっぱなしなんだ」と和尚はいう。十兵衛はためしに蚊帳をはずして二、三度ふってみると、中から蚊がぶーんと数匹逃げ出した。なんともはや、のんびりした話である。本自天然、不仮彫琢――なんの細工も加えぬところが本来の面目丸出しとは、こんな境涯をいうのであろうか。

36　孤輪独照江山静（孤輪独り照らして江山静かなり）――臨済録――

心月一輪大千世界を照らす、閑寂清澄の禅者の心境である。大含《だいがん》和尚はある晩ひとり方丈で読書していたところ、ふと人の気配がしたのでふりむくと、そこに一人の大男が刀をさげて立っていた。和尚は静かにきいた、「お前は物をとりにきたのか、命をとりにきたのか」。盗人は答えた、「金が欲しくて来た」。和尚は懐中から財布を取り出すと、無造作《むぞうさ》に放り出して、「これを持ってゆけ」というと、そのまま机に向かって平然と読書をつづけた。

賊は財布を握ると、こそこそと逃げ去ろうとした。そのときである、和尚は大喝一声、「待て」と叫んだ。盗人はぎょっとしてつっ立った。「用心が悪いから戸を閉めてゆけ」。賊は和尚のこの言葉に、もう夢中で逃げ去った。あとで「永いこと盗みをしてきて、ずいぶん恐ろしいめにあってきたが、あのときほど驚いたことはなかった」と述懐したという。

37　無辺刹境　自他不隔毫端（無辺の刹境《せっきょう》、自他毫端《ごうたん》を隔《へだ》てず）――葛藤集214――

広大無辺の国土において遠く離れている自と他とが、実は毛さきほども隔たっていないの意。この語は李長者の『華厳論』の序の文といわれ、次の38則の「十世古今、始終当念（只今の一念）を離れず」の句と対《つい》をなしていて、ともに禅者の心境を表わすものとして好んで用いられる。

嵯峨天皇の皇后　橘《たちばなか》嘉智子《ちこ》妃は、弘法大師の教示によって唐に仏心宗という尊い教えのあることを聞いた。そこで使いを立て、馬祖《ばそ》（七〇九—七八八）の法子《はっす》斉安《さいあん》禅師（？—八四二）に乞うて、その高弟義空《ぎくう》の来朝を得、檀林寺を建ててみずから禅要（禅の大事）を問うた。義空はまもなく帰国したが、皇后は所得の和歌を唐の斉安のもとに呈してその印可を得たという。その歌にいう、「唐土《もろこし》の山のあなたに立つ雲は此処《ここ》に焚《た》く火の烟《けむり》なりけり」。あるいはいう、「唐土の山の彼方《かなた》に立つ烟わが日本《ひのもと》の焚く火なりけり」。

38　十世古今　始終不離当念（十世古今、始終当念を離れず）——葛藤集214——

前則37と対をなす句であるが、室内では別々に調べさせる。永遠無限の時間において始めも終りも「いま・ここ・自己」のこの念を離れない。

鈴木大拙先生（一八七〇—一九六六）の晩年に、日本である世界的な学会があった。そこへ招かれて一場の講演をした先生は、「わしはみんなに、『旧約聖書』に、神が〝光あれ〟といわれて夜と昼とが生じた、と書いてあるが、いったい誰がそれを見ていたのだ、と問うたら、みんなポカンとしていた。そこでわしはいった、わしが見ていたのだ、このわしが、と。みんなは、なおいっそうポカンとしたさまだった」と笑いながら筆者に語ったことがあった。先生は、「アブラハムの生まれぬ前に私はおる」とキリストがいったあの私の立場に立って立言したのであった。天地の初めの創造もそして世の終りの最後の審判も、禅者にとっては即今・此処のこの自己の当念を離れない、というのである。

39　泥中蓮花（泥中《でいちゅう》の蓮花《れんげ》）――本朝参禅録――

幕末薩摩の傑僧無三《むさん》和尚は、もと薩州久志良《くじら》村の百姓の出で、二十一歳のとき大阪の藩邸に召し出されて働いていたが、事あって五十三歳で出家した。それだけに発心は堅固で、老軀をいとわず諸国を行脚し、伊予の国の宝泉寺の洞泉橘仙《とうせんきつせん》和尚について刻苦精励、ついにその法を嗣《つ》いだ。

のちに藩公に招請されて郷里鹿児島の福昌寺の住職となった。その晋山《しんざん》式（僧侶が一ヵ寺の住持として入山するための儀式）のときのこと。なにせ百姓を賤《いや》しんで士分の出でなくては藩公の香華《こうげ》寺の住職とはなれぬ定めの薩摩のこと、無三も士分の姓を借りての晋山式であった。

その出世を嫉《ねた》んだ某寺の住職がひそかに藩公に入れ知恵をして、晴れの式典のさなかに突然藩公をして「如何《いか》なるか是《こ》れ久志良村の土百姓」と問わせた。満座の中で素姓を暴露された無三は、静かにしかし力強く「泥中の蓮花」と、ただ一語答えた。このことあってのち、藩公は心から無三に帰依したという。

40　両刃交鋒不須避　好手却同火裏蓮（両刃鋒《ほこさき》を交えて避くることを須《もち》いず、好手却《かえ》って火裏《かり》の蓮《れん》に同じ）――洞上五位――

山岡鉄舟（一八三六―八八）は初め埼玉芝村の長徳寺の願翁《がんのう》和尚に就《つ》き、ついで伊豆の龍沢《りょうたく》寺の星定《せいじょう》和尚に参じた。のちに京都天龍寺の滴水《てきすい》和尚（一八二一―九九）に相見《しょうけん》、有名な「両刃交鋒不須避、好手却同火裏蓮」という「五位・兼中至」の頌《じゅ》（宗旨をこめた漢詩）を公案として参ずること三年、豁然《かつねん》として大悟した。この句を、ある本では「二本の刃がきっさきを触れ合わせると必ず避けねばならないように（回避せんことを要す）」としているが、これではまったく禅の宗旨が失われる。ここはあくまで「避ける必要がない（避くることを須《もち》いず）」でなければならぬ。自他相対の差別の真只中《まっただなか》で、みじり動きもしない働きを秘めてこそ、静中の水裏の蓮（不動静寂の禅定中の空智をいう）に対する動中の火裏の蓮（日用《にちゆう》の動中に働く般若すなわち智慧の中の実慧をいう）が花開くのである。

「五位」は、洞山良价《とうざんりょうかい》和尚（八〇七―八六九）が禅経験を正中偏・偏中正・正中来・兼中至・兼中到（180参照）という五つのカテゴリーで哲学的に整理したもの。ここにいう「兼中至」はその第四位である。

41　安禅不必須山水　滅却心頭火自涼（安禅は必ずしも山水を須《もち》いず、心頭を滅却すれば火も自《おのずか》ら涼し）　——本朝参禅録——

武田家を亡ぼした織田信長は、信玄が恵林寺《えりんじ》に迎えて師事した快川《かいせん》和尚（？—一五八二）の徳を敬慕して、礼を尽して迎えたが、和尚は頑《がん》として応じなかった。信長は自尊心を傷つけられて心中穏かでない。そのとき仇敵佐々木義弼《よしすけ》が恵林寺に匿《かくま》われて越後へ逃げたことがわかり、信長の怒りは爆発した。命を受けた軍兵は恵林寺を囲み、一山の僧を山門の楼上に追いあげ、楼下に薪を山とつんで火を放った。快川は粛然《しゅくぜん》と端坐《たんざ》する門下の衆僧に向かって、各自に末後の一句を言わせ、最後にみずから「安禅は必ずしも山水を須いず、心頭を滅却すれば火も自ら涼し」（禅定《ぜんじょう》にはなにも安静な場所だけが必要ではない。無心の境地さえ手に入れば火の中でも自然に涼しくなる。181参照）の偈《げ》を述べて、火定《かじょう》（火中に身を投じて禅定に入って死ぬこと）に入った。

42　冷熱は生道人《なまどうにん》の知るところにあらず　——本朝参禅録——

洞門の名刹《めいさつ》、小田原の最乗寺《さいじょうじ》の玄関に、ある日ひとりの女性が現われて、出家を乞うた。

年のころは三十歳そこそこか、天性の麗質は犯しがたい気品さえ感じさせる。時の住持の了《りょう》庵《あん》和尚は彼女の実兄であった。「禅門の修行は女にはむずかしい。昔から仏門に入った女性も少なくはないが、かえって仏法を汚したためしもある。それにお前のその人並みはずれた美しさが気にかかる」ときびしく断わった。一室に退いた彼女は焼け火箸《ひばし》でみずからの顔を焼いて、あらためて得度を乞うた。ついに了庵も剃髪を許して、慧春《えしゅん》と名づけた。

晩年は最乗寺の門前に隠棲して、往来の旅人に茶をふるまったりして、優《やさ》しい尼様として親しまれていたが、ある日にわかに山門前の盤石《ばんじゃく》に薪《まき》を積みあげ、自分で火を放って、その中で坐禅を組んで火定《かじょう》に入った。駆けつけた了庵和尚が「尼よ、熱いか」と一問を発すると、生き不動のごとく端坐した慧春は答えた、「冷熱は生道人《なまどうにん》（なまはんかな修行者）の知るところにあらず」。

43　山高水深　雲閑風静（山は高く水は深し、雲閑にして風静かなり）――虚堂録――

高橋泥舟《でいしゅう》（一八三五―一九〇三）は勝海舟・山岡鉄舟と並んで、幕末の三舟といわれた槍《やり》の名手であった。まだ若いころ、上野の処静《しょじょう》院の住職と話をしているうちに、やがていつもの槍術の自慢になった。住職は黙って聞いていたが、笑いながら「槍には衲《わし》も多少心得がある。ひとつお手合わせ願おうか」といった。泥舟は勇んで庭におり、その場の物干竿《ものほしざお》を握って構えた。和尚は手に一本の古箸《ふるはし》を持ったままである。泥舟はかっとしてひと突きに突こうとした。しかし和尚の体には微塵《みじん》のすきもない。全身汗《あせ》びっしょりになって、ついに「参った」といった。泥舟は和尚の流儀をたずねた。和尚はいった、「なに流名などはない。強《し》いていえば、『山は高く水は深し』とでもいうか。または『眼横鼻直《げんのうびちょく》』（10参照）でも『柳は緑、花は紅《くれない》』（あるがまま、そのままの「如《にょ》」を表現する禅語。三一ページ参照）でもよい」。

これから泥舟の真剣な仏道参究が始まった。和尚は何も教えてはくれぬ。それでも槍術の極意を究めたい一心で参じてゆくうちに、数年がたった。ある日、泥舟は『龍門夜話』を読んでいて、快川国師の「心頭を滅却すれば火も自《おのず》から涼し」の一句（41参照）にふれて、ついに不動の悟境を体得したのであった。

44　好児不使爺銭（好児爺銭《やせん》を使わず）——大慧武庫——

語は、できのよい子は親父《おやじ》の金など使わぬの意。

ある禅者が山岡鉄舟を訪ねて『臨済録』の提唱を乞うた。鉄舟はいった、「それはお門違《かどちが》いだ。『臨済録』なら、鎌倉の円覚寺の洪川《こうせん》和尚（一八一六—九二）にお願いするがよい」。客はいった、「いや、洪川和尚のはもう聞きました。先生は天龍寺の滴水和尚の印可をお持ちということですから、ぜひ先生のご提唱を拝聴したいのです」。それならというので鉄舟は客を道場に通して、共に道場の稽古をしてひと汗かいた。

元の座敷に帰って、茶を勧めながら微笑をふくんでいった、「どうです、私の『臨済録』の提唱は」。その人はぽかんとしてあっけにとられた顔をしていた。鉄舟はそこで「私は剣客だから剣道で提唱をする。私は禅僧に禅を学んでも、禅僧のまねはせぬ。だいいち『臨済録』を紙のうえのことだけだと考えてもらっては困る。まして師匠の滴水和尚の講釈の口まねなど私はまるきり持ち合わせておらぬ。だから最初にお断わりしたのである」と、懇々とさとしたという（203・309参照）。

45 施無畏《せむい》 ——観音経——

仏教には「三輪空寂の布施《ふせ》」ということがある。与える者も受ける者も、その間に授受される物も、この三者がすべてとらわれなき空の境地で無心に行われてはじめて、真に仏道の布施といえるというのである。布施には三つある。財物を持つ者が持たぬ者に施す財施と、真理に先に目覚めた先生が後から来る後生（若者）に法すなわち真理を与える法施と、そして、他者に「畏《おそ》れなき心（不動心・安心）」を施す施無畏とである。

山岡鉄舟が宮内省に出仕していたころ、ある日のこと、滴水下の同参、中将鳥尾得庵が訪ねてきて、「自分は軍籍に身をおきながら剣道に未熟なので、先生の無刀流の極意をご指南に与《あずか》りたいと思って参上した」といった。鉄舟は「極意なら浅草の観音様にお預けしてある」と答えた。一週間ほどして得庵がまた訪ねてきて、「先日はお教えのとおりに、早速浅草寺にお詣りして、まさしく無刀流の極意を授かったので、本日はお礼に参上した」といった。実は浅草寺の本堂正面に掲げられた「施無畏」の文字を見て、得庵は豁然《かつねん》と省発《せいはつ》（悟り。「大悟」に対して使うときは浅い悟り）するところがあったというのである。

46　爾《なんじ》に出づる者は須《すべか》らく爾に返るべし　——本朝参禅録——

大石良雄は盤珪《ばんけい》和尚に参じた旧参（長年の参禅経験をもつ者）の居士であった。今日も浅野家に秘蔵される良雄遺愛の硯《すずり》の裏に、次の文があるという。「予曾《かつ》て盤珪和尚に参ず。師曰《いわ》く、『本来不生《ふしょう》なり』と。予これを会《え》せず（まったくわからなかった）。今春いささか其《そ》の趣きを識るあり。直《ただち》に和尚に到って挙《こ》す（述べる）。師曰く、『是《ぜ》なり是なり』。時に師の傍《かたわ》らに一の硯あり。師曰く、『是《こ》れは則ち西行法師自作の石なり』。予曰く、『然らず。西行未だ生れざる以前に、良雄が作る所なり』と。師、微笑して曰く、『爾に出づる者は須らく爾に返るべし』と。以《もっ》て予に贈《おく》る。予、辞せずして拝受して帰る」。本来不生《ふしょう》の仏心《ぶっしん》（これは盤珪和尚の説法の中心をなす有名な語である）が体得できたとき、良雄は西行未生以前の自己の面目（自己の真相。本来の面目ともいう）を徹見することができたのである（47・160参照）。西行法師がまだ生まれぬ前の良雄とは、「アブラハムの生まれぬ以前に私はおる」といったロゴスなるキリストその人である。そしてかの硯は「始めにあったロゴス」（『新約聖書』ヨハネ伝）そのものの創造になる硯であった。

47 両頭倶截断　一剣倚天寒（両頭倶《とも》に截断《せつだん》して、一剣天に倚《よ》って寒《すさま》じ）——槐安国語

——

楠木正成《くすのきまさしげ》は湊川《みなとがわ》に出陣するにあたって、広厳寺《こうがんじ》の明極楚俊《みんきそしゅん》和尚（一二六二—一三三六）を訪ねて、「生死交謝のとき如何」と問うた。いま戦陣につこうとして生死の岐路に立ったときどうしたらよいか、という問いである。和尚は「両頭ともに截断して一剣天によって寒じ」と答えた。その生死という二元相対の分別（両頭）を断《た》ち切って、一剣天に倚って寒《すさま》じいという一真実の般若の智見（「不生の仏心」とも「父母未生《みしょう》以前の本来の面目」ともいう。160参照）を現前させよ、というのである。生死・迷悟の相対世界（両頭）を泯滅《みんめつ》して、絶対無の無分別の分別智（一剣）に生きよ、という教えである。正成は重ねて「落処作麼生《そもさん》（ひっきょうどうだというのですか）」と問うた。そのときである、和尚は威を振《ふる》って一喝した。正成はただちに起《た》って三拝した。和尚はそれを見て、「汝、徹せり」と証明した。

明極和尚は中国からの来日僧であった。そのとき正成の即座の悟徹を見て、「君の問酬《もんしゅう》は旧参底《てい》（底は「……の者」の意）のものである、これまで何人の宗匠に参じたか」とたずねたという。武士道と禅との関わりは遠く深い。

48　電光影裏斬春風（電光影裏《ようり》に春風を斬る）――仏光録――

鎌倉円覚寺の開山、仏光国師無学祖元和尚がまだ本国の台州の真如寺にいたとき、元《げん》の軍隊が南下してきて南宋の地を蹂躪《じゅうりん》した。和尚は危難を避けて温州の能仁寺に移ったが、そこもまた元兵の乱入するところとなった。ときに寺内の大衆《だいしゅ》（雲水）はみな逃げ去ったが、和尚はひとり泰然と坐禅していた。

賊の首領が白刃をその首に擬《ぎ》したが、和尚は神色自若として、あの有名な偈《げ》を唱えた。「乾坤《けんこん》（天地間に）孤筇《こきょう》（一本の杖）を卓《た》つるに地なし、且《しば》らく喜ぶ人《にん》（主観）空法（客観）も亦《ま》た空なることを。珍重す大元三尺の剣、電光影裏に春風を斬る」。

すでに、生死を透脱した祖元にとっては、大元三尺の剣も、ただ電光《いなびかり》の間に春風を斬るようなものであった。これを聞いて、さすがの元兵の首領も、懺悔《さんげ》の拝《はい》をして逃げ去ったという。

49　わしは戦争のことなど識《し》らぬ　――伝燈録――

宋の将軍曹翰《そうかん》が南方の賊を討伐しての帰途廬山《ろざん》の円通寺《えんつうじ》に立ち寄った。軍兵を見て寺僧はみな逃げてしまったが、住持の縁徳和尚だけが法堂《はっとう》（禅寺の中の説法のための建物）の正面に端坐していた。呼びかけても無言のままで立とうともしない。将軍は怒って、「寺を借りて兵を休ませたいと立ち寄ったのに、なんの挨拶もせず無礼ではないか。汝の前に人殺しを屁《へ》とも思わぬ軍人のいることを知らんか」とどなった。和尚は平然として、「汝の前に死を怖れぬ禅僧のいることを知らんか」といい返した。さすがの曹翰も和尚の豪胆さにはあきれて、「この大寺に和尚一人ということはあるまい。他の者はどうした」ときくと、「太鼓を打てば帰ってくるじゃろ」というので、幕僚に打たせてみたが、誰も現われない。「打っても帰らんではないか」というと、「あんたに殺気があるからじゃ」という。そこで将軍が自分で打った。すると床下や堂裏にかくれていた寺僧がぞろりぞろり出てきた。

曹翰はこのときはじめて「あなたはどなたか」と問うた。「縁徳と申す」。和尚の穏かな答えが返ってきた。これがあの高徳な縁徳禅師か。将軍はすっかり和尚の道力《どうりき》に感じ入って、態度を改めて問うた、「老師、戦争に勝つにはどうしたらよいでしょうか」。これに対して和尚はただ一語「識《し》らぬ」と答えただけであった。

50　伊勢の海千尋《ちひろ》の底の一つ石袖《そで》もぬらさで取るよしもがな　——白隠下雑則——

公案は袖をぬらさないで千尋の水底の石をどう取るかを問うているのであるが、どう取るかにとらわれず、はじめにまず「この石の銘はなんと切ってあるか」「その目方は」と〝石の正体〟を問うてみるがよい。

信州飯山《いいやま》の正受庵《しょうじゅ》には、城主松平侯が掛川へ転藩のとき、記念に残していった庭石があった。天下の名石である。新城主の本多侯がこの珍石に眼をつけ、前城主の遺愛の名品と聞いて、よけい欲しくてたまらなくなった。

使いをたてて懇《ねんご》ろにこれを乞うた。しかし同庵第五世の住持天龍和尚は一言のもとに拒絶した。再三再四の城主の催促にも頑《がん》として屈しない。「前城主の形見だから譲り申せぬ」の一点張り。ついに城主の威光にかけて、「承諾せねば当城下に住むことを許さぬ」ということになった。

和尚は即日、「飯山の山より高き正受庵うぬが力で動くものかは」と襖に大書して寺を離れた。さすがに城主も後悔して石のことは断念し、和尚の行方を探させたが杳《よう》として知れなかった。天龍和尚がこれほどだいじにした石とは、いったい何であったのだろうか。

51　迷時三界有　悟後十方空（迷う時は三界有《う》なり、悟って後は十方空なり）——従容録——

織田信茂は参勤の途次、原の松蔭寺に有名な白隠和尚（一六八五—一七六八）を訪ねて、「仏教では地獄・極楽ということを説くが、はたして地獄だの極楽だのいうものがあるのであろうか」と問うた。

白隠和尚はいった、「貴公は武士ではなかったのか」。信茂は答えた、「いかにも武士でござる」。

白隠はいう、「武士なら武士らしくすればよい。なんで地獄だの極楽だのと騒ぎめさる。さては貴公、地獄が恐ろしいか」。信茂はむっとして、「失礼でござろう。真剣におたずねしておるのに」というと、白隠「お、怒ったの、腰抜け武士」。

こうまで罵られて信茂は、満面朱をそそいで、思わず刀の柄に手をかけた。白隠は破顔一笑していった、「それ、それが地獄というものじゃ」。信茂ははっと気づいて、手をついてわびた。白隠はいった、「それが極楽じゃよ」。地獄・極楽に限らず、いっさいの存在は有《う》（有《あ》る）というも空《くう》（無《な》い）というも、ただこの一念の迷・悟にかかっている、というのであろうか。

52　隻手音声《せきしゅおんじょう》――白隠全集――

白隠和尚創始の有名な公案である。「両掌《りょうしょう》相い打って音声あり、隻手に何の音声かある」。両方の掌を打てば音がするが、禅者なら、打たぬ片手の声をどう聞くか、というのである。要するに、こうした無意味の公案をぶっつけて、これで分別の届かぬ世界に直入させようというのである。白隠はいう――自分もこれまで五祖法演《ほうえん》和尚（?―一一〇四）や大慧《だいえ》和尚（一〇八九―一一六三）以来の「趙州の無字」（301参照）の公案を初心者に与えて修行させてきたが、「無字」ではなかなか疑団《ぎだん》（単に頭を疑うのではなく、全身が疑いのかたまりになる、悟りの前段階としての心境）が起りにくい。それで近ごろ「隻手」の公案を与えて工夫《くふう》させてみたところが、どうもこのほうが早く修行者を悟りに導きやすいことがわかった、と。

海軍大将八代六郎は『法華経』の研究者であった。あるとき相国寺に独山和尚（一八一九―九五）を訪ねて、大いに法華の大意を説き、その道徳観から時代の風潮を論じて、『法華経』によらねば道徳の根本は立たぬと、滔々《とうとう》二時間余も弁じたてた。黙って聞いていた和尚は、「もうそれでおしまいか」ときいて、「貴公それほど道徳の使いわけに精《くわ》しかったら、どうだひとつ、この扇子《せんす》の道徳の使い道を教えてくださらんか」といった。八代もこれには参った。そこで和尚に「隻手音声」の公案を与えられて参禅することになった。八代はその日帰宅するなり裏庭の巌上に坐って、日本刀を正眼に構えたまま少しも動かない。こうしたことが二週間もつづいて、八代は豁然と悟った。法華の真意もわかり扇子の使い道もみごとに手に入った。爾来《じらい》大将の温容は一段と深みを加えたという。

53　曹源一滴水（曹源《そうげん》の一滴水《いってきすい》）――本朝参禅録――

天龍寺の滴水和尚は十九歳のときに舞鶴の行永《ゆきなが》の受業寺《じゅぎょうじ》から行脚に出たが、京都で正師に会えず、岡山の曹源寺の儀山《ぎざん》和尚（一八〇二―七八）の名声を聞いてはるばる訪ねて行った。入門を許されてまもないころ、浴頭《よくず》（風呂焚《た》き）の当番になった。儀山和尚が湯に入って、熱いからうめよといった。そこで、手桶の底に少し古い水が残っていたのをそのあたりへあけて、新しい水を汲んできた。それを見ていた和尚は、「お前、そういうことでは、何年修行しても善知識（すぐれた禅匠）にはなれぬぞ。その残り水をなぜ植木の根にでもかけてやらぬか。そうすれば植木も生きるし水も生きる。禅者というものは物を生かして自分も生きるのだ」とさとした。

彼はこのときから、自身で一滴の水すなわち滴水と号して、ついに修行を成就した。遺偈《ゆいげ》に、「曹源の一滴、七十余年。受用不尽、蓋天蓋地。喝」。七十余年使って使いきれなかった曹源の一滴水は天地に一杯だというのである。この「曹源」は曹源寺と曹渓の源にかけた言葉で、中国禅の完成者である六祖慧能（六三八—七一三）のいた曹渓を源として発した禅の意である。

54　宿を貸すぞよ阿弥陀どの　——本朝参禅録——

桃水《とうすい》和尚（?—一六八三）ははじめ肥前島原の禅林寺に住持していたが、その後みずから寺を捨てて行方をくらまして、流転放浪の生涯を送った。時の人は「乞食桃水」と呼んだ。京都の近くの大津まで流れてきて、ある物持ちの家の倉と倉の間にわらぶき小屋を立てて、その中で草鞋《わらじ》や馬の鞋《くつ》を作り、それを売って暮らしていた。

あるとき一人の馬子《まご》が「桃水さん、あんたお坊様なら如来様をまつらないのは不調法《ぶちょうほう》な話だ。本願寺様からお画像《えぞう》をお受けしてきたから、これをまつりなされ」といった。桃水は別にさからいもせず、「そうか、それはありがたい」といって画像を壁にかけ、その画像に消《けし》炭《ずみ》で「狭くとも宿を貸すぞよ阿弥陀どの後生《ごしょう》たのむと思ひたまふな」と賛をしたためた。

如来像をまつったからといって、禅僧である桃水には極楽往生の後生頼みの念など露ほどもないが、それでもまつってはおく、というのだ。そこを、阿弥陀仏に狭いが宿を貸す、といったのがおもしろい。

55　莫嫌襟上斑斑色　是妾燈前滴涙縫（嫌うこと莫《なか》れ襟《きん》上斑斑《はんぱん》の色、是《こ》れ妾《しょう》が燈前涙《なんだ》を滴《た》れて縫う）――槐安国語――

婦人が遠征の夫に衣服を送る詩である。貴男《あなた》のために行燈《あんどん》の前で涙を滴《したた》らせながら縫ったので、襟《えり》のあたりに点々と涙の跡がついたのを許してほしい。禅者の衆生《しゅじょう》を思う真情を、時にこうした男女恋情の詩に託して述べることがある。

残夢《ざんむ》和尚（一四三八―一五七六）は会津の実相寺の二十二世で、百歳近い長寿であったが、本人も年を知らなかった。ある晩、方丈で独り読書していると、部屋の壁をこつこつ叩く音がする。盗人が壁を壊して忍び込もうとしていた。和尚はそっと隣室の侍者を呼んで、「盗人に金を恵んでやれ」となにがしかの金銭を渡した。侍者は盗人に近づいて、「おい、壁を壊しては困る。金はやるからやめてくれ」と叫んだ。盗人はびっくりして逃げた。すると、和尚はいった、「お前におどされて金も取らずに逃げていったか。この寒空にかわいそうな奴だ。お前、追いかけていって、そのお金を渡してやれ」。

56　作龍上天　作蛇入草（龍と作《な》って天に上り、蛇《じゃ》と作って草に入る）──禅林句集──

衆生済度のためには、龍にも蛇にも何にでもなる。博多柳町は花柳の巷、仙厓和尚の愛弟子に湛元《たんげん》という雲水がいた。師匠の眼を忍んで柳町通いを続けていた。傾城《けいせい》に実《まこと》がないとは誰がいうた、実あるまで通ってみろの心意気。

こうなってはもう同輩たちもかばいきれぬ。事は和尚の耳に達した。当然寺を追放されると思ったが、和尚は「うん、そうか」といっただけ。湛元はそれをよいことにしてますます柳町通い。

ある寒い雪の晩であった。湛元は手水鉢《ちょうずばち》を塀の下に持ってきて踏台にして脱出した。それを知った和尚は手水鉢を片づけて、その場に坐禅を組んだ。

雪は和尚の身にふりかかり、腰は冷え、寒気は身をこごえさせる。明け方帰ってきた湛元は手水鉢に足をかけようとして、何か軟いな、と変に思ったが、そのまま踏台にして内へ入った。

元の所へ片づけようとして抱えてみたら、なんとお師匠様であった。「寒いから早く行って寝よ」。そういうと仙厓はもう何もいわずに方丈《ほうじょう》（住持の居間）に帰った。

57　漏逗不少（漏逗《ろうとう》少なからず）　――碧巌録3――

漏逗は老倒で、漏逗少なからずとは、だいぶ耄碌《もうろく》したの意。老いぼれて見苦しい、という文字どおりの意のほかに、「老婆《ろうば》心切《しんせつ》」つまりお婆さんが孫をかわいがるように、ちと親切がすぎる、の意に多く使われる。老倒ぶりにも二様あるというわけだ。

仙厓和尚六歌仙の歌、「しわがよるほくろはできる腰まがる頭は禿げる髯白くなる／手はふるふ足はよろめく歯はぬける耳は聞えず目はうとくなる／身に添ふは頭巾襟巻《えりまき》杖眼鏡《めがね》タンポ温石《おんじやく》手便孫の手／くどくなる気短かになる愚痴になる出しゃばりたがる世話やきたがる／聞きたがる死にともながる淋しがる心がひがむ欲深くなる／又《ま》たしても同じ話に孫ほめる達者自慢に人はいやがる」。老人共通のこの愚痴ぶりにも、そこに一点の悲心（菩薩の慈悲心）がひそむとき、また禅心として別様の風光があるということか。

58　放下著《ほうげじやく》　――従容録――

趙州和尚に厳陽《ごんよう》尊者（生寂不詳）がたずねた、「一物不将来《いちもつふしようらい》の時如何《いかん》」。何も持ってこないとき、いかがですか。胸中無《む》一物《いちもつ》、心にかかる雲もない澄みきった心境だというのだ。趙州はいった、「放下著」。そのだいじに抱え込んでいる無一物というものを下におけ。それをもう一つ捨てると、あんた本当に自由になれるよ。尊者、「一物不将来、箇《こ》の什麽《なに》をか放下せん」。一物も持ってないのにいったい何を捨てるのです。趙州、「恁麽《いんも》ならば担取《たんしゅ》し去れ」。それならひっ担《かつ》いでゆけ。そんなたいせつな無一物なら、いつまでも抱いておれ。もちろん反語である。

ある婦人がこれを「下著《したぎ》を放《はな》て」と読んで、師家《しけ》の前ですっ裸《ぱだか》になった。師家すかさず一点を直指《じきし》して云《いわ》く「まだ一つ残っておる」。まだ女というものを担いでおるというのである。「放下」は下におく、捨てる意。「著」は命令の語気詞である。

59　石圧筍斜出　岸懸花倒生（石圧《あっ》して筍《たかんななな》斜めに出で、岸に懸《かか》って花倒《さかしま》に生ず）

——禅林類聚——

石に圧《お》されて筍《たけのこ》は斜めに生え出、懸崖の花は逆《さか》さに咲く。横にそれても逆さになってでも、相手に応じてなんとかその人を救おうという禅者の心をいう。八幡《やわた》円福寺の伽山《かざん》和尚（一八二五―九五）が紫野大徳寺の管長であったとき、江州《ごうしゅう》の彦根あたりから大津へと船で琵琶湖を渡ろうとした。その船中に、後の天龍寺の峨山《がさん》（一八五四―一九〇二）が乗り合わせた。時にまだ美濃伊深の正眼寺の役位で禎兄《ていひん》と呼ばれていた峨山は、師匠の使いで京都の法衣屋へ行く途中であった。風采あがらず百姓然とした破衣弊笠《はえへいりゅう》の老僧に目もくれず、二十数貫の巨体を船の中央にどっかとすえて、気はすでに仏祖を呑む猛雲水ぶりであった。そのうちにかの老僧がお経を出して読み始めた。「こいつ道心（中年坊主）だな、お経の稽古《けいこ》をやりおる」と見た峨山は、禅の修行のむずかしいことを語って、お前もせいぜい骨を折れと説教を始めた。伽山は黙って聞いている。上陸した二人はあいたずさえて大津街道を京へ向かい、夕方法衣屋に着いた。そこではじめて相手が管長さまと知って、さすがの峨山も全身に冷汗を流した。峨山は後年、この田舎爺《いなかじじい》伽山の室内を叩いている。

60　我れに三等の弟子《でし》あり　——夢窓国師遺戒——

「我れに三等の弟子あり。いはゆる猛烈にして諸縁を放下《ほうげ》して（俗世の縁を切って）、専一に己事《こじ》を究明する（真実の自己を究める）、これを上等とす。修行純ならず駁雑《ばくざつ》にして学を好む、これを中等という。自《みずか》ら己霊《これい》（真実の人間性）の光輝を昧《くらま》して、ただ仏祖の涎唾《えんだ》（よだれやつばき。残された教え）を嗜《たしな》む、これを下《げ》等と名づく。もしそれ心を外書《げしょ》（仏教以外の書物）に酔はしめ、業《ぎょう》を文筆に立つる者、これは是《こ》れ剃頭《ていず》の俗人なり。もって下等となすに足らず。いはんや飽食安眠、放逸にして時を過ごす者、これを緇流《しりゅう》（出家者）と謂《い》はんや。古人喚《よ》んで衣架《えか》飯嚢《はんのう》（法衣架《ころもか》け、飯袋《めしぶくろ》）と作《な》す。既に是れ僧にあらず、我が弟子と称して寺中及び塔頭《たっちゅう》（大寺院の中にある子院）に出入することを許さず。暫時《ざんじ》出入するすら尚《なお》もって容《ゆる》さず、何《いか》に況《いわん》や来って掛搭《かとう》（雲水として入門すること）を求むるをや。老僧是の如《かく》き説を作《な》す、言ふこと莫《なか》れ博愛の慈を欠くと。ただ他の非を知り過ちを改めて祖門の種草《しゅそう》（祖師門下の後継者）となすに堪へんことを要《ほっ》するのみ」。

III　無孔の鉄鎚――中国の禅者の機縁1

無孔《むく》の鉄鎚《てっつい》。
――禅者の言行は、孔のない金鎚のようで、
柄もすげられぬので、手のつけようもない。
日常的知性の分別では届かない。

61　念起即覚（念の起らば即ち覚せよ）――坐禅儀――

釈尊の愛弟子阿難《あなん》尊者は美男だったので、さまざまな女難の話が伝わっている。あるときも旃陀羅《せんだら》（インドの奴隷階級）の娘に恋されて心を痛めていた。それでなくとも、階級制度の厳しい国である。それを見て釈尊は一枚のハンカチのところどころを結んで「これは何か」と問うた。阿難、「結び玉です」。釈尊はいった、「阿難よ、お前の心にもだいぶ結び玉ができている。旃陀羅の娘に恋されて悩んでいるようだが、その悩みを解くには、それこうして一つ一つほどいて行けばよい」。そしてすべての結び玉を解き終って釈尊はいった、「阿難よ、結び玉はどこにあるか」（『首楞厳経《しゆりようごんぎよう》』）。

坐禅をして眠ってはならぬ。それは眠っているのであって、坐禅しているのではないから。坐禅をして思いごとをしてはならぬ。それは思いごとをしているのであって、坐禅をしているのではないから。「念の起らば即ち覚せよ」。妄念が起きたら、眠ったら、ボーッと放心状態になったら、「無ーっ」（301参照）と公案に取って返すのである。こうして一つ一つの結び玉（煩悩・妄想）を解いてゆくのである。古人も、「念の起ることを怕《おそ》れず、ただ覚の遅きことを慮《おもんぱか》る」といっている。

62　無為無事人　猶遭金鎖難（無為無事《むいぶじ》の人、猶《な》お金鎖《きんさ》の難に遭《お》う）――碧巌録37――

「金鎖の難」は「鉄鎖の難」に対していう語である。煩悩・妄想が人間を繋ぐ鉄の鎖《くさり》なら、「空」（真空無相・無一物）の悟りもまた囚《とら》われれば無為無事（いっさいのはからいを絶した何事もない平常そのままの心境）の人を縛る黄金の鎖となる。仏や法をありがたがる「仏見・法見《ほっけん》」を捨てて、真に仏向上《ほとけのそのうえ》の境涯を得よというのである（314参照）。

釈尊の従弟で、のちに釈尊の十大弟子中、天眼《てんげん》（衆生の未来の生死を知る天人の眼）第一と謳《うた》われた阿那律《あなりつ》尊者は、幼少の頃に友だちと物を賭《か》ける遊びをして、いくら賭けてもみな取られた。そのたびに召使いに命じて母の所にねだりにやる。母は一包みずつのお菓子を渡したが、たび重なってきりがないので、「お菓子はこれでもうおしまい、あとはもうない」といってやった。それもたちまち取られてしまったが、阿那律坊やいっこうに困ったふうもない。召使いに「早く行って母様にモウナイという物をもろうてこい」といい、友だちに向かって、いばっていったものである、「今度のはお菓子じゃない。モウナイというすてきなものを賭けるから」。

「空」の境地に囚われる道人は、「モウナイ」というものを珍重した阿那律坊やを笑うわけにはゆくまい。

63　無功徳《むくどく》　――碧巌録1・葛藤集64――

南朝梁《りよう》の天子武帝（四六四―五四九）は熱心な仏教信者で、みずから袈裟《けさ》をつけて『放光般若経』の講義をしたと伝えられる。世人は尊んで「仏心天子」と称賛した。それほどの崇仏家だから、インドから大聖達摩《ダルマ》が渡来したことを聞くと、ただちに勅使をたてて都に迎えた。さっそく相見《しようけん》した武帝は、開口一番とくとくとして質問した。私は多くの仏寺を建立し、たくさんの僧に度牒《どちよう》（昔、僧尼の出家に際して与えた官許の証券）を与えて供養した。さだめし、広大な功徳があることであろう、と。しかし、大師の答えは武帝の期待とは違ってきびしい否定の語であった。「功徳などない」。功徳を思い現世利益を求める心が、すでにもう真の宗教とは無縁のものである。一点なお自己を思うの念のある間は、真正の宗教心とはいえないからである。

64　本来無一物《むいちもつ》　――六祖壇経――

五祖弘忍《ぐにん》和尚（六〇一―六七四）はある日弟子たちにいい渡した、「私も年だ、後継ぎをきめたい。各自詩偈を作って提出せよ。お前たちの中で法を得た者を第六代の祖師としよう」。時に神秀上座《じんしゅう》（六〇六？—七〇六）が大衆《だいしゅ》の教授師（先生）であった。彼はみんなの期待を担《にな》って、次の詩を呈した。「身は是れ菩提樹《ぼだいじゅ》、心は明鏡の台の如し。時々に勤めて払《ほっ》拭《しょく》して、塵埃《じんない》に染《けが》さしむること莫《なか》れ」。五祖はこれを見て、「よい詩だ。このとおりに修行すれば悟れる」といったが、ひそかに神秀ひとりを呼んで、まだ門内にも入っていないと退けた。人々は師の言葉どおりに彼の詩を暗誦した。米つき小屋で働いていた行者《あんじゃ》（まだ得度を受けずに在家のままで寺にいる者）の慧能《えのう》がこれを聞いて、自分の詩も書いてほしいと願った。「菩提もとより樹なし、明鏡もまた台にあらず。本来無一物、何の処にか塵埃あらん」。行者慧能はこの詩偈によって、居士身で祖師位にのぼって六祖となった（160参照）。

65　一宿覚《いっしゅくかく》——六祖壇経——

永嘉《ようか》玄覚和尚（六七五—七一三）は年少の折から経論を学び、天台の止観《しかん》（「止」は禅定に、「観」は般若の智慧にあたる）に精通した秀才で、ある日『維摩経《ゆいま》』を読んでいて大悟した。ところが、六祖慧能《えのう》の弟子の玄策に、「無師自悟《むしじご》は天然外道《てんねんげどう》（正師の証明を受けることなく、自己の自然の本性のままでみずからよしとする仏教以外の教え）だ」と忠告され、それではと、ともに六祖を訪ねることにした。

玄覚は六祖の禅床《いす》の周りを三遍回って、錫杖《しゃくじょう》をならして突っ立った。六祖は、「沙門《しゃもん》（出家修行者）には沙門の礼儀がある。君はいったい、どこからきてそんな慢心を生ずるのか」。玄覚、「生死の問題は重大で、無常迅速（時の流れは早い）です（礼儀などかまっていられません）」。六祖、「それなら、なんで無生（無生死の境地）を体認し、無速（時間を超えた境地）をものにせぬか」。玄覚、「体認したればこそ無生ですし、ものにしたからこそもともと無速なのです」。六祖、「そのとおり、そのとおり」。そのとき玄覚ははじめて威儀を正して礼拝し、すぐにいとま乞いをした。そこでなお一問答あってのち、六祖はいった、「よろしい、だがまあ一晩宿ってゆけ」。

こうして彼は六祖の法を嗣いだ。時の人は玄覚を「一宿の覚」とよんだ。彼は六祖に会う以前にすでに悟っていたのだが、六祖の証明を得てはじめて祖師の位にのぼったのである。一宿はその嗣法のために必要な手続きであった。『証道歌』一編は彼の作と伝えられる。

66 古仏過去久（古仏、過ぎ去ること久し）――従容録42――

ある僧が南陽の慧忠《えちゆう》国師（？―七七五）に問うた、「本身の盧《る》舎那《しやな》（仏陀の本身でもある永遠不滅の真理。法身仏ともいう）仏とは何ですか」。国師はいった、「わしにそこの水瓶を取ってくれ」。僧はいわれたとおり水瓶を持ってきた。国師はいった、「もとの所に返してくれ」。僧はまたもとの所にもどした。そしてくり返して問うた、「本身の盧舎那仏とは何ですか」。国師はいった、「古仏はもうとうに行ってしまわれた」。

玄沙《げんしゃ》和尚（八三五—九〇八）は韋将軍と菓子を食べていた。将軍が問うた、「古語の『日に用いて知らず』というのは、どんなことですか」。和尚は菓子を取って、「まあ、おあがり」という。将軍はいわれるままに食べて、ふたたび先の問いをくり返した。そのとき和尚はいった、「それ、それ。それが『日に用いて知らず』じゃよ」。物を食うところ、水瓶を動かすところ、そこに真人《しんにん》（臨済が、仏陀すなわち自覚者を独自の禅語で表現した言葉。78参照）の働き、古仏の在処《ありか》があるというのだ。

67　説似一物即不中（一物を説けば即ち中《あた》らず）——伝燈録5——

南嶽和尚（六七七—七四四）が六祖（達摩から六代目の祖師。慧能のこと）に参じたとき、六祖はきいた、「どこから来たか」。南嶽、「嵩山《すうざん》から来ました」。六祖、「何物がそんなふうにして来たか」。嵩山から曹渓までそうして道を求めてきた者は何物か、というのだ。南嶽は即座に答えができなかった。そして長い間の真剣な参禅の後に、やっと六祖のいわゆる「何物」を悟った。そのときの答えが有名な「説似一物即不中」である。その何物という一物について何かいうと、もうすぐに外《そ》れるというのだ。これを聞いて六祖は重ねて問うた、「それはやはり修行してみずから実証することができるものか」。そのとき南嶽はいった、「修証は即ち無きにあらず、染汚《ぜんな》することは即ち得ず」。修行して証悟することはなくはないが、染汚《けが》してはだめだ、というのである。六祖は喜んで、「ただこの染汚《けが》さないという一事こそ、諸仏の護念（守る）したもうところだ。お前はすでにそうだ、私もまたそうだ」といって証明した。

68　坐禅　豈得作仏耶（坐禅して、豈《あ》に仏と作《な》ることを得んや）——葛藤集139——

馬祖《ばそ》は坐禅ばかりしていた。それを見た南嶽は、これは仏法の器《うつわ》だと知って問うた、「貴公、坐禅して何をしようというのだ」。馬祖、「仏になろうとするのです」。南嶽は瓦を取って石の上で磨《みが》き始めた。馬祖、「何をなさるのです」。南嶽、「磨いて鏡にしようと思う」。馬祖、「瓦を磨いて、どうして鏡になりましょう」。南嶽、「それなら、坐禅したからといって、どうして仏になれよう」。そこで馬祖はどうすればよいのかを問うた。南嶽、「人が牛車《ぎっしゃ》を御《ぎょ》するようなものだ。車が動かぬときは、車を打つのがよいか、牛を打つのがよいか……。君は坐禅を学ぶのか、坐仏を学ぶのか。坐禅を学ぶのなら、禅は坐臥に関わらぬ。坐仏を学ぶなら、仏には定相《きまったすがた》はない。何物にも執《とら》われぬ法《しんり》においては取捨があってはならぬ。坐仏に著《じゃく》すれば仏を殺すことになるし、坐相に執われれば理に達したことにはならぬ」。

馬祖は教えを聞いて、醍醐《だいご》（牛乳を精製したもので最高の美味）を飲む思いがした。形の坐禅だけではだめで、運心工夫《うんしんくふう》（心の参究）がだいじだというのである。

69　随流去（流れに随《したが》って去れ）——伝燈録 7——

大梅和尚《だいばい》（七五二—八三九）は馬祖の「即心即仏」の一語で悟ってのちは、梅子真の旧跡といわれる山中の仙境に庵を結んで隠れ住んだ。あるとき同じ馬祖の法子塩官和尚《えんかん》（？—八四二）下の雲水が山路に迷い、この仙人のような老僧にあって、「和尚はこの山に住んでどのくらいの年月になりますか」と聞いた。大梅はいった、「ただ四方の山が青くなり、また黄色になるのを見てきただけだ」。何年になるかわからん、山中暦日なしだ。そこでその僧は重ねて問うた、「山を出る路はどう行けばよいでしょう」。大梅は答えた、「流れに随って去れ」。渓流に従ってゆけばやがて河口の町に出られる。この僧は帰ってこのことを師の塩官に告げた。塩官はそれはきっと馬祖下の同門であった法常和尚に違いないと、その僧に手紙を持たせて、懇《ねんご》ろに迎えにやった。しかし大梅は応じようとはしなかった。

このことあって浮世の人間の近づくのを嫌った彼は、「一池の荷葉衣《え》尽くるなし、数樹の松華食《じき》余りあり。剛《まさ》に世人に住処を知られて、更に茅舎を移して深谷に入る」という詩偈を作って、いっそう奥地に移り住んだ。

70　三世諸仏　是有是無（三世の諸仏、是《こ》れ有《う》か是れ無か）――碧巌録31――

張拙秀才（生寂不詳）が西堂《せいどう》和尚に問うた、「山河大地は有《う》か無か。三世諸仏は有か無か」。西堂はいった、「有だ」。張拙はいった、「錯《あやまり》です」。西堂、「先生はこれまで誰に参禅されたか」。張拙、「径山《きんざん》老師に参じました。私が参禅すると、径山老師はすべて『無だ』といわれました」。西堂、「先生はどんな家族がおありか」。張拙、「妻が一人と子供が二人です」。西堂、「径山にはどんな家族があるか」。張拙、「径山老師は古仏です、家庭などあるものですか。老師を謗《そし》らないでください」。西堂、「先生、あなたが家族について径山和尚のようであって、はじめてすべてを『無だ』というべきです」。さすがの張拙も頭をたれるだけであった。彼はのちに石霜慶諸《せきそうけいしょ》和尚（八〇七―八八八）に参じて大悟した。その投機の偈《げ》「光明寂照河沙《がしゃ》に遍《あまね》し、凡聖含霊《ぼんしょう》共に一家、云々」（智慧の光が遍く無数の国土を照らし、凡夫も聖者もすべてのものが自他不二である）は世に有名である（342参照）。

71　毛呑巨海　芥納須弥（毛、巨海《こかい》を呑《の》み、芥《け》に須弥《しゅみ》を納《い》る）――臨済録――

『維摩経』「不思議品」に、「須弥、芥子《けし》の中に入る」「四大海水を以て一毛孔《もうく》に入る」という語がある。世界の中心の妙高山とそれをめぐる四方の海、この大山が芥子粒の中に入り、この巨海が毛髪の中の孔《あな》に入るというのである。

唐の李勃《りぼつ》は大の読書家で、万巻の書を読破したというので「李万巻」と称された。あるとき廬山の帰宗寺《きすうじ》智常和尚（生寂不詳）を訪ねて、「仏典に芥子粒の中に須弥山を入れるということがあるが、なんともわけのわからぬ話だ」と問うた。すると、和尚は、「貴公は李万巻というが、小さな頭の中に万巻の書をどうして入れた」と反問した。李勃は大いに悟るところがあったという。

明治のころ、西洋の科学が入ってきて、地動説が説かれたとき、それではインド伝来の須弥中心説が根底から覆《くつがえ》される、仏教の死活問題だと騒いだ人々があった。その話を総持寺の奕堂《えきどう》禅師にすると、師は怒雷のごとく一喝した、「何を馬鹿な。須弥百億、毛端に現《げん》ずじゃ。一つや二つの須弥が崩れたって、それが何じゃ」。

72　全身脱去（全身脱去《だつこ》す）——臨済録——

普化《ふけ》和尚（生寂不詳）は街《まち》で人々に僧衣《ころも》の布施を乞うた。人々が僧衣を与えても受け取らぬ。臨済和尚は院主に命じて棺桶を一式買わせた。普化が帰ってくると、臨済はいった、「君のために一着の僧衣を作っておいたよ」。普化は早速それを担《かつ》いで、街に出て叫んで回った、「臨済が衲《わし》のために僧衣を作ってくれたから、衲は城《まち》の東で死ぬぞ」。人々は先を争ってついてきた。普化はいった、「きょうはまだ死なぬ。あす南門で死のう」。こうしたことが三日つづくと、人々はもう誰も普化のいうことを信じなくなった。四日め、誰もついてこなくなると、普化は独りで城外に出て、自分で棺の中に入り、通りすがりの者にたのんで、釘を打たせた。このことはすぐに城《まち》全体にひろまった。人々は先を争ってそこに行って、棺を開けて見た。すると、普化の体は全身棺から脱け去って、棺の中は空っぽであった。ただ空中に鈴の音だけがはっきりと響いて去ってゆくのが聞えた。

73　見与師斉　減師半徳　見過於師　方堪伝授

（見《けん》、師と斉《ひと》しきときは、師の半徳を減ず。見、師に過ぎて、方《まさ》に伝授するに堪えたり）　——伝燈録6——

百丈《ひゃくじょう》和尚はある日門下の大衆《だいしゅ》にいった、「仏法は小事ではないぞ。衲《わし》は昔、馬祖《ばそ》大師に一喝をくって、三日も耳が聴こえなくなり目の前が真暗になるというめにおうた」。弟子の黄檗《おうばく》（生寂不詳）が師のこの語を聞いて思わず長い舌を出した（289参照）。百丈はいった、「あんたはきょうから馬大師に嗣法せよ」。黄檗はいった、「いや、そうではありません。きょうの老師のお言葉で馬大師の偉大な働きを見たのです。私は馬大師に相見《しょうけん》したこともありません。もし私が馬祖の法嗣《はっす》だなどと申しましたら、将来私の法の子孫を失うことになるでません。

しょう」。百丈はいった、「いかにも、いかにも。弟子の見地が師と等しいときは、師の徳の半分を減らすことになる。見地が師に勝《まさ》ってこそはじめて法を伝授するに堪える。あんたにはその師匠《おや》勝りの働きがある」。

74　這自了漢　吾早知捏怪　当斫汝脛（這《こ》の自了の漢、吾れ早く捏怪《ねっかい》なることを知らば、当《まさ》に汝が脛《はぎ》を斫《き》るべきに）——碧巌録11——

黄檗《おうばく》和尚は「天性（生まれつき）禅を会《え》す」といわれた禅匠であった。あるとき天台山に遊んで、路で一僧と連れになった。一見旧知のように共に談笑した。よく見ると眼光人を射て、すこぶる異相の僧である。行くうちに谷川につき当たり、急流ほとばしって渡るすべもない。黄檗は杖をたて笠をすてて、しばしたたずんでいた。僧は黄檗の手を引いて共に渡ろうという。黄檗、「どうぞお先にお渡りなさい」。僧は衣の裾《すそ》をからげて、波をふむことまるで平地をふむように、すっすっと水面を渡って、ふりむいて「渡っておいで、渡っておいで」と手招きした。黄檗は叱りつけていった、「この自了の漢。もっと早く貴公がそんな奇怪な奴《やつ》と知ったら、その脛《すね》を叩き切ってやったものを」。これを聞くと僧は「あなたこそ真の大乗の法器だ」といって姿を消した。

自了の漢とは、自分だけ彼岸に渡ればよいとする小乗の羅漢（小乗は自己の救いだけを目的とする教え、羅漢はその理想の人間像）を罵る語である。

75　棄恩入無為《きおんにゅうむい》　真実報恩者《しんじつほうおんしゃ》　——出家得度偈文——

黄檗和尚は出家ののちは、「恩を棄てて無為（人間の小さなはからいを絶した悟りの境地）に入るこそ真実の報恩」と、一度も生家に帰らなかった。しかしさすがに年老いた母のことが気になって、あるとき思わず故郷の方に足が向いた。

久しく消息を絶ったわが子の上を思って、明け暮れ泣きつづけた母親は盲目になっていた。息子恋しさに、往来に接待所を設け、雲水の足をとめては老母みずからその足を洗っていた。わが子なら左の足にホクロ瘤《こぶ》があるはずだという思いからである。黄檗は右足だけを洗わせて座についたが、供養を受けながら釈尊の出家の話をして、それとなく母に説法して、後《うし》ろ髪を引かれる思いでまた行脚の旅に出た。あとで近所の者が、実はあれがあなたの息子だとよけいな話をした。老母は憑かれたように追いかけた。大きな川のほとりまできたが舟は出た後であった。老母はついに川にとび込んで溺れて死んだ。対岸に立ってまのあたりこれを見た黄檗も、手のくだしようはなく悲痛な声をしぼって、「一子出家すれば九族天に生ず、と。もし生ぜずんば諸仏われを欺かん」と絶叫した。これが禅門にいわゆる引導《いんどう》香語（葬式のとき導師が死者にいいわたす法語）の始まりといわれる。

76　能礼所礼性《のうらいしょらいしょう》　空寂《くうじゃく》　――礼拝偈――

唐の大中天子（十六代宣宗。八四六―八五九在位）が即位前に難を避けて禅林に隠れていたころ、塩官禅師の所で書記をしていた。そのとき黄檗和尚が首座《しゅそ》（修行僧すなわち雲水の中の第一座）であった。大中書記は、黄檗が身長七尺の体軀を五体投地して、孜々《しし》として礼拝するのを見て問うた、「仏に著《つ》いて求めず、法に著いて求めず、僧に著いて求めずというのに、礼拝して何を求めるのか」。黄檗はいった、「仏に著いて求めず、法に著いて求めず、僧に著いて求めず、常にこうして礼拝するのだ」。大中、「それなら礼拝しても何にもなるまい」。黄檗はただちに大中に平手打ちをくわせた。大中、「なんて乱暴な」。黄檗は、「ここをどこだと思って乱暴だの丁寧《ていねい》だのというのだ」といって、またなぐった。「礼拝する主観（自己）も礼拝される客観（他己）もその本性は空寂（本体は一如・自他不二）だ」というのである（122参照）。

77　臨済破夏因縁（臨済破夏《はげ》の因縁）　――臨済録――

臨済和尚はある年の夏安居《げあんご》（雨期三ヵ月の禁足修行）の半《なか》ばに、禁を破《やぶ》って黄檗山に上ったが、師の黄檗和尚がお経を読んでいるのを見ていった、「私はこれまで老師を一箇の人物と思っていましたのに、なんだ、ただのお経読み坊主だったのですか」。そして数日とどまって下山《げざん》しようとした。黄檗はいった、「君は禁を犯して夏安居の途中でやってきて、まだ安居もすまさずに出て行くのか」。臨済、「私はちょっと老師にご挨拶にあがっただけです」。そこで黄檗はしたたか臨済をぶちのめして追い出した。臨済は数キロ行ったところで、このことに疑いをもち、引き返して安居を終えた。臨済はある日、黄檗を辞し去ろうとした。黄檗、「どこへ行く」。臨済、「河南でなければ河北へ帰ります」(338参照)。黄檗は即座になぐった。臨済はその手をとらえて逆に平手打ちをくわせた。黄檗は大笑して、臨済を印可した。

78 赤肉団上 有一無位真人 (赤肉団上《しゃくにくだん》に一無位の真人《しんにん》あり) ——臨済録——

臨済和尚はいった、「われわれのこの肉体の中に一人の無位(仏とも衆生ともなにものとももいっさい限定されない)の真人(実存)がいて、つねに君たちの感覚器官(眼耳鼻舌身意)を通じて出たり入ったりしている。すなわち君たちが見るところ、聞くところ、思うところに、生き生きとして働いている。まだそれを自覚体認しない者は、心眼を開いて見よ見よ」。そのときひとりの僧が出てたずねた、「無位の真人とは、どんなものですか」。臨済は禅床《いす》をおりて、やにわにその僧の胸ぐらをひっつかんでいった、「いえ、いえ!」。僧が何かいおうとすると、臨済はいきなり僧をつき放して、「無位の真人のくせに、なんという糞《くそ》かきべらだ（役立たずの鈍物め）」といって、さっさと方丈に帰っていった。仏道とは自己究明の道である。仏陀とは自覚者である。禅はこの「真人」すなわち「無相の自己」の自覚以外の何物でもない。

79　無位真人　与非無位真人　相去多少（無位の真人《しんにん》と非無位の真人と、相い去ること多少ぞ）――碧巌録32――

定上座《じょうじょうざ》（生寂不詳）はある日、路で巌頭（八二八―八八七）・雪峰（八二二―九〇八）・欽山（生寂不詳）の三人と逢った。そこで巌頭が問うた、「どこから来られたか」。定、「臨済院」。巌頭、「臨済老師はご健在か」。定、「すでになくなられた」。巌頭、「私たち三人は、わざわざ老師を礼拝に行こうというところだ。福縁が浅薄で、なくなられてしまった。老師の生存中のお言葉を何か聞かせていただきたい」。そこで定上座は、無位真人の話《わ》（78参照）を語った。それを聞いて巌頭は思わず舌をはいた。欽山がいった、「どうして非無位の真人といわないのか」。定はいきなり欽山の胸ぐらをひっつかんでいった、「無位の真人と非無位の真人と、どれほど違うのだ。いえ、いえ！」。欽山は答えができず、顔色が黄色になったり青くなったりしていた。巌頭と雪峰とが近づいて礼謝していった、「この新参者がよしあしもわからず上座のお怒りにふれました。お許しください」。定はいった、「御両人のとりなしがなければ、この小便たれ小僧め、しめ殺してやったものを」。これが臨済禅の活機用《きゆう》（生き生きとした働き）である。

80 禅河深処須窮底（禅河深き処須《すべか》らく底を窮《きわ》むべし）――碧巌録32――

定《じよう》上座がある日お斎《とき》（禅門の昼食）をいただいての帰り路に橋の上で休んでいると、三人の座主《ざす》（禅宗・律宗に対する教宗の僧侶）に逢った。その一人が「『禅河深きところ底まで窮めねばならぬ』というのはどんなことか」と問うた。定はいきなりその僧をひっとらえて橋の下に投げ込もうとした。禅河の深浅は自身で水中に入って探れというのだ。そのとき、二人の座主があわてて救いの手をのべて、「おやめください、おやめください。この男が上座にさからってお怒りにふれましたが、どうぞお慈悲でお許しください」と願った。定はいった、「お二方《ふたかた》がいらっしゃらなければ、彼自身で河の底まで窮めさせてやったものを」。

81 一隻箭《いっせきせん》――五燈会元――

興化《こうけ》和尚（八三〇―八八八）は臨終にあたって、大衆《だいしゅ》に向かっていった、「私に一本の矢がある。誰かにやろうと思う」。そのときひとりの僧が出ていった、「老師の矢をいただきとうございます」。興化、「お前は何を矢と呼ぶのか」。僧は臨済的伝（臨済和尚からたしかに伝わった）の一喝で報いた。和尚は五つ六つしたたかなぐりつけて方丈に帰った。そして先の僧を呼んでたずねた、「お前、さっきはわかったのか」。僧、「わかりません」。師はまた五つ六つなぐって杖を放り出していった、「こののち眼の明らかな者に遇ったら、はっきり私の矢を示せ」。不《ふ》顧《こ》庵《あん》禾《か》山《さん》老師（一八三七―一九一七）に次の公案がある。「人々悉《ことごと》く一隻箭を具す。あるときは殺人箭《せつにんせん》（否定の矢）となし、ある時は活人箭（肯定の矢）となす。且《しば》らく道《い》え、衲僧《のっそう》尋常《よのつね》那《な》箇《こ》の一隻箭（どの一矢《ひとや》）をか受用《じゆゆう》（わが身に受持《うけたも》って作用《はたら》かせる）する」。この〝衲僧那箇の一隻箭〟（321参照）が手に入れば、興化和尚「末後の句」の真意も悟れよう。

82　誰知吾正法眼蔵　向這瞎驢辺滅却（誰か知らん、吾《わ》が正法眼蔵《しょうぼうげんぞう》、這《こ》の瞎驢《かつろ》辺《へん》に向《お》いて滅却せんとは）　――臨済録――

臨済和尚は臨終のとき、居《い》ずまいを正していった、「私が死んだ後、私の正法眼蔵《しょうぼうげんぞう》を滅《ほろ》ぼしてしまってはならぬぞ」。そのとき高弟の三聖《さんしょう》（生寂不詳）が進み出ていった、「どうして老師の正法眼蔵を滅ぼしたりいたしましょうか」。臨済はいった、「こののち、人がお前にたずねたら、何と答えるか」。三聖はそこで一喝した。臨済は、「私の正法眼蔵がこのくそ驢馬《ろば》の所で滅びてしまおうとは、思いもよらなんだ」、といい終って、すっと坐ったままで遷化《せんげ》（禅僧の死をいう）した。三聖の一喝を証明したのである。正法眼蔵を滅却するとは、煩悩・妄想の迷いはもとより菩提・涅槃の悟りも払いはてた真空無相の絶対無の境地をいうのである。すなわち正法眼蔵は滅ぼしてこそ真の清浄《しょうじょう》法眼《ほうげん》であるの意。

83　啐啄同時用（啐啄《そったく》同時の用《ゆう》）――伝燈録12――

南院和尚（生寂不詳）はいった、「諸方の師家《しけ》はただ啐啄同時（264参照）の眼だけあって、啐啄同時の用《はたらき》がない」。ひとりの僧が問うた、「啐啄同時の用とは何ですか」。南院、「作家《さっけ》（やりて）の禅者の出会いは啐啄しない。すれば同時に失う」。僧、「それは私の質問とは違います」。南院、「お前の質問はどうだ」。僧、「失いました」。和尚は打ったが、僧は肯《うけが》わなかった。しかしのちに雲門（八六四―九四九）の会下《えか》（門下）で他の僧がこの語をいうのを聞いて、彼ははじめて宗旨を悟った。南院に帰ったが、師はすでに寂していた。

そこで法嗣《はっす》の風穴《ふけつ》和尚（八九六―九七三）を訪ねると、風穴が問うた、「お前はあのとき先師に『啐啄同時の用』をたずねたが、そののち省悟するところがあったか」。僧、「すでに一箇の道理を見ました」。風穴、「どういうことだ」。僧、「私はあのときは燈火の影を歩いていて、おぼろげにはわかっていてもはっきり照顧できませんでした（今は違います）」。風穴はこれを証明した。

84　棒下無生忍　臨機不譲師（棒下の無生忍《むしょうにん》、機に臨んで師に譲《ゆず》らず）――古尊宿語録7――

風穴《ふけつ》和尚が南院禅院で園頭《えんじゅ》（畑の係）をしていたとき、師の南院が畑にきて問うた、「お前は南方から来たが、南方の一棒はどう商量（物の値うちを量ることから、転じて問答ないし参究することをいう）するか」。風穴、「すばらしい商量をします」。今度は風穴がきいた、「ここでは如何ですか」。南院は棒を握っていった、「棒下の悟りは、機に臨んでは師匠にも譲らぬ」。風穴は言下に大悟した。南院、「お前がいま大法を手に入れたのは偶然ではない。お前は臨済大師の臨終のことを聞いているか」。風穴、「聞いています」。南院、「大師はいわれた、『誰が知ろう、私の正法眼蔵がこのくそ驢《ろ》馬《ば》の所で滅びてしまおうとは』と。あの方はふだんからまるで獅子のようで、人に逢えばすぐにこれを殺した人だ。いま臨終にあたって、膝を屈し尻尾《しっぽ》を落してこんなざまなのはなぜだ」。風穴、「正法の密付（親密な付法）が終るとき、師の全身心は滅びるのです」。南院、「三聖はなぜ黙っていたのだ」。風穴、「すでに親しく密付を承《う》けた入室《にっしつ》（師の室に入って道の奥義を得た）の真子です。門外の遊人とは違います」。

85　臨済喝　徳山棒（臨済の喝、徳山の棒）――伝燈録13――

達摩大師を真中に、喝をはく臨済和尚と棒をかまえた徳山和尚の三幅対の頂相《ちんそう》（禅僧の画像）をよく見かける。これを「摩・徳・臨」と称する。「臨済の喝、徳山の棒」といわれて、棒喝は禅門の機用の代表とされ、両人は祖席の英雄と目される。しかし棒喝だけが禅機ではない、趙州《じょうしゅう》和尚のように舌先《したさき》三寸でよく人を信伏せしめた口唇《くしん》皮禅の例もある。首山《しゅざん》和尚（九二六―九九三）に僧が問うた、「『臨済の喝、徳山の棒』とは、いったいどんなことを明らかにするのですか」。首山、「お前ためしにいうてみよ」。僧は一喝した。首山、「何もわかっておらん」。僧はふたたび一喝した。首山、「このわからずやめ！　ただもう乱《みだ》りに喝して何になろう」。僧は礼拝した。首山はすぐに打った。喝も棒も、ただ真の禅匠の手段としてのみ活機用となる。

86　喝《かつ》　――臨済録――

「喝」とは、ただ大声でどなることであって、よくいわれるように、必ず「クヮーッ」と発声するとは限らない。一喝のところに自己の悟境をそっくり体現する禅者の全体作用《さゆう》（身ぐるみ宇宙一杯の働き）である。ある小僧が大僧（一人前の僧）たちのように禅問答がやりたくて、大僧にきくと、「正当恁麽《しょうとういんも》の時作麽生《そもさん》」と問うて和尚が何か答えたら、かまわず「クワーッ」と一喝せよと教わった。しかし恁麽《いんも》（此《かく》の如《ごと》し、の意の俗語）が憶《おぼ》えにくいので、「ナマイモと憶えておくことにした。いよいよ法堂《はっとう》に出て、和尚の前に立ったとき、つい「ナマイモの時そもさん」とやってしまった。和尚は笑って、「煮《に》てもよし焼いてもよし」と調子を合わせた。そこで小僧、「カアーッ」と黄色い声をはりあげた。和尚は当意即妙、「小僧よ、えぐいか」といったので、満堂どっと笑った。洞門近世の高徳黄泉《こうせん》にこんな実話がある。ある僧が、「久しく黄泉と響《ひび》く、これ麦香煎《こうせん》（香煎は穀類を煎って粉にしたもの）かこれ米香煎か」と問うと、和尚、「いずれなりや、舐《な》めて知れ」と答えた。そこで僧が「クワーッ」と一喝すると、和尚はいったものである、「おお、むせたか、むせたか」。

87　唯有普願　独超物外（唯だ普願のみあって、独《ひと》り物外《もつがい》に超《こ》ゆ）──伝燈録6──

ある夕べ馬《ば》大師のもとに高弟の西堂《せいどう》と百丈《ひゃくじょう》と南泉（七四九─八三四）の三人が随侍して、月見をしていた。馬祖が「正恁麽《しょういんも》の時如何」（まさしくこんなときはどうだ）ときいた。そのとき西堂は、「正《まさ》に好《よ》し供養するに」（まさにみごとな仏陀への供養です）といった。百丈は、「正に好し修行するに」（ここそ修行のしどころです）といった。しかし南泉は衣の袖を払ってさっさと行ってしまった。馬祖はいった、「お経は智蔵（西堂）に入り、禅は慧海《えかい》（百丈）に帰した。ただ普願《ふがん》（南泉）だけが独り物外に超出している」。山岡鉄舟は、「いまどきほんものの禅僧を見ようと思ったら、管長だの師家《しけ》だのという人に逢《あ》ってもむだだ」といったという。真に物外に超出し名利《みょうり》も修証《しゅしょう》も超越した大人物は昔も今も稀《まれ》である。

88　七歳童児勝我者　我即問伊　百歳老翁不及我者　我即教他（七歳の童児も我れに勝《すぐ》るる者は、我れは即ち伊《かれ》に問わん。百歳の老翁も我れに及ばざる者は、我れは即ち他《かれ》に教えん）

——趙州録——

趙州《じょうしゅう》和尚がはじめて師の南泉に逢ったとき、南泉和尚は横になっていた。南泉、「どこから来たか」。趙州、「瑞像院です」。南泉、「瑞像《めでたいすがた》を見たか」。趙州、「瑞像は見ませんが、臥《ね》如来《ぼとけ》を見ました」。南泉は起きあがって問うた、「主人はあるか」。趙州、「あります」。南泉、「どなたか」。趙州、「一月とはいえ、まだ寒うございます。老師にはご尊体ご健祥で祝着に存じます」。即今南泉を師主として挨拶した。こののち四十年南泉に随侍して、師の寂後三年の喪に服し、六十歳で再行脚に出た。つねに「七歳の童子でも自分より勝れた者には教えを乞おう。百歳の老翁でも自分に及ばない者には教えよう」といった。そして八十歳になってはじめて趙州の観音院に住し、百二十歳で遷化《せんげ》したといわれる。世に「趙州古仏」と讃えられる。

89　山前檀越家　作一頭水牯牛去（山前檀越《だんのつ》の家で、一頭の水牯牛《すいこぎゅう》と作《な》り去る）——趙州録——

趙州《じょうしゅう》和尚がまだ師の南泉和尚の所に留まって悟後の修行をしていたころのこと。あるとき師匠にたずねた、「悟った人は、どこへ行きますか」。南泉はいった、「門前の庄屋どんの家に、一匹の水牯牛《すいこぎゅう》（耕作に使われる水牛）になって生まれて、檀家の皆さんのために働こうわい」。

悟りを開いても、極楽の蓮のうてなの上にじっと坐り込んで、自分独り法を楽しんでいるのでは死人《しびと》禅だ。

ある僧が雪峰和尚にたずねた、「水牯牛の年はいくつですか」。雪峰、「七十七だ」。それは雪峰自身の年齢である。

僧はすかさず突っ込む、「老師はどうして牛になどなられました」。雪峰はいった、「牛になって何がわるい」。わしは何にでもなって衆生のために働くぞ、というのである（286・338参照）。

90 大王来也（大王来れり）——趙州録——

趙州和尚はある日、隠寮（師家の居室。方丈に同じ）で坐禅をしていた。そこへ侍者《じしゃ》が「大王がおいでになりました」と、しらせてきた。大王とは趙王王鎔《おうよう》（八七三―九二一）のことで、趙州城市が属していた鎮府の府主であった。唐王朝に名目だけは従属して唐王室の北方の藩鎮たる地位にあったので、府主とも呼ばれたりもするが、一方では王を自称して半独立国的な権力をもっていた河北軍閥の一人である。そうした実力者たる大王の来訪なので、侍者がさっそく報告したわけだ。それを聞いて趙州は「大王万福」（大王、ごきげんよろしゅう）と挨拶した。侍者はいった、「まだです。いまちょうど三門の所までおいでです」。それを聞くと趙州はいった、「もう一人『大王がおいでた』というのか」。この話《わ》につけた黄龍慧南《おうりゅうえなん》（一〇〇二―六九）の偈、「侍者只《た》だ客を報ずることを知って、身の帝郷に在ることを知らず。趙州草に入って人を求む、覚えず渾身泥水《こんしんでいすい》なることを」。趙州はなんとかして侍者に〝自己身中の大王〟に相見《しょうけん》させようとして全身泥水にまみれて親切を尽したが、侍者はみずから帝郷にあることを悟れなかった（自己本心の大王に相見できなかった）というのである。

Ⅳ

滴水滴凍——中国の禅者の機縁2

滴水滴凍《てきすいてきとう》。——一滴の水がしたたるとすぐに凍《こお》る。
またしたたるとまたただちに凍る。
そのように、一念一念間髪を容れず、
正念を相続して不断ならしめよ。

91　不与万法為侶者　是什麽人（万法《まんぽう》と侶《とも》たらざる者、是《こ》れ什麽人《なんぴと》ぞ）――龐居士語録

龐《ほう》居士（七四〇？―八〇八）が石頭《せきとう》和尚（七〇〇―七九一）に問うた、「いっさいの存在と関わりをもたぬ者とは、どういう人ですか」。石頭は手で彼の口をふさいだ。居士はからりと悟った。また馬祖《ばそ》に参じて問うた。馬祖はいった、「君が西江の水を一口に飲みきったら、そのことをいおう」。居士は言下に、はっと玄妙の（奥深い絶妙な）宗旨を悟った。

趙州《じようしゆう》和尚にある人が同じ質問をした。趙州はいった、「そんなものは人間ではない」。あらゆる存在と交りを絶つ独脱無依《むえ》の（なにものにも依らぬ独立の）真人《しんにん》を問うた。それに対して趙州はそんな者は人間ではないと一蹴した。真の独脱無依の人は、相依相関の万法（すべての存在）との交りの中にこそ生きる。人間とは、まことに人と人との間柄の謂《いい》である。真人は一度万法と侶でない境に入ってもその涅槃《ねはん》（悟り）の仏地に住《とど》まらず、また異類中行《いるいちゆうぎよう》（139参照）して、どこまでも万法と侶に菩薩道を行ずるのでなければならぬ。

92　岑大虫《しんだいちゆう》――碧巌録36――

長沙《ちょうしゃ》和尚（生寂不詳）と仰山《ぎょうざん》和尚（八〇七―八八三）とが月見をしていた。仰山が月を指《さ》していった、「人間みんなだれでも這箇《これ》をもっている。ただよく使うことができないだけだ」。それを聞くと、長沙はいった、「ちょうどよい、早速わしが貴公をやとって使ってみせようか」。仰山、「やってみてくれ」。そのとき長沙はいきなり仰山を一ふみにふみ倒した。仰山は起きあがっていった、「師叔《ししゅく》（仏法の上の叔父）はまるで一匹の大虫（虎）だ」。こののち人は長沙のことを、彼の僧名の景岑《けいしん》からとって「岑大虫」と呼んだ。

百丈和尚と弟子の黄檗《おうばく》にも似た話がある。和尚がある日、黄檗に問うた。「どこへ行っていた」。黄檗、「大雄山で菌《きのこ》を採《と》ってきました」。百丈、「虎に逢うたか」。するとと黄檗はただちに虎になってほえた。百丈は斧《おの》をふりあげて斬るふりをした。黄檗は師匠に平手打ちをくらわせた。百丈は大笑してさっさと帰った。大虫は禅者の大機《だいき》大用《だいゆう》（すばらしい働き）にたとえられて、禅書にたびたび登場する。

93　看狗（狗《く》を看《み》よ）――碧巌録22――

紫胡《しこ》和尚（八〇〇―八八〇）は戸口に一枚の牌《ふだ》を立てて、「紫胡に一匹の狗《いぬ》がいる。上は人の頭を取って食い、中は人の腰を取って食い、下は人の脚を取って食う。何とかいおうとするとすぐに身命《いのち》を失うぞ」と書いた。そして新到（新参）の僧が来て相見《しょうけん》するや、すぐに

「狗《いぬ》を見よ」とどなりつけた。僧がふりむくと、さっさと方丈に帰ってしまった。

禅者なら一度親しくこの紫胡の狗にかまれて、喪身失命してみることが必要である。前則の92で、百丈は黄檗に平手打ちをくったあと、ただちに帰って高座に上るや「大雄山に一匹の虎がいる。お前たちよく見るがよい。老僧《わし》はきょう親しく一かみかまれたぞ」といった。

94 此不是火（此《こ》れは是《こ》れ火にあらずや）——伝燈録9——

潙《い》山《ざん》和尚（七七一—八五三）がまだ若い修行時代のこと、ある夜、隠寮に侍立《じりつ》していると、師の百丈和尚が「誰か」といったので、「霊祐《れいゆう》です」と答えると、和尚はいった、「お前、炉の中を見てくれ、火種があるかどうか」。そこで潙山は炉の中をかきまわしていった、「火種はありません」。百丈和尚は自分で火箸で炉中深く灰をかきまわして、蛍《ほたる》のような小さな火を見つけ、これを潙山に示していった、「これは火ではないのか」。潙山は心中悟るところがあって、礼拝して見解《けんげ》を呈した。百丈はいった、「それは暫時の岐路（しばしの枝道）というもの。経にいう、『仏性の義を知らんと欲せば、当《まさ》に時節因縁を観ずべし』と。時節が来たからには、迷いからはっと悟れるようなものだ。それはまた忘れていたものをふっと思い出すようだ。まさに自分の物を省悟《せいご》するので、他から得るのではない。だから祖師もいった、『悟り了《おわ》れば未だ悟らざるに同じ』（198・261参照）と。無心・無法であって、まったく虚妄凡聖の心などはない。心法（心の真理）はもともと十分に自身に備わっておるのだ。お前はいま、すでにそうである。よくみずから護持するがよい」。

95　我於耽源処得体　潙山処得用（我れ耽源《たんげん》の処に於て体を得《え》、潙山《いざん》の処に用《ゆう》を得たり）

——葛藤集65——

仰山《ぎょうざん》和尚は、はじめ石霜の性空《しょうくう》和尚（生寂不詳）に参じた。あるときひとりの僧が「祖師西来の意」（達摩がインドから中国へきて伝えようとした精神）を問うたのに、和尚が、「もし人が千尺の深い井戸に落ちたとして、一寸の縄にもよらずにこの人を出し得たら、お前の質問に答えよう」といったのを聞いて、これを公案として参じていたが、のちに耽源《たんげん》和尚に参じたとき、この因縁をあげて、「どうしたら井戸の中の人を出し得ましょうか」とたずねた。耽源はいった、「この馬鹿者！　誰が井戸の中におるか」。仰山ははっとしたが、のちさらに潙山《いざん》に参じて問うた。潙山は「慧寂《えじゃく》よ」と名を呼んだ。仰山は思わず「はい」と応じた。潙山は静かにいった、「もう出てしまった」。その「はい」と応ずる働きの主は何者か。りっぱに出ておるではないか。はじめから井戸の中になどおらぬのだ。仰山は後年にいった、「私は耽源の所で体（本体）を得、潙山の所でその用《ゆう》（作用《はたらき》）を得た」。

96 去年貧未是貧　今年貧始是貧（去年の貧《ひん》は未だ是《こ》れ貧ならず、今年の貧はじめて是れ貧）――伝燈録11――

香厳《きょうげん》和尚（?―八九八）は竹に当たる小石の音を聞いて豁然《かつねん》として大悟した（152参照）のち、恩師潙山《いざん》を訪ねて証明を乞うた。老潙山は大いに喜んでかたわらにいた仰山《ぎょうざん》に向かっていった、「香厳もついに徹底した」。しかし若い仰山は、すぐには弟弟子《おとうとでし》香厳の悟りを肯《うけが》わなかった。そして「もし正悟あらば、別にさらに説け」と迫った。そのとき香厳が仰山に呈した偈頌《げじゅ》がこれである。「去年の貧は猶《な》お卓錐《たくすい》の地あり、今年の貧は錐もまたなし」という転結の二句がつづく。先刻の「貧」すなわち「空《くう》」の体験は、まだ真の「空」体験ではなかった。即今の「貧」すなわち「空」こそ本物だ。先《さき》の「空」にはまだ錐《きり》を卓《た》てるほどの地が残っていたが、いまはその地さえもない。ほんとうの空（無一物《むいちもつ》）には空という意識さえあってはならぬというのである（58参照）。

97 打葛藤（葛藤《かっとう》を打《た》す）――碧巌録1――

葛藤はつたかずらで、物にまつわりからみついて、それをさまたげるところから、文字や言句が人を繋縛《けばく》するのにたとえられ、またその文字・言句、そしてのちには公案を指す語となった。ある和尚が小僧たちに「二人行く一人はぬれぬ時雨《しぐれ》かな」という句を示して、さあ考えてみよといった。同じ時雨の中を二人が行って一人だけぬれないというのはどういうことか。ある小僧は「それは一人がみのを着ていたのだ」といった。最後の小僧は、「馬の背を分ける夕立で、片方だけ雨が降ったのだ」といった。もう一人は、「そんなはずはない、夕立ではなくて時雨じゃないか。一人は軒下でも歩いていたのだろう」という。甲論乙駁、果てしがない。最後に和尚はいった、「お前たちみな『一人はぬれぬ』という文字言句に執着するから、真相が見えぬのだ。『一人はぬれぬ』のだから『二人ともぬれる』のだ。あたりまえのことではないか」。

98　莫妄想《まくもうぞう》　——碧巌録19——

一糸文守《いっしぶんしゅ》和尚（一六〇八—四六）は秀才で片っぱしから古今の公案を透過し、十九歳でもう天下に師とする者なしと自負したが、沢庵《たくあん》和尚が堺の南宗寺にいると聞いて参じた。そして「諸方の長老のもとでこれこれの公案を見得した」といって、とくとくとして点検を乞うと、沢庵は大笑していった、「そんな仏法は衲《わし》の所にはない。閑葛藤（むだな思慮分別）を並べて仏法の切り売りをするようなことは衲はせぬ。衲の仏法はただ一粒だ。一粒の丸薬がよく万病を治すのだ」。

倶胝《ぐてい》和尚（生寂不詳）はどんな問答でも指を挙《あ》げてすませた（155・204参照）。秘魔和尚（馬祖下三世）はいつも一本の扠《さすまた》で修行者の首根っこを挟《はさ》んだ。打地《たち》和尚（馬祖の法子）はつねに一本の棒を持って、何を問われても地を打つだけであった。無業《むごう》和尚（馬祖の法子）は一生ただ「莫妄想（妄想する莫《なか》れ）」としか答えなかった。沢庵の一粒丸とは何であったか。無業の「莫妄想」と同じか別か。じっくり参じていただきたい。こののち一糸は真剣に沢庵に参じたが、和尚はついに彼を印可しなかった。天皇の口添えがあったけれども。ちなみに沢庵の遺偈《ゆいげ》は「夢」の一字であったという。

99　高高峰頂立　深深海底行（高々たる峰頂に立ち、深々たる海底を行く）——碧巌録24——

唐の李翺《りこう》が鼎州《ていしゅう》の知事になって赴任したとき、薬山《やくさん》和尚（七五一—八三四）を訪ねて問うた、「如何なるか是《こ》れ戒定慧《かいじょうえ》」。持戒と禅定と智慧とは三学（仏教徒として学ぶべき三つの大事）といって、仏道修行の基本であり、成道《じょうどう》の要訣である（363参照）。薬山は答えた、「貧道が這裡《しゃり》、この閑家具なし」。わしの所にはそんな不用な道具はないというのだ。李翺、「玄旨、測りがたし」。私には師のおっしゃる意味がわかりません。そのとき薬山はいった、「大守よ、この事《じ》（仏法の大事）を身に背負いきろうとお思いなら、高い高い峰の頂きに立ち、深い深い海底を行かねばなりません。閨房《けいぼう》の中の物を捨てることができねば、ただちに煩悩におちます」。禅味に満ちるという謡曲「山姥《やまんば》」に、「法性の峰そびえては上求菩提《じょうぐぼだい》を現わし、無明《むみょう》の谷深きよそおいは下化衆生《げげしゅじょう》を現わして」云々の句がある（100参照）。

100　一人在孤峰頂上　無出身之路　一人在十字街頭　亦無向背（一人《いちにん》は孤峰頂上に在《あ》って出身の路なく、一人は十字街頭に在って亦《ま》た向背なし）——臨済録——

臨済和尚はいった、「一人《ひとり》は孤峰の頂上にいて、しかも世俗を超越する路がない。一人は十字街頭にいながら、その差別にとらわれぬ自由を得ている」。一方は孤峰頂上の絶対平等の心境にいて、しかも差別の塵境から身を超出してはいない。すなわち差別と平等とがそのまま円融する事事無礙法界《じじむげほっかい》（華厳思想の極致。個と個とが円融交参して互いに礙《さまた》げない自他不二の境地。267参照）の交通《コミュニケーション》の世界に生きている。また一方は十字街頭の相対差別の世界にいて、前後進退がない。差別の世界の中で差別にとらわれずに平等の境涯を生きている、というのである。

孤峰頂上は上求菩提《じょうぐ》（上《かみ》に菩提《さとり》を求める）の道であり、十字街頭は下化《げげ》衆生（下《しも》に衆生を教化する）の道である。

101　有一人論劫在途中　不離家舍　有一人離家舍　不在途中（一人《いちにん》あり論劫《ろんごう》途中に在《あ》って家舍を離れず、一人あり家舍を離れて途中に在らず）——臨済録——

臨済和尚はいった、「ある人は永久に途中にあって家舍を離れない。ある人は家舍を離れてしかも途中にもいない」。途中は差別の世界、十字街頭、深々たる海底の意。家舍は平等の世界、孤峰頂上、高々たる峰頂の意。一方は現実の活社会で衆生済度に働いていながら、本分の悟りの絶対境を失わぬ。一方は悟りの絶対境も捨てたし、そうかといって世俗の相対境にも関わっていない。これこそが禅者向上（悟りの向上《そのうえ》）の境涯、臨済のいう「無事是《こ》れ貴人《きにん》」の至境である。「無事」とは、いっさいの造作《はからい》を絶して平常《ふだん》のままで、なんのこともない境地のこと。ちなみに劫（kalpa）は、四十里四方の磐石があって百年に一度天人が降りてきて羽衣で軽くなでて、その石が磨滅してしまう無限の長時をいう。

102　渠今正是我　我今不是渠（渠今正《かれいままさ》に是《こ》れ我れ、我れ今是《こ》れ渠ならず）——伝燈録——

洞山良价《とうざんりょうかい》和尚は雲巌和尚（七八〇？—八四一）のもとでひととおりの修行を終えてのち、

悟りの仕上げをしようと諸方を行脚《あんぎゃ》していた。ある日、小川の水を渡ろうとしたとき、自分の姿が水鏡に映ったのを見て驚いて、心中慶快の境地を得た。その刹那の消息を詠じたのが有名な「過水《かすい》の頌《じゅ》」である。「切に忌む他に従って覓《もと》むることを、迢々として我れと疎なり。我れ今独り自ら往くに、処々に渠《か》れに逢ふことを得たり。渠れ今正に是れ我れ、我れ今是れ渠れならず。応《まさ》に須《すべか》らく恁麽《いんも》に会《え》すべくして、方《まさ》に如々《にょにょ》に契《かな》はん」。真人（超個の個）を他に求めてはならぬ。それでは自己と疎遠になる。私（個）はいま独り自身で行くと、到る所で彼（超個）に逢うことができる。彼（超個）は正しく我れ（個）だ（不可分）、しかし我れ（個）は渠れ（超個）ではない（不可同・不可逆）。まさしく恁麽（このように。不可分・不可同・不可逆。366参照）と会得して、はじめて如々《にょにょ》（真人のあるがままそのまま）に契うであろう。

103　一等是拍手撫掌　見他西園奇怪（一等に是れ手を拍《う》ち掌《たなごころ》を撫《う》つ、他《か》の西園を見るに奇《き》怪《かい》なり）　——碧巌録19——

曹山《そうざん》和尚（八四〇—九〇一）が倶胝《ぐてい》の一指頭の禅（155・204参照）を評していった語で、「同じように拍手したり撫掌したりする人がいるが、中でも西園《さいおん》の曇蔵《どんぞう》和尚（馬祖の法嗣《はっす》）のそれが格別にすばらしい」というのである。西園和尚は行持綿密で、ある日、自身で風呂を焚《た》いていたので、ある参禅者が、「そんな雑役は沙弥《しゃみ》小僧におさせになれば」というと、和尚は黙って掌《て》を撫《たた》いたというのである。

道元禅師に有名な話がある。老典座《てんぞ》（禅門の台所主任）が杖を手にして一心に椎茸を干《ほ》していた。背骨は弓のように曲り、眉は鶴のように白かった。道元が年を聞いたら、六十八歳だという。道元、「なぜ行者《あんじゃ》か人足を使わぬのです」。典座、「他人は私ではない（人のしたことは自分の務めにはならぬ）」。道元、「老僧は如法《にょほう》であられます。しかしいまは日ざしがこんなに強いのです。どうしてそんなに苦労なさるのです」。典座、「いまでなくて、いったいいつ椎茸を干すときがあろうか」。道元はここで深く作務《さむ》の何たるかを覚ったという。

104　踏碓忘却移脚（碓《うす》を踏《ふ》んで脚を移すことを忘却す）――臨済録――

善道和尚（生寂不詳）は唐の武宗の会昌《えしょう》の沙汰（仏教迫害）で還俗《げんぞく》したまま、ふたたび僧とはならず半僧半俗の生涯を送った。時の人は「石室行者《あんじゃ》」と呼んだ。彼はあるとき碓《いしうす》を踏んでいて臼《うす》つき三昧《ざんまい》になりきって、無心無我の境に入り、脚を動かしていながら我れをわすれて意識を忘じた。ある僧がこのことを臨済和尚に問うと、臨済はいった、「彼は深い泉におぼれた」。無心の境はよいが、それでは死人《しびと》禅で真の働きはできぬ。真禅にいう定慧《じょうえ》一等（禅定と智慧とが一つ）の三昧は、そこから一転して自覚に出た上での作用《はたらき》三昧でなければならぬ。よくいうように「坐禅せば四条五条の橋の上、往き来の人を深山木《みやまぎ》と見て」では未在《いまだし》で、「坐禅せば四条五条の橋の上、往き来の人をそのままに見て」でなければならない、というのである。

105　子親到龍潭（子《おん》親《みした》しく龍潭《りようたん》に到れり）――碧巌録４――

老婆との『金剛経』問答に破れた徳山和尚は、老婆の指示で早速龍潭禅院を訪ねて（334参照）、「久しく龍潭を嚮《した》ってきたのに、来てみれば潭も見えず龍も現われない」と、問いかけた。そのとき龍潭和尚（生寂不詳）は、屏風《びようぶ》の後ろに身を引いて、「あなたは親しく龍潭に来ておるのになあ」といった。龍潭がまだ若いころ、師の天皇和尚（七四八―八〇七）にいった、「私が老師のもとに参りましてから、まだ一度もご教示をいただきません。どうか私にも心要（心の大事）をお示しください」。すると天皇は「君が私の所に来てから、私はずっと心要を示しずくめではないか」。龍潭、「それはいったいどういうご指示ですか。私は一言も承っていません」。そのとき天皇和尚はいった、「君が茶を献《ささ》げてくれば、私はありがとうといって受けたではないか。君が食事をもってくれば、私は感謝して食べたではないか。君が朝夕の挨拶をすれば、私も礼を返したではないか。いつ私が君に心要を示すことを怠ったことがあったか」。

106　師兄　今日始是鰲山成道（師兄《すひん》よ、今日《こんにち》始めて是れ鰲山成道《ごうざんじょうどう》）——碧巌録5——

巌頭と雪峰とは師の徳山和尚の遷化《せんげ》後、二人連れだって行脚の旅に出た。途中、湘南の澧《れい》州《しゅう》の鰲山鎮《ごうざんちん》で大雪のために道を阻《はば》まれた。巌頭はすでに大安心の境涯を得て、夜ともなれば屈託もなく安眠する。しかし雪峰はまだ心中未穏在《みおんざい》で、毎夜端坐工夫して四更《しこう》に及んでも横にならぬ。ひと眠りした巌頭が眼をさました。「もういいかげんに寝たらどうだ」「いや、私はどうも不安で寝ておれぬ」「そうか、そんなら何が不安かひとつ私に語ってみよ」というので、雪峰はこれまでの所得のいっさいを師兄巌頭の前にさらけ出して点検を乞うことになった。雪峰が、あそこでこう、ここでこう、とこれまでの所悟を述べるのを黙って聞いていた巌頭は、どなりつけていった、「門より入るものは家珍にあらず。すべからく自己の胸中より流出《るしゅつ》して、蓋天蓋地（天地を蓋《おお》うこと）すべくして、方《まさ》に少分の相応あらん」。他人の言葉は自分の悟りの役にはたたぬ。自己の心中から流れ出て天地に一杯になってこそ、はじめて少々は悟ったといえる、というのである。そのとき雪峰は言下に大悟していった、「師兄、私は今日はじめて鰲山で成道した」。

107　子縁在徳山（子《おんみ》が縁は徳山に在《あ》り）——碧巌録5——

雪峰和尚が修行中に洞山禅院で飯炊《めした》きの役についていたとき、ある日師の洞山良价が「何をしているのか」と問うた。雪峰は「米を選《え》り分けています」と答えた。洞山は重ねて問うた、「砂を選り分けて米を除くのか、米を選り分けて砂を捨てるのか」。雪峰は答えた、「砂も米も一度に捨てます」。洞山、「それでは大衆《だいしゅ》は何を食べるのだ」。

それを聞くや、雪峰はやにわに手にしたお盆をひっくり返した。米は一面に地に散った。洞山はそれを見て、「あなたの縁は徳山の所にある」といって、徳山和尚について修行するように指示した。

「米砂一斉《いっせい》に去る」は、いかにも痛快である。しかし、それだけでは衆生済度はできぬ。大衆は何を食うのか、と親切に注意されたのも理解できずに若い禅機にまかせて「覆盆」した。しかし禅機だけが禅ではない。

潜行密用《せんこうみつゆう》、綿密さを家風とする洞山は、「お前には『徳山の棒』（85参照）、と称される禅機重視の宗風がふさわしかろう」、と親切のうちにも、厳しく雪峰の参禅を否《いな》んだのである。

108 鏡清今日失利（鏡清《きょうしょう》、今日失利す）——伝燈録18——

鏡清《きょうしょう》和尚（八六八？―九三七）は、新到の僧が来参したとき、払子《ほっす》を立てた。僧はいった、「久しい間鏡清和尚と嚮《した》って参りましたのに、まだそんなものがおありですか」。鏡清はいった、「私はきょうは失敗した（利をとり逃がした）」。また、鏡清は荷玉《かぎょく》にたずねた、「どこから来たか」。荷玉、「天台山から来ました」。鏡清、「誰がお前に天台をたずねたか」。荷玉、「老師、龍頭蛇尾ですぞ」。鏡清、「私はきょうは失敗した」。

鏡清がお経を黙読していたとき、ある僧がたずねた、「老師、何というお経をお読みですか」。鏡清、「私は古人と百草を戦わしておる」。今度は鏡清が問うた、「お前わかるか」。僧、「そんなこと少年のころからやっています」。鏡清、「今はどうだ」。僧は拳《こぶし》をあげた。鏡清、「わしはお前に負けた」。

まだあるが、ここらでやめる。鏡清が一見すなおに折れて出て「しくじった、負けた」といっているところがくせものである。そこに恐ろしい禅機がひそむ。俗にも「負けるが勝」という。「風流ならざる処也《ま》た風流」（一見、風流でないぶざまなところもやはり風流である）という句もある（150・254参照）。

109　心生種種法生　心滅種種法滅（心生すれば種々の法生じ、心滅すれば種々の法滅す）
——大乗起信論——

心が生ずるとさまざまな存在が生じ、心が滅するとさまざまな存在も滅する。仏になるのも魔になるのも、心しだいである。昔、京都の南禅寺の門前に「泣き婆さん」とあだ名された老婆がいた。降っても泣き、照っても泣く。毎日泣いてばかりいる。

南禅寺の和尚がたずねた、「婆さん、なぜそんなに泣く」。老婆は、「和尚さま、聞いてください。私には二人のむすめがおります。姉は三条の雪駄屋《せったや》に嫁にゆき、妹は五条の傘屋《かさや》へ嫁にやりました。それで、天気のよい日は傘屋のむすめが困るだろう、と思うとかわいそうでなりません。また雨が降れば雪駄屋のむすめが困るだろう、と思うと、もう泣かずにおれません」という。

そこで和尚さんはいった、「婆さん、泣かぬがよい。照っても降っても仏様に感謝して暮らせるよい法を衲《わし》が授けてやろう。照った日は三条の店ではより雪駄が売れてありがたいと思い、降る日は五条の傘屋はおかげさまで千客万来じゃ、とこう思うのじゃ」。

泣き婆さん、その後はいつもにこにこして感謝して日を送ったという。

110　秦時轆轢鑽（秦時《しんじ》の轆轢鑽《たくらくさん》）——碧巌録6——

雲門和尚ははじめ睦州和尚《ぼくじゅう》（生寂不詳）に参じた。睦州は機鋒が鋭くて容易に寄りつきがたかった。平生《へいぜい》修行者を導くのに、その修行者が室の入口をまたぐやいなや、すぐにその胸《むな》ぐらをひっとらえて「いえ、いえ」とやる。何かいおうとしていえずにいると、ただちに室外に押し出して、「この秦時の轆轢鑽め」と罵倒する。雲門が参じたときも二度まで同様であった。三度めに戸口を叩くと、「誰だ」といわれたので、「文偃《ぶんえん》です」と答えて、睦州が戸を開けると、ただちに飛び込んだ。しかし睦州はまたもや雲門の胸ぐらをとらえて、「いえ、いえ」と迫った。何かいおうとすると、またも室外に突き出された。雲門の片脚はまだ外に出きっていなかった。睦州が急に戸をしめたので、雲門の脚は折れた。「あ痛い！」と思わず音《ね》をあげたとき、雲門は忽然と大悟した。ちなみに「秦時の轆轢鑽」とは、秦の始皇帝が阿房宮を建てた時に使った、とほうもなく大きな轆轤《ろくろ》仕掛《じかけ》の錐《きり》で、いまやまったくの無用の長物、俗にいう「ウドの大木」というところである。

111　我首座牧牛也（わが首座《しゅそ》牧牛《ぼくご》せり）——碧巌録6——

霊樹院《りょうじゅいん》の如敏《にょびん》和尚（？—九一八）は二十年もの長い間首座《しゅそ》をおかなかった。あるときいった、「うちの寺の首座が生まれた」。またいった、「うちの首座はいま牧牛《ぼくご》（悟後の修行）をしている」。またある日いった、「うちの首座は行脚に出た」。まるでどこかにいる首座の行動をありありと見ているかのようなことをいってひとりで喜んでいた。そしてある日ふっと鐘をつかせて、「山内の全員を集めよ、とうとううちの首座がやってきた」といって、みんなと三門まで迎えに出た。みんなは怪しんだが、案《あん》の定《じょう》、雲門が来た。和尚はさっそく首座寮に請《しょう》じ入れて、旅装束を解かせた。人々は霊樹如敏和尚にあだ名して「知聖《ちしょう》禅師」といったという。

112　我四十年　方打成一片（我れ四十年、方《まさ》に打成一片《たじょういっぺん》）——碧巌録17——

香林《きょうりん》和尚（九〇八—九八七）は住院四十年、八十歳でなくなったが、「私は四十年間まさに打成一片であった」といった。打成一片とは本来の面目そのものになりきること、ただ至誠一つで貫いたというのだ。わが国の正受《しょうじゅ》老人（白隠の師）に「正念《しょうねん》相続」という恐ろしい語がある、「私は十三歳で仏法の存在を知り、十六歳で見性《けんしょう》（悟り）し、十九歳で出家して無難《むなん》先師に随従してその毒手（悪辣《あくらつ》な手段）にふれることほとんど十余年であった。そののちこの信州飯山の正受庵に遁居して、ただ道を保ってきた。今はもう七十歳になろうとしている。その間四十年、万事をなげすて世縁を絶って、専一に護ってきて、ようやくここ五、六年、やっとなんとか正念工夫ということをほんとに相続し得たと覚《おぼ》える」。この話についてある禅匠はいった、「ことさらに相続せねばならぬのは、まだ真の正念ではない」と。それはそうであろうが、私はやはり正受のこの「正念相続」の言葉に身の毛のよだつ思いを禁じ得ない。

113　二十年来曾苦辛　為君幾下蒼龍窟（二十年来曾《かつ》て苦辛す、君が為に幾たびか下《くだ》る蒼龍の窟）——碧巌録3——

雪竇《せっちょう》和尚（九八〇—一〇五二）が自身の平生《へいぜい》の参究のさまを頌《うた》った詩の句である。二十年苦辛して道を究め、何度蒼龍《そうりゅう》の窟に下ったことか。龍の頷《あぎと》（あご）に明珠《みょうしゅ》があるという。禅の道に参じて悟りを求めることを、その龍珠《りょうしゅ》を取りに生命がけで蒼龍のすむ洞窟に入ると形容したのである。蒼龍窟に下るとは、実際には師家《しけ》の室に入って独参することをいう。参禅は必ず正師を選んで入室《にっしつ》しなければならぬ。蒼龍窟に入った経験のない単なる学者の著書は読んでもつまらぬ。しかし、ただ道場のむだ飯を食うことだけが能ではない。要は、頷下《がんか》の明珠を入手したかどうかだ。東嶺和尚（一七二一—九三）が東北庵で提唱したとき、柴田元養の六十歳になる老母が、東嶺の「日面仏、月面仏」（187参照）という力強い高唱を聞いて、われを忘れて唱和したとたんに大悟したという話がある。出家か俗人か、僧堂出か在家道場出身かは、問題ではない。

114　到得還来無別事　廬山煙雨浙江潮（到り得還《えかえ》り来れば別事なし、廬山《ろざん》は煙雨浙江《せっこう》は潮《うしお》）――蘇東坡――

蘇東坡の歌「廬山の煙雨浙江の潮、未だ到らざれば恨み消せず」に続く転結の二句である。天下の絶景奇観をなんとかして自分も一度親しく見物してみたいという恨みの思いを消しかねるように、悟りを求めてやまぬ思いに懸命に努力したが、「到り得還《えかえ》り来れば別事なし、廬山は煙雨浙江は潮」、つまり悟って見ればなんのことはない、悟らない以前に生きていた世界と別段変わった世界ではない。いや、断じて変わってはならないのだ。王充《おうじゅう》の『論《ろん》衡《こう》』にもあるように、「大平の瑞応（王者が仁政を施すとき天がこれに感じてくだすめでたいしるし）、十日に一風、五日に一雨、風条《えだ》を鳴らさず、雨壌《つち》を壊《やぶ》らず」で、本地の風光は「無事是《こ》れ貴人」（101参照）でなければならない。

白隠和尚の弟子に悟った者がいて、これがたいそうな悟りぞこないで仏を礼せず香を焼《た》かず、『大般若経』を引き破って尻をふく始末、「衲《わし》は仏だ、経文は仏の説いた故紙《ほご》だ。故紙で仏の尻をふいて何がわるい」という。白隠はいった、「お前は仏になったそうな。それはめでたいが、しかし貴い仏の尻を故紙でふいてはもったいないではないか。これからは清浄な白紙でふくがよい」。真綿のような言葉の中に包まれた師のこの寸鉄が、みごと禅病にかかった狂禅者の心臓を刺した。彼は心から師に懺謝して、改めて師に参じて修行をつんで、ついに真の本来の面目を体得したという。

115　不知最親切（知らず、最も親切なり）　——碧巌録7——

法眼《ほうげん》和尚（八八五—九五八）は、はじめ長慶（八五四—九三二）に参じたが、容易に悟れないので行脚の旅に出て、途中大雨のために地蔵《ちぞう》院に寄寓した。地蔵和尚（八六七—九二八）はある日、「上座《あなた》はどこへ行くつもりか」と問うた。「ただぶらぶら行脚して行きます」。地蔵、「行脚の心はどうだ」。法眼、「知りません」。地蔵、「知らぬのが最も親切（道に親しく切《ねんごろ》である）じゃ」。法眼ははっと何か悟るところがあった。そのうちに天候も回復して地蔵院を辞してふたたび行脚に出ることになった。地蔵和尚は門まで見送ったが、「上座は先ごろしきりに『三界唯心、万法唯識（世界はただ心だけで万物はただ識だけだ）』といっていたが、この石は心内にあるか心外にあるか」と問うた。法眼は答えた、「心外に法なしです。この石も心内にあります」。地蔵、「りっぱな修行者が、なんでそんな石などを心中に抱えて行脚せねばならぬのだ」。和尚のただものでないことを悟った法眼は、院に留まって地蔵和尚に参じた。そして得意の華厳や唯識の哲学をすっかり奪われて、理屈にも言葉にもまったく窮したとき、地蔵が吐いた「君がもし真実仏法を論ずるなら、いっさいは現成する」という一語に、みごと桶底を打破して（14参照）大悟した。中国禅五家の最後を飾る法眼宗の開祖である。

116　丙丁童子《へいていどうじ》来求火《らいぐか》　——碧巌録7——

法眼《ほうげん》和尚の清涼《しょうりょう》寺の監院《かんにん》（事務長）に玄則という男がいた。一度も入室《にっしつ》しないので、法眼が問うた、「院主さん、なぜ参禅せぬ」。監院、「私はすでに青峰（生寂不詳）の会下《えか》で悟っております」。法眼、「どう悟ったか。ためしに聞かせてみよ」。監院、「私が青峰老師に『仏とは何か』と聞きますと、老師は『丙丁童子来求火』と示されました。私はこの一語で悟りました」。法眼、「それはよい語だ。しかし貴公には本当の意味がわかっておるまい。もっと説明してみよ」。そこで玄則はお悟りの解説を始めた、「丙丁童子というのは丙《ひのえ》（火の兄）丁《ひのと》（火の弟）で、火の神です。火の神がきて火を求める、仏を求めている当の本人が仏だということです」。法眼、「貴公、やはり悟っていない」。玄則は怒って清涼寺を去った。が、途中で「老師は五百人も門下のいる禅匠だ。きっと何かあるに違いない」と気づいて、ひき返して懺悔《さんげ》の拝をして問うた、「仏とは何ですか」。法眼はいった、「丙丁童子来求火」。

問いも答えも同じであるが、機縁とは恐ろしいもの、言下に玄則は大悟した。

117 谿声便是広長舌　山色豈非清浄身（谿声便《けいせいすなわ》ち是《こ》れ広長舌《こうちょうぜつ》、山色豈《あ》に清浄身《しょうじょうしん》に非《あらざら》んや）——蘇東坡——

東坡居士（一〇三〇—一一〇一）は廬山《ろざん》に遊んで、龍興寺の常聡《じょうそう》和尚（生寂不詳）にまみえて、夜もすがら無情説法（山水のような非情のものが説法する）の公案を論じた。黎明になって豁然《かつねん》と契悟《かいご》し、一偈《げ》を呈した。「谿声便ち是れ広長舌、山色豈に清浄身に非んや。夜来八万四千の偈《げ》、他日如何《いかん》が人に挙似《こじ》せん（谷川の響きは仏の絶妙の説法であり、山の景色は仏の清浄すなわち空の身である。夜中からのこの八万四千の仏の偈文の真意を、後日どう人に告げようか）」。「峰の色谷の響きもみなながらわが釈迦牟尼の声と姿と」（道元）である。雪堂の行《ぎょう》和尚（一〇六二—一一二〇）という人が、この偈を見て、「便是」と「豈非」と「夜来」と「他日」と合計八字はよけいだから、削除したがよいといった。ところが白隠和尚の師の正受《しょうじゅ》老人は、「広長舌・清浄身もまた不要だ。ただ谿声・山色だけでよい」といった。さらに不顧《ふこ》庵禾《あんか》山《さん》和尚は、「谿声・山色も無用だ。老僧《わし》なら、『エヘン』これでたくさんだ」といった。ともあれ、すべては東坡が「他日如何が人に挙似せん」といったあのものを、一度親しく体験しての話である。白隠にもあの有名な歌がある。「聴かせばや信田《しのだ》の森の古寺の小夜《さよ》ふけがたの雪の響きを」（152参照）。

118　師匠と弟子の仲は仇敵《あだがたき》だ　——毒狼窟室中語——

浮山法遠《ほうおん》和尚（九九一—一〇六七）は親友の天衣義懐《てんねぎえ》和尚（九九三—一〇六四）ら七十人とともに葉県《せつけん》和尚（生寂不詳）に参じた。頭から水や灰をぶっかけられて、みんなは逃げ出したが、二人は動じなかった。葉県はようやく入門を許して、浮山に典座《てんぞ》を命じた。和尚が和尚だから寺の食事はひどいもので牛馬以下というありさまだ。ある日、和尚の留守中に雲水たちにせがまれて、浮山は粥を作って満喫させた。帰ってそれを知った葉県は「お前が他日、一山の住持となったら思うようにせよ。いまは寺の物を盗んで私意を満たした行為は許せない。即刻下山せよ」と命じた。浮山は衣鉢いっさいを金に換えて寺に納めて下山したが、山下の一寺の廊下に止宿して托鉢自活しながら、葉県の説法を聴聞していた。しかし葉県は、他寺に無断で止住するのは盗みだ、とそこをも追い出した。浮山はもう托鉢三昧で寺廊の宿代を納入し、先の仏物己用《ぶつもつこよう》（仏の物を私に使った）の還債《げんさい》（借金の返済）を完了した。

ある日、葉県は鐘を鳴らして大衆《だいしゆ》を集め、「当山に古仏がいる」といって、浮山を迎えさせ、みずから香を焚いて、臨済的伝の大法を浮山に面授した。「師匠と弟子とは仇敵だ」とは、毒狼窟（古川堯道）老師の口ぐせであった。

119 身心一如《しんじんいちにょ》 ――正法眼蔵――

大慧《だいえ》和尚が、あるとき一幅の画賛を見ると、骸骨《がいこつ》の上に次のように書いてあった。

「屍は這裡《しゃり》に在《あ》り、其《そ》の人何《いず》くにか在る。乃《すなわ》ち知る一霊、皮袋に居《お》らざることを」。

和尚はこれを見て、「これは仏法ではない、外道《げどう》（仏教以外の宗教）の見《けん》だ」といって、すぐに筆をとって書いた。

「即ち此《こ》の形骸、便《すなわ》ち是れ其の人。一霊皮袋、皮袋一霊」。

わが国の道元禅師もいった、「仏法には本来、〝身心一如〟で〝性相不二《しょうそうふに》〟という。それはインドでもシナでも周知のところで、あえてたがえてはならぬ。まして常住をいう段には万法みな常住だし、身体と霊魂とを分けることはない。寂滅という段には諸法みな寂滅で、性（本体）と相（現象）とを区別することはない。それなのに、どうして身滅心常（身体は滅しても霊魂は不滅）だなどといって正しい真理にそむくのか。それだけではなくて、この生《しょ》死《うじ》がそのまま涅《ね》槃《はん》だと悟らねばならぬ。この生死のほかに涅槃をいうことはない」（『正法眼《しょうぼうげ》蔵《んぞう》』「弁道話」）。

120　我豈有工夫為俗人拭涕耶（我れ豈《あ》に俗人の為に涕《はなみず》を拭《ぬぐ》う工夫《いとま》あらんや）——碧巌録34——

懶瓚《らんさん》和尚（生寂不詳）は衡山《こうざん》の石室に隠居していた。唐の徳宗帝がその名を聞いて使いをたてて召した。勅使が石室に行って、「天子の詔《みことのり》を伝えます。起立して恩を謝しますように」といったが、懶瓚はちょうど牛糞の火をあばいて焼芋《やきいも》を探して食べようとしていて、涕があごに垂《た》れていたが、なんの返事もしなかった。かしこまって宣言していた勅使もついに笑い出して、「まあ、尊者よ、涕をおふきなさい」といった。懶瓚は「わしは俗人のために涕をふくひまなどない」といって、しまいまで起立しなかった。勅使は帰ってその旨を奏した。徳宗帝はたいそうそれを感嘆したという。アレクサンダー大王に「何か欲しいものは」といわれて、「私はいま日向《ひなた》ぼっこのさいちゅうだ。そこをのいて太陽の日ざしが当たるようにしてくれ」と答えた哲人ディオゲネスと東西好一対である。

V

冷暖自知——公案体系1

冷暖自知《れいだんじち》。

——水を飲んで冷たいかあたたかいか自分でわかるように、禅はみずから体験して自覚するよりほかにない。肝心のところは言葉では表わせぬ。

121　太神宮の太の字に点を打つのが神道《しんとう》の秘訣といふが、仏法の点はどう打つぞ。

——白隠下雑則——

神道の秘訣に対して仏法の秘訣、つまり仏法の「原点」が問われているのである。仏法は仏陀《ぶつだ》釈迦《しゃか》牟《む》尼《に》の説いた法《おしえ》であるから、答えも釈尊に関わることは当然であろう。といって、釈尊を二千五百年前のインド人だと思っていては困る。道元禅師は「悟ればみんな釈迦牟尼仏になる」といった。即今みずから釈尊となって師匠の前に躍《おど》り出て「原点」を身をもって示さなければ、禅の答えにはならぬ。

そこでどう出るかが問題だ。そのヒントであるが、昔から「八相示《はっそうじ》現《げん》」といって、釈尊が衆生済度《しゅじょうさいど》のためにこの世に出現して示した八種の相がある。降兜《と》率《そつ》（兜率天から地上に降って）・入胎（母の胎内に入り）・出胎（誕生し）・出家（出家して沙門《しゃもん》となり）・降魔《ごうま》（悪魔を降伏して）・成道《じょうどう》（悟り）・転法輪《てんぽうりん》（法輪を転じて説法し）・入滅（涅《ね》槃《はん》に入って死ぬ）である。さあ、みなさん、どの相に目をつけるか、そしてどう出るか。じっくり工《く》夫《ふう》してみてほしい。

ちなみに「雑則《ざっそく》」というのは、邦語で書かれた日本出来の公案をいう。則は古則すなわち〝古人の則〟（手本）の意で、公案のこと。

122　**天上天下《てんじようてんげ》　唯我独尊《ゆいがどくそん》**（天上天下、唯《た》だ我《わ》れ独《ひと》り尊し）――葛藤集114――

釈尊は誕生するとすぐに、右手は天を指し、左手は地を指し、七歩周行して、「天上天下、唯我独尊」といったという。実際はやはり「オギャー」と叫んだに違いないが、禅者はそれを「唯我独尊」と聞いた。問題はこの「我れ」にある。禅経験とは「自己がなければ、すべてが自己」という「自他不二《じたふに》の自己」の自覚である。だから「独り尊し」という「我れ」は、自・他の差別対立の上でいう我れではない。「天地と一体・万物と同根」という平等一如《びようどういちにょ》・自他不二《ふに》の我れが尊いというのである。仏法とは、こうした「我れ」を究明する道である。これを、「己事究明《こじ》」という。この「独尊仏」が体得できれば、誰でも即《そく》釈迦牟尼仏である。

123　**天地《あめつち》の初めのとき、国常立命《くにとこたちのみこと》が出現されたといふが、どう出現めされたぞ。**――白隠下雑則――

国常立命を神話の中の神様と考えてはならぬ。天地創造の初めを、過去・現在・未来という川の水の流れるような直線的な時間を遡《さかのぼ》っての天地開闢《かいびやく》の時と考えてはならぬ。それなら、天地創造の初めとは「いつ」のことか。仏教の時間論である。もちろん禅者なら、即今只今《ただいま》みずから国常立命となって出現するのでなければならぬ。即今即今が天地の初めなのだから。では、どう出現するか。「創造」はどこからか。神は「絶対無」から有を創造するというではないか。師家《しけ》は、本則（先の「天地の……」の公案）が透った者に対して、さらに「次に国を産む」「次に山を産む」と問いかける。これに答えるとき、禅者はみずから神の「創造」の現場に立つのでなければならぬ。古歌に、「白露の己《おの》が姿をそのままに紅葉《もみじ》に置けば紅《くれない》の玉」（266参照）という。白露のような「創造的無」（神道ではこれを国常立命という）は、そのまま紅葉に逢えばルビーとなり、青葉の上ではサファイヤとなって自己を実現する。こうした自己を「無相の自己」（formless self）という。相がないからどんな相でも取れるのである。そこで、即今即今、山を見れば山を産み、川を見れば川を産むのである。これを神道では「産霊《むすび》」という。これが仏教の創造論である。

124　浅草の雷門の普請《ふしん》をしたとき、大工《だいく》はどこから手斧《ちような》初めをしたぞ。　——白隠下

雑則——

趙州《じょうしゅう》和尚が首座《しゅそ》と近くの名所の石橋《しゃっきょう》に遊んだ。そこで首座に問うた、「誰が造ったか」。首座、「李庸《りよう》（人名、不詳）が造りました」。趙州、「造ったとき、どこから手をつけたか」。

首座は答えられなかった。趙州はいった、「ふだん『石橋、石橋』といっていながら、たずねると手をつけた所も知らん」。

「どこ」が問題である。仏教の空間論である。それは浅草の雷門であっても日光の陽明門であってもかまわない。ここから着手したという「ここ」が発見できなければ、この公案は透れない。禅道仏法の原点は、「即今《いま》・此処《ここ》・自己」にある。これを離れて仏法はない、禅もない。この公案は「そこ」(原点)からみずから創造的無のものとなって見、ものとなって働く――そこを問うている。まず試みに、無心に手斧をふりあげてみよ、祇麽《しも》(ひたすら)に大工仕事をしてみよ。

125　空の星を数へてみよ　――白隠下雑則――

「仏法の頂点」が「〝絶対無〟としての〝即今・此処の自己〟」なら、そうした自己にどうしたら契当《かいとう》(体認自覚)できるか。それは「坐禅」によってである。まず座布団《ざぶとん》を二枚用意し、一枚を二つ折りにしてもう一枚の後ろ半分に重ねる。その上に腰をおろし、右の脚を左の腿《もも》の上にのせ、左の脚を右の腿の上にのせて結跏趺坐《けっかふざ》する。無理なら、左の脚をのせるだけの半跏《はんか》でもよい。下腹を少々突き出し気味《ぎみ》にして、腰をぐっと立てて脊梁骨《せぼね》を真直《まっすぐ》にのばし、臍《へそ》から上の力を全部ぬいて臍下丹田《さいかたんでん》(へそ下数センチ)に気力を充実する。そして静かに呼吸を調《ととの》えて、ヒトーと呼《は》いてツーと吸う、その音なき音を心の眼で見つめる（これを「観音の法」ともいう）ようにして、そこに全身心を集中するのである。これを「数《す》息観《そくかん》」という（小著『坐禅のすすめ』渓声社刊参照）。これを真剣にていねいに修行した人なら、この公案の答えは自然に出る。空を仰いでただ無心に星を数えるだけである。無心・無我にして働く者何物ぞ、その自覚こそが「禅」である。

126　燈火《ともしび》の消えて何処《いずち》に行くやらむ暗きは元《もと》の住処《すみか》なりけり——下の句穏当《おんとう》ならず、つけかへよ。　——白隠下雑則——

坐禅はまず自己を否定し、自我を空じて「無我」の心境を体現する修行である。燈火が消えて暗闇《くらやみ》となるとは、坐禅が純熟して煩悩妄想《ぼんのうもうぞう》の根が切れ、「真空無相」（本来無一物）という胸中兎《う》の毛一本もない「無念無想」の心境が現前したところだ。こうして少し禅定《ぜんじょう》が身につくと、そこを自己の「本来の面目《めんもく》」（元の住処）と思う。せっかく自我を中心とする差別（明・偏《へん》位）の世界を払拭《ほっしょく》してその根底にある平等（暗・正《しょう》位）の世界を体認したのはよいが、そこを元《もと》の住処《すみか》（本来の面目）と勘ちがいして、そこに腰を落ち着けてしまう。そうした無念無想の坐禅の妙境（黙照の邪禅）があたかも「禅」であるかのごとくに思い誤る。古人も「黒闇の深坑《じんきょう》真に怖畏《ふい》すべし」といった。そこで下の句を改めよという。差別なき平等は悪平等である。暗中に明があるのが真の暗である。正しい「禅定」は単なる坐禅の静寂平等の境ではなく、日常差別の営為《いとなみ》の中で生きて働くものでなければならない。そこにインドの禅定とは違った中国の禅の真面目がある。

127　虚空《こくう》を粉にして持ってこい　――白隠下雑則――

「虚空をあえものにして持ってこい」ともいう。あえるとは、野菜を味噌《みそ》・胡麻《ごま》または酢《す》・芥子などでまぜ合わせて調理すること。昔はよく母親が石臼で米の粉をひいたものだ。いや、昔もいまも、女性なら誰でも、いろいろの心尽しの料理をして家庭の食卓に持ち出す。しかし、誰もがそのふだんに行う料理の本当の宗教的な意味を知らない。そこで禅者は「虚空の料理」という。「虚空」とは、自己を空じた「真空無相」（平等）の心境をいう。その平等を、前の公案でも見たように、もう一度日常差別の只中《ただなか》で働かせろというのだ。形のない（無相）虚空のような「空」の境地を粉としてあえものとして「色」（有相の物質）で示せということ。それができたら創造神の産霊《むすび》の神業《かみわざ》に参与できる（123参照）のだ。「真空無相」（平等）がただちに「真空妙有《みょうう》（差別すなわち不可思議な存在）として創造される（これを「空即是色」ともいう。25参照）。そこに禅者の「妙用《みょうゆう》」（絶妙の作用《はたらき》）がある。

128　微風吹幽松　近聴声愈好（微風幽松を吹く、近く聴《き》けば声いよいよ好《よ》し）——寒山詩——

うす暗く茂る老松をそよ風が吹く。近づいて聞けばますます心地よく聞える。白隠禅師に、「近く聴く底《てい》、作麽生《そもさん》」（近く聴くもの如何《いか》に）という語がある。この詩句の禅的な字眼《じがん》（いくつかの文字のうち目のつけどころ）は「近聴」の二字にある。「近く聴く」とはどういう聞き方であろうか。道元に、「聞くままにまた心なき身にしあれば己《おの》れなりけり軒の玉水」の歌がある（184参照）。普通には、こちらに聞く主観があり、向こうに聞かれる物としての客観があるとして、主観・客観の分かれた立場から聞くという。禅者はそこを自己を無にして物になりきれという。西田哲学ではそこを「ものになって見、ものになって行う」という。無心で聞けば松声がただちに自己である。「自他不二《じたふに》」である。これより近い親しい聞き方はない。禅者はそこで「松の事は松に問え、菊の事は菊に聴《き》け」という。松になれ、菊になれ。

129　柱の中に隠れてみよ　白隠下雑則——

柱という客観が向こうにあり、こちらに自我という主観がある。われわれはこう考えて怪しまない。主観客観がすでに分かれたうえでの、二元相対の差別の世界だけに生きている間は、この公案は手がつかぬ。しかし、禅は〝主客未分以前〟の「直接経験」の平等の世界である。子どもが学校帰りの出来事を母親に語る。「あのね、犬がね」といって、自身四つばいになる、あれである。そのとき子どもには犬と自我の区別がない。主客未分である。

われわれは子どもではない。しかし現代人は、あの二元の分別知性に不当に害されているのではないか。主客対立の底に「平等一如」の世界の厳として存することを忘れてしまっているのではないか。禅はまずそこに目覚めよという。それは「平等」といっても、子どもの「主客いまだ未分」（悪平等）に帰れというのではない。「主客すでに未分」（平等即差別）という「一真実の世界」の存することに目を開けというのだ。まず無心に子どものように柱になって立って見よ。

130　富士山を燈心《とうしん》でくくり出せ　——白隠下雑則——

対象化された客観的な富士山をもう一つの対象物の燈心で縛ろうとする限り、それはできない相談である。

ある僧が、趙州《じょうしゅう》和尚にたずねた、「達摩の禅の極意は何ですか」。師はいった、「庭前《にわさき》の柏《はく》樹子《じゅし》（このてがしわ）だ」。僧、「老師、境《きょう》（客観物）で示さないでください」。師、「わしは境で示したりはしない」。僧、「達摩の禅の極意は何ですか」。師、「庭前の柏樹子だ」（308参照）。絶対無の創造作用として、みずから国常立命となって出現する者は、富士山を見たとき富士山を創造し、柏樹子というとき柏樹子を創造するのだ。ここで富士山は君が見る前からあった、などという愚かなことをいいだしてもダメだ。

西田寸心（幾多郎）先生はいう、「自己が始まるとき世界が始まる、世界が始まるとき自己が始まる」。人《にん》（主観）境《きょう》（客観）不二《ふに》である。柏樹子がただちに自己であり、自己がそのまま富士山である。この消息を真に自己の境涯（主客一如の心境）として生きる者、それが禅者である。禅はつねに即今・当処・自己を離れない。ここまでわかれば、富士山を燈心で縛るくらいわけはないであろう。

131　東山水上行《とうざんすいじようこう》（東山が水の上《ほとり》を行く）――葛藤集49――

僧が雲門和尚にたずねた、「浮世を透脱した諸仏の境涯《きようがい》とは如何《いかに》」。雲門はいった。「東山水上行」。この公案など前の類則《るいそく》（類似の古則）の「富士山を三歩あゆませてみよ」を透れば、わけはない。そして、この公案を師家《しけ》の室内で透過した者には、道元禅師の『正法眼蔵《しょうぼうげんぞう》』の「山水経」の巻など、自己の境涯の注釈のようなものだ。道元はいう、「而今《にこん》の山水は『古仏の道《どう》の現成《げんじょう》』にして、『朕兆未萌《ちんちょうみぼう》（7参照）の自己の消息』なり」。いま目の前に見る山や川は、古仏雲門のいった道《ことば》の現前成就であり、なんのきざしもまだめばえぬ、神が「光あれ」といって天地を創造する以前の、「無相の自己」の消息だ、というのである。そうした山が川の上《ほとり》を歩くということを見解《けんげ》としてどう表現するか。ちなみに「水上行」を文字どおり水の上《うえ》を行くと解する向きがあるが、なにも水上でなくても単に山が歩くというだけで公案の意図は十分である。

132　茶碗を行道《ぎょうどう》させてみよ　——白隠下雑則——

行道とは法会《ほうえ》のときお経を読みながら仏座のまわりをめぐることをいう。「こんな公案わけはない、茶碗になりきって行道すればいいのだろう」。これまでの私の解説を読んでこられた方は、すぐそう分別されるだろう。だが、そうはいかない。ある修行者がこの則に参じて、師家《しけ》の室内にある内仏（住持の居間にある仏壇をいう）に供えられた茶碗を取りに立った。茶碗を行道させよ、というから茶碗の実物を持って回ろうと考えたのだ。そうしたら、その師家は修行者が天地一枚の茶碗になりきって歩いたものと見て、公案を透したという。こんな透り方でよいのなら、「茶碗の中でトンボ返りを打ってみよ」といわれたら、実際に畳の上でドタンバタンやるに違いない。また「茶釜《がま》の中から五重の塔を出してみよ」といわれたら、お塔の真似《まね》をして突っ立ったりするにきまっている。しかし、正師の室内ならそんなことでは透らない。どうしたらよいか。何でも禅はなりきりさえすればよいという「一枚悟り」では困る。そこでひとつ利休の正しい流れを伝える茶の湯の稽古場に見学にゆくがいい。そこで行なわれている如法《にょほう》な茶道の作法を活眼を開いてよく見るがよい。そこでは、茶碗の中のトンボ返りも、茶釜の中から五重の塔を出すことも、みごとに行じられている。しかし、そのことを今日の茶の宗匠にたずねてもそれはむだだろう。なぜなら宗匠たちは「日に用いて之《これ》を知らず」（みずから行っていてそれを自覚していないのだ）だから。

133 かぎの穴から入ってこい ——白隠下雑則——

世尊がなくなって、その生前の教えが散逸してしまうことを恐れた高弟の迦葉《かしょう》尊者は、七《しち》葉窟《ようくつ》に五百人の阿羅漢《あらかん》（釈尊の教えで悟った人々）を集めて、釈尊一代の教法を結集《けつじゅう》しようとした。しかし、困ったことは「多聞第一」（最も多く釈尊の説法を聞いた弟子）と謳《うた》われた侍者《じしゃ》の阿難《あなん》がまだ悟っていなかったので、会議に参加させることができなかったことだ。阿難も無念でならず、迦葉に泣いて参加の許可を乞うた。迦葉は「悟ってない者は室《へや》に入れるわけにはゆかぬ、どうしても入りたかったらかぎの穴から入ってこい」と、つっぱねた。阿難は一晩寝ないで工夫《くふう》して、当日は立派に結集に参加できた。孫悟空のように体を小さくする神通力《じんつうりき》でも体得したのだろうか。そんなことができるはずはない。「正法《しょうぼう》に不思議なし」という。このとき阿難は正しく扉《ドア》をノックして、あたりまえに入ってきたにちがいない。しかし迦葉をはじめ誰もそれをとがめる者はなかった。みんながそうした阿難の態度に、すでに彼が悟ったことをみてとっていたからである（360参照）。

134　化《ば》け物が八畳敷《はちじょうじ》き一杯《いっぱい》に寝てをる。そこを通つて床《とこ》の間《ま》の香炉《こうろ》を取つてこい。

——白隠下雑則——

明治の禅傑釈宗演《しゃくそうえん》（一八五八—一九一九）がまだ修行時代、建仁寺《けんにんじ》の俊涯《しゅんがい》和尚の下で学んでいたとき、ある日和尚が外出したので、鬼のいぬ間の洗濯と両足院の廊下で大の字なりに昼寝をしていた。ところが和尚はまもなく帰院した。居間へ入るにはこの廊下を通らなければならない。和尚も宗演のこの無作法には驚いたが、気配に目覚めた宗演のほうでも、一気に起きそこなったから、知らぬ顔をして寝たふりでいた。和尚はこの要路に横たわった鉄蛇をまたぐこともせず、穏かな調子で「ご免《めん》なされ」と足もとのほうから通り越して居間に入った。宗演は心中真赫《まつか》になって、冷汗淋漓《れいかんりんり》というありさまであった。彼は後年、「このとき自分は人の師たる心がけの一端をみた」と述懐している。

この公案、箒《ほうき》を投げ出して、「またがずに通ってみよ」という則と合わせて参究するがよい。あるときは男性的に、あるときは女性的に、「あるべきようは」が仏法の行持である。化け物にとらわれてはならぬ。どこまでも「正法に不思議なし」である。

135　空手にして老僧を起《た》たしめよ　――白隠下雑則――

この公案を文字どおりの老僧になりきって立つところで透す室内もあるが、本来はそうではない。山梨平四郎が例の「隻手音声《せきしゆおんじよう》」（片手の声を聞け）という有名な白隠和尚創始の公案（52参照）を透ったとき、同門の慧昌尼《えしようさい》にとくとくとして白隠との問答の次第を語った。するとと老尼はいった、「老尼《わたし》は老衰して、人の手を借りなければ起つことができない。居士よ、どうか隻手を動かさずに、老尼を起たせてほしい」。平四郎は茫然としてなすすべを知らなかった。尼はいった、「居士よ、少を得て足《た》れりとしてはなりません」。恥を知った平四郎はそうそうに尼の庵を引きあげた。尼はついてきてともに語った。平四郎は尼の話を遠いことのように聞いていたが、そのうちにはっと気づいた。そこで尼に、先の一拶（尼が平四郎の悟りに対してさらに一突き突っ込んだ言葉。「拶処」という）についての所見を呈すると、尼は大いに驚き、師の白隠もまたこれを許した。公案の「老僧」の語は私《わたし》という意の第一人称代名詞であって、文字どおりの年老いた僧のことではない。この公案の字眼は「老僧」ではなく「空手にして」（手を使わないで）というところにある。自他対立のうえで考えるから、手を使わなければ他人を起たせることはできないと考え込んでしまうのだ。

136　向かうから来るは姉か妹か　——白隠下雑則——

禅とは、坐禅でまず自己を空ずる（真空無相—差別から平等へ）、そうすると不思議に「自己がなければすべてが自己」（真空妙有—平等からふたたび差別へ）という「自他不二《ふに》の自己」に目覚める体験だから、柱にでも富士山にでも何にでもぴたりと一つになる修行がたいせつだというので、ただもう姉妹になりきればよいのだと考えて、襟《えり》を後《うし》ろにぬいて女になって歩く。たいていはこんな物真似のなりきり禅ですましてしまう。なるほど自他不二なら自（主）がすぐに他（客）になれるはずで、これを賓主互換《ひんじゅごかん》（客と主人とが互いに入れ換る）という。しかし、問題はそれだけではない。「姉か妹か」という分別知を容《い》れずに、無相の自己が無心にすっと働く無分別智の禅機（禅的働き）がここでの生命である。

「雨漏《あまもり》だ。何か持ってこい」と師匠がどなった。一人の小僧はさっとそこにあったザルを出した。もう一人の弟子は、ザルでは水は受けられぬと分別して、よそに器《うつわ》を探しにいった。師匠は即座にザルを出した小僧の機鋒をほめた。あれこれの法理の解説は、無心の禅機のあとからの分析にすぎない。まず法理を考えて分別のあとでやおら働きだす、というのは断じて禅ではない。

137　世界恁麽広闊　因甚向鐘声裡披七条（世界恁麽《いんも》に広闊《こうかつ》たり、甚《なん》に因《よ》ってか鐘声裡《り》に向かって七条を披《き》る）——無門関16——

雲門和尚の語である。世界はこんなに広く大きいのに、合図《あいず》の鐘がなると、なぜ七条の袈《け》裟《さ》を着けて出なければならぬのか（318参照）。古人はこの則に世語《せご》（古則公案を批判鑑賞して日本語でつけた語）をつけて、「お手が鳴ったらお茶もってこい、また鳴ったら煙草盆《たばこぼん》」といった。間《かん》、髪《はつ》を容《い》れぬ、「本来の面目」の働きが問題である。

沢庵和尚に、

「石火の機と申すも、ピカリとする稲光《いなびか》りの速きを申し候。たとへば『右衛門』と呼びかくると、『はっ』と答ふるを不動智と申し候。右衛門と呼びかけられて、何の用にてかあるべき、などと思案してあとに、何の用か、などいふは住地煩悩にて候」

の語がある。

「閃電光《せんでんこう》、撃石火《げきせっか》」という禅語は、ただ早いことだけをいうのではない。分別を容れぬ「無心の妙応」（本来の自己の働き）を貴ぶのである。ただし、この公案には、天龍僧堂下の室内に以上とまったく別な見解《けんげ》のあることを付記しておく。

138　道得即救　道不得即斬却也（道《い》い得《え》ば即ち救わん、道い得ずんば即ち斬却《ざんきゃく》せん）

――無門関14――

南泉禅院の東西の両堂の雲水たちが、猫《ねこ》について争っていた。南泉和尚はその争いの元の猫をいきなりつかみあげていった、「君たちが何か道に契《かな》う一句をいうことができたら斬るまい、いうことができなければ斬ってしまうぞ」。誰も何もいわなかった。南泉は仕方なく猫を斬った（230参照）。夜になって、高弟の趙州《じょうしゅう》が外出から帰ってきた。南泉は昼間の出来事を話した。それを聞くと、趙州は草鞋《わらぐつ》をぬいで頭の上にのせて出ていった。南泉はいった、「あんたがいたら、あの猫を救うことができたのに」。

南泉は殺人刀《せつにんとう》をふるって、弟子たちの〝分別の根〟を断った。禅はまず自己否定（差別から平等へ―真空無相）の道である。しかし真の否定は「大死一番、絶後に蘇《よみが》える」真の自己肯定（平等からふたたび差別へ―真空妙有）の道でなければならぬ。そこで趙州は「死んで生きるが禅の道」とばかりに、無分別智で無心にすっと働いてみせた。これでみごとに師匠の殺人刀が活人剣《かつにんけん》に変わった。だから、必ずしも草鞋を頭にのせるという動作に限ったことではない。そんな奇行に目を奪われて、あれこれ考えることは無用である（345参照）（この則の解釈については次の139をも参照のこと）。

139　趙州頂草鞋　意作麼生（趙州草鞋《そうあい》を頂《いただ》く、意作麼生《そもさん》）――無門関14――

趙州《じょうしゅう》和尚が草鞋を頭の上にのせて出ていった（138参照）、その意図《いと》は如何《いかん》というのである。筆者の見解《けんげ》はすでに前の138で述べた。ところが、まったく別の意味に解して、これを「異類中行《いるいちゅうぎょう》」の公案とする見方がある（平田精耕老師）。これもまた一つのだいじな見解《けんげ》であるから、改めて紹介したい。このように公案の答えは人によって必ずしも同一ではない。そこがまたおもしろいところだ。

「異類中に行く」とは、菩薩《ぼさつ》が衆生済度のために、自身畜生道に入って、畜生に応現して仏法を行ずることをいう。山田無文老師はこの則を提唱していう――いつも足に踏みつけておるものを、頭の上にのせただけのことである。常に踏みにじられておるもの、虐《しいた》げられているもの、泥にまみれているものを頭に頂《いただ》かれたのである。すなわち宗教者の本質である「下座《げざ》」の精神を素直《すなお》に表現されたものと思う。後来「驢を渡し、馬を渡す」（140参照）と、〝石橋《しゃっきょう》〟の心境を吐露されたあの精神にほかならぬ（この則は345にもある）。

140　度驢度馬（驢《ろ》を度《ど》し馬を度す）――碧巌録52――

僧が趙州和尚にたずねた、「久しいこと趙州の石橋を嚮《した》ってきましたが、来てみればただ丸木橋が見えるだけです」。趙州はいった、「あんたはただ丸木橋だけを見て、趙州の石橋を見ない」。僧、「その趙州の石橋とはどんなものですか」。師、「驢《ろ》馬《ば》も渡し、馬も渡す」。菩薩がその慈悲心から、みずから六道（地獄・餓鬼・畜生・修羅・人間・天上）を輪廻《りんね》（生死）して（仏の高座を下《くだ》って）下座行《げざぎよう》に励む姿を、趙州は石橋に見たのである。橋はみずから驢馬にふまれ馬にふまれて黙々と大悲心を行じているというのだ（139参照）。

これを「大悲《だいひ》闡提《せんだい》」という。闡提とは無仏性《むぶっしょう》の義で、本来は小乗仏教で成仏できぬ者をいう語だが、大乗仏教では菩薩がすべての衆生を救うまではみずから成仏するまいと誓って、異類中行する願心《がんしん》（319参照）をいうのである。ちなみに趙州はあるときは、「度驢度馬」といわずに、「過来（過ぎ来れ）過来」といった。この場合は、まず自身親しくその石橋を渡ってこいというのだ（この則は246にもある）。

141　願一切人生天　願婆婆永沈苦海（願わくは一切《いっさい》の人の天に生ぜんことを、願わくは婆々《ばば》の永《とこしえ》に苦海に沈まんことを）――趙州録――

これはある老婆が、「私は五つの障《さわ》りをもつ女性《にょしょう》の身《み》です。どうしたら免れることができましょうか」とたずねたのに対する趙州和尚の答えである。インド以来、女には梵天《ぼんてん》・帝釈《たいしゃく》

・魔王・輪天王・仏陀になれない五つの障りがあるとされた。だから「変成男子《へんじょうなんし》」といって、男性に生まれ変わってそれから仏になるなどという、いわれなき女性蔑視の思想も説かれた。しかし趙州和尚はいう、「天上界などに生まれることを願わずに、永遠に苦海に沈んでいなさい。五障の女身を免れる道はそこにある、解脱を外に求めてはなりませぬ」。

しかしこの本文に対する鈴木大拙先生の読み方はまた格別であった。すなわち先生は、趙州が、婆さんになり代って答えたものと見て、「私、この婆《ばば》は、永久に苦海に落ちて、苦しんでいる娑婆《しゃば》の人々の苦しみに代りたいものだ」と読んだ。「大悲闡提」の思想こそ大乗仏教の真髄だ、というのが先生の終始変わらぬ根本信念であった。

142 老僧末上入（老僧は末上《まつじょう》に入る）——葛藤集13——

崔氏《さい》という政府の長官が趙州和尚にたずねた、「りっぱなお師家《しけ》様でも、やはり地獄に入りますか」。趙州は答えた、「老僧《わし》は末上《まつさき》に入るよ」。崔氏、「りっぱなお師家様ともあろうお人が、どうして地獄になど落ちるのですか」。趙州、「老僧《わし》がもし地獄に入らなかったら、どうして貴官《あんた》と会《あ》うことができようか」。わしがまっ先に地獄に入るからこそ、現に地獄に落ちている貴公と逢って、こうして貴公を教化することもできるのではないか、というのだ。

趙州にはまた次の問答がある。問い、「仏は誰のために煩悩するのですか」。答え、「すべての人のために煩悩する」。問い、「どうしたら免れることができますか」。答え、「免れてどうするのだ」。いっさいの人のために地獄に落ちて煩悩するのが仏の大悲なのに、その肝心の煩悩を免れていったいどうしようというのだ。

143　釈迦弥勒猶是他奴　且道他是阿誰（釈迦・弥勒《みろく》は猶《な》お是《こ》れ他の奴《ぬ》、且《しばら》く道《い》え他は是れ阿誰《あた》ぞ）——無門関45——

中国臨済禅中興の祖といわれる東山（五祖山）法演の語である。過去仏の釈尊も未来仏の弥勒も、他《かれ》（彼）の奴僕である。彼とは誰か。いうまでもなく「無相の自己」（超個の個）である。

仏教では出家得度の式に際して、まず国王と両親とに別れの拝をする。君臣・親子の縁を切って沙門《しゃもん》となるのだ。『碧巌録』に「五帝三皇是れ何物ぞ」の語がある（15参照）。これが朝廷の忌諱《きき》に触れて、『碧巌録』は永く入蔵（『大蔵経』の中に加えられること）できなかった。だからといって、「臣僧何某《なにがし》」などと自称するのは、みずから仏子の本分を失うものだ。この公案はこうした禅者の矜持《きょうじ》を示すもののようにみえるが、単にそれだけではない。むしろこの則の参究の字眼は「他」より「奴」の字にある。「奴」（奴婢《ぬひ》）にまで身を落して誠をもって他人のために下座行に励むところにこそ、真に自他不二なる「他」（彼—超個の個）

の働きが具体的に現実化するというのだ。古人も「意は毘盧《びる》頂頸《ちょうねい》を踏み、行《ぎょう》は童子の足下を拝す」（224参照）といった。大日如来の頭をふんづける高い気概をもちながら、幼児の足下をも拝する謙虚な行いをするところに禅者の生き方がある、というのである（この則は331にもある）。

144　文殊乗獅子　普賢乗象王　未審釈迦乗什麼（文殊《もんじゅ》は獅子に乗り、普賢《ふげん》は象王に乗る。未審《そも》釈迦什麼《なに》にか乗る）　――白隠下雑則――

文殊と普賢はともに釈尊像の脇侍《きょうじ》（仏の両脇に立つ菩薩《ぼさつ》）で、文殊は仏陀の智を、普賢はその行を表象するものである。その菩薩像を見ると、文殊は獅子に、普賢は象に乗っている。では、いったい釈尊は何に乗るかというのである。ここにいう釈迦を仏像だと考える人は、読者の中にはもうあるまい。即今《そっこん》・当処のこの自己は、いったい何に乗るか。白隠下の雑則に、「このごろできた新しい仏像はどこにおいたらよかろうか」というのがある。「他」は「奴」の所でこそ本当に生きる「自他は不二」である。他人を生かし他物を生かしてこそ真に自己が生きる、というのが仏教の倫理である。常不軽菩薩《じょうふぎょう》は逢う人ごとに、「仏のみ子よ」といってみんなを礼拝したという。

そこで公案であるが、もし来客があったとしたら、みなさんはその客をどうもてなすか。

客室が日本間であったら、まず最初に主人としての真心を何で表現するか。

145　相送当門有脩竹　為君葉葉起清風

（相送って門に当たれば脩竹《しゅうちく》あり、君が為に葉々清風起る）　――虚堂録――

虚堂《きどう》和尚（一一八五―一二六九）が法友の石帆《せきはん》・石林・横川《わんせん》の三人を送った詩の転結の二句である。

このたび三君が霊隠《りんにん》寺のわが鷲峰《じゅほう》庵に立ち寄ってくれた。それで門のところまで見送ると、門前の竹の一葉一葉に清らかな風が起こってくるというのである（擬人法にして、竹が風を起こすと読むのは誤り。267参照）。

井伊直弼《いいなおすけ》の『茶湯一会集《ちゃのゆいちえしゅう》』に、「そもそも茶の交会《こうえ》は、一期《いちご》一会《いちえ》といひ、たとへば同じ主客と交会するも、今日の会に再びかへらざることを思へば、実にわれ一世《いっせ》一度《いちど》の会なり」とある。

友を送るという、なんでもない日常の別れにも、それを一生にただ一度のこととしてたいせつにする「君子清純の心情」こそ、禅者のものである。公案はこうした日常の何でもない行為に、実は禅の死活問題がひそむと教えているのである。

146　対一説（対して一説す）　――碧巌録14――

僧が雲門和尚にたずねた、「如何なるか是《こ》れ一代時教」。釈尊が一代四十五年の間に説いた五時八教の法門とは何か、というのである。五時八教とは、釈尊一代の教説を中国で五と八とに分類したものだが、いまその分類には用がない。これに対して雲門はいった、「対一説」。これまでこの句は「タイイッセツ」と棒読みにさせて、ことさら理解を困難にしてきた嫌いがあるが、「対して一説す」と素直《すなお》に読むがいい。釈尊の教えは、必ず「応病与薬」（病いに応じて薬を与える）「対機説法」で、相手の機根（素質・力量）に対応して説かれたものだ、というのである。

室内で参究するときは、「語にて見よ」といって、この公案の禅的な意味をよくにらみ、それにぴたりとする他の漢語を選んで、たとえばこの場合は『論語』の中の一句でもって、見解《けんげ》として師に呈することになっている。これを先の世語（137参照）に対して著語《じゃくご》という（この則は235にもある）。

147　倒一説（倒《さかしま》に一説す）　――碧巌録15――

僧が雲門和尚にたずねた、「目前の機に不是《あら》ず、亦《ま》た目前の事《じ》に不是《あら》ざるとき如何《いかん》」。目の前の働きでもない、また目の前の事柄でもないときはどうですか。目の前に相手があれば、それに即応して対処することもできる。しかし、相手が見えないとき「対一説」はできない。そんなときはどう対処するかというのだ。雲門はいった、「倒一説」。これもこれまでの老師方の提唱ではまるでわからぬ。「倒《さかしま》に一説す」と、素直に読めばよいのだ。森本省念老師はあるとき子どもの相手をした。本を読んでやっても、しばらくはいいが、子どものことだからしまいにはあきてくる。そこで老師は「昔々ある所に」を逆にして「シカム、シカム、ニロコトルア」と読んでやったら、子どもたちはこれでもう大喜び。ここで老師はいう、「あんたはん、『正法眼蔵』をさかさに読んでみなはれ、斜めに読んでみなはれ」と。相手が子どもなら子どものように、奴僕なら奴僕になって、時には自分のほうが逆立《さかだち》してでも説かねばならぬ大事があると、雲門は教えている。これも室内は「語」で見る（この則は236にもある）。

148　陳操只具一隻眼（陳操只《た》だ一隻眼《いっせきげん》を具するのみ）　——碧巌録33——

陳操《ちんそう》居士（生寂不詳）が資福《しふく》和尚（仰山下三世。生寂不詳）を訪問した。資福は居士が来るのを見て、いきなり空中にくるりと一円相《いちえんそう》を画《えが》いた。名だたる大居士の到来に、仰山《ぎょうざん》下のお家芸の円相でご馳走をしたのだが、残念ながら陳操はいただきそこねた。「私がこうしてやってくるのさえ、真空無相の法門からいえば、もうよけいなことなのに、そのうえごていねいに一円相まで持ち出されますとは」と、一枚悟り（平等一枚の心境に流されて日常生活の中での働きを欠く悟り）の羅漢《らかん》（自分だけ悟って他の悟りを顧みない小乗の聖者）ぶりを発揮して、得意満面であった。資福はこれでは話にならぬとばかり、ぴしゃりと居間の戸を閉めた。これでもみずからの過ちに気づかぬか、という重ねてのご馳走である。

そこで、この問答を公案として取りあげた雪竇《せっちょう》和尚が、たまりかねて寸評を入れた、「陳操さん、あんたそれでは片目だ」。自覚（向上門）の片目だけは持っているが、それでは覚他（向下門《こうげ》）のほうはどうなるのだ、というわけである。一円相とは「自他不二」「主客円融」の大智（自利）即大悲（利他）の象徴であったのに。

149　非非想天　即今有幾人退位（非々想天、即今幾人《いくひと》あってか退位する）——碧巌録33

雲門和尚が陳操《ちんそう》居士に問うた、「貴官《あなた》は『法華経』を読まれるというが、本当か」。陳操、「本当です」。雲門、「経中に、『一切の治生《ちしょう》産業、皆な実相と相い違背せず』とありますが、即今、非々想天から退位する人が幾人いますかね」。陳操は答えることができなかった。非想非非想処という「絶対無」の真空無相の妙境涯に酔っぱらって独り坐り込んでいないで、そこから退位して「治生産業」という実人生の生活の只中で衆生済度に働く人が何人いますかね、という雲門の教えであったが、悟りかぶれの陳操の耳にはこのときはまだ届かなかった。居士はこのときはまだ、鈴木大拙先生晩年の口ぐせだった「不息不断の精進心をもって一切衆生のために大慈悲心を行ずる」という『法華経』（法師品第十）の大精神を把《つか》むことができなかったのである。

150　其知可及也　其愚不可及也（其《そ》の知や及ぶべし、其の愚や及ぶべからず）――禅林句集――

禅道仏法の第一義は「自他不二の自己」の自覚という「般若の智慧」にある。だから「老胡（釈迦・達摩）の知（般若の無分別智）を許して、老胡の会《え》（分別知）を許さず」というのである。しかし、禅門最高の「仏向上」（仏のその上）の境涯《きょうがい》は、そうした般若の悟りのピカピカ（180参照）を嫌って、この悟りの智見をもう一度すりつぶして愚に帰ったところを尊重する。そこで、その知慧者ぶりには及べるがその大愚者ぶりには及べない、というのである。

黄檗和尚はあるとき門人たちに垂示《すいじ》していった、「お前たちはみんな酒の糟食《かすくら》いばかりだ。

そんなふうで行脚をして、どこで悟るというのだ。大唐国内どこを探しても禅師らしい禅師はおらぬぞ」。そのとき一人の僧がたずねた、「諸方《あちこち》に道場を構えて雲水を指導しておられる師家方《しけがた》は、あれはいったいどうなんです」。黄檗はいった、「いや、禅がないといったのではない、ただ師がないだけなんだ」。これではじめの勢いはどこへやら、まるで「わしが悪かった」とでもいわんばかりの龍頭蛇尾ぶりではないか。しかし古人は、この「風流ならざる（一見ぶざまに見える）処」にこそ「真の風流」（108・254参照）を拝むべきだと、その「児を憐んで醜《みにくき》を忘れる」（子どもが可愛いあまりに自己の醜態に気づかぬ親の）大愚ぶりを称讃している。

Ⅵ　灰頭土面——公案体系2

灰頭土面。——悟った人は頭から
灰をかぶり顔を土だらけにして、
衆生のために働かずにおれぬ。
この大乗の菩薩行こそが禅の真髄である。

151　見色明心《けんじきみょうしん》（色《しき》を見て心《しん》を明《あき》らむ）――葛藤集8――

「色《しき》」は色《いろ》や形のような眼の対象。形あるものを見て本心（仏心）を明らめる、すなわち悟りを開くの意。

宗教の眼は芸術の眼に通じる。「よく見ればなづな花さく垣根かな」と歌ったとき、芭蕉の眼は何を見ていたのであろうか。芸術の美であったろうか、宗教の真であったろうか。偉大な宗教者はまた必ず勝《すぐ》れた芸術家でもあった。キリストも、明日《あす》は炉に投げ入れられる百合《ゆり》の花に、ソロモンの栄華も及ばぬ美を見ていた。釈尊もまた、暁《あけ》の明星のまたたきに如《によ》を見て人類未曾有《みぞう》の大悟を得たのであった。

霊雲《れいうん》和尚（生寂不詳）は桃の花を見て妙心を明らめた。彼に悟りの詩がある。「三十年来剣客を尋《たず》ぬ、幾回か葉落ち又《ま》た枝抽《めぐ》ゆ。桃花を一見してより後《のち》、直《じき》に如今《いま》に至るまで更に疑はず」。三十年来、自分は生死透脱の境地を求めてきた。思えば幾春秋の苦しい修行であったことか。しかしそれも、あのとき桃の花を一見してからというもの、今日に到るまでまったく何の疑いもない禅境を得たと。

春風にほころびにけり桃の花枝葉《えだは》に残る疑ひもなし　（道元）

五祖法演の仏法）はまだ寂しくはないぞ」。師匠に鼻をつままれる、指を切られる（155参照）、石につまずいて生爪《なまづめ》をはがす、蛇に足をかまれる、この痛みの只中《ただなか》に、果然として「大人の相」を現じてこそ禅者だ。痛いということの中に小さな自己を空じ、天地ひた一枚の絶対の痛みになりきって、「痛い」という者何物ぞと参究すべきである。そのとき必ず果然として大人の相《すがた》を現ずる時節がくる。

155　吾得天龍一指頭禅　一生受用不尽（吾れ天龍一指頭の禅を得て、一生受用《じゆよう》不尽）――

無門関3――

倶胝《ぐてい》和尚はある尼僧の問いに答えることができず（204参照）、恥《はじ》を知って再行脚に出ようとしたとき、「この山を離れる必要はない。肉身の菩薩《ぼさつ》がおいでになって和尚のために説かれるであろう」という土地神のおつげを受けて待つうちに、十日ほどして天龍和尚（生寂不詳）が来た。倶胝が前《さき》の因縁を告げて、教えを乞うと、天龍は一本の指を立てて示した。倶胝は即座に大悟した。中国の古典にも「天地一馬」の語があった。彼はこのとき自己を空じて天地ただ一本の指だけという心境に入ったのだ。それからというもの、倶胝は何かたずねられると、ただ一本の指を立てるだけであった。寺の童子が「和尚の説法はどうだ」ときかれると、まねをして指を立てた。倶胝は刃物で童子の指を斬った。痛さのあまり童子は叫び声をあげて、出ていった。倶胝は呼んだ、童子はふり返った。そのとき倶胝が指を立てた。童子ははっと悟った。

死に臨んで倶胝はいった、「私は天龍和尚から〝一本指の禅の伝授〟を受けて、一生使ったが使いきれなかった」（この則は323にもある）。

156　樹上道易　樹下道難（樹上に道《い》うは易《やす》く、樹下《じゅげ》に道うは難《かた》し）――無門関鈔――

香厳《きょうげん》和尚が弟子たちにいった、「人が木にのぼって、口で枝をくわえてぶらさがり、手で枝をつかまず足も木をふまえていないような場合に、木の下の人が、『達摩がインドから中国にやってきて伝えようとした禅の極意とは何か』とたずねたとして、もし答えなければその質問にそむくことになるし、答えれば木から落ちて命を失うことになる。まさにこのようなとき、君たちはどう対処するか」。その場に招《しょう》上座（生寂不詳）という者がいて、「木の上は問いません。まだ木にのぼらないとき、どうか老師いってください」といった。香厳はこれを聞いて呵々大笑した。

樹上（危機）に処することはまだしも易《やさ》しいが、樹下（平常）に処することはかえってむずかしい。室内でも「樹下の一句作麽生《そもさん》」と拶《さっ》せられ（突っ込まれ）て、たいていはこれでひっかかる。樹上でなりきれたら、樹下でも同じことであろうに。樹下の一句が手に入る、すなわち平常心がただちに道に契《かな》う（346参照）ことは、かりに危機に処する樹上の一句がなんとか手に入ったとしても、実はそれだけでは容易に体得できない、ということであろうか。古人はそこをにらんで、「樹上にいうはやさしいが、樹下にいうのはむずかしい」といったのである。

157　昨夜和尚　山頂大笑（昨夜、和尚山頂に大いに笑う）――伝燈録14――

薬山《やくさん》和尚は、ある夜、山に登って経行《きんひん》（歩き坐禅）をした。ふと雲が開いて月が見えた。和尚は大笑一声した。その声が澧陽《れいよう》の東西十キロ以上にも響いた。里の人々はみな笑声が東の家から聞えてきたと思った。翌朝、たがいに東の家から東の家へとたずねて真直《まっすぐ》に薬山まで来た。弟子たちはいった、「それはゆうべうちの老師が山頂で大笑いされた声だ」。自己を忘《ぼう》じきった薬山の、天地と一体の無心の大笑いである。まことに豪快無比な禅者の笑いは、まさに彼の禅そのものの表現である。

明治の禅傑西山禾山《かさん》（一八三七―一九一七）にも、「也太奇《やたいき》、也太奇（ふしぎ、ふしぎ！）。我れ笑へば、則ち天も亦《ま》た笑ひ、地も亦た笑ふ」「さきに道《い》ふ『我れ笑へば、則ち天も亦た笑ひ、地も亦た笑ふ』と。今は則ち然らず、我れ一たび笑へば、天柱折れ地軸摧《くだ》く」の語がある。併《あわ》せて参ぜられたい。

158 那箇是不精底（那箇《なこ》か是《こ》れ精底ならざる）――正法眼蔵三百則――

盤山《ばんざん》和尚（生寂不詳）は町を歩いていて、一人の客が猪《いのしし》の肉を買うのを見た。客が肉屋に、「ごく上等のところを一斤《きん》切ってくれ」といった。すると肉屋は包丁《ほうちょう》を下におき、胸に手を組んで、みえをきっていった、「だんな、どこに上等でない肉があるというんですかい」。わしの店の肉はみな上等だというのである。盤山は言下にはっと気がついた。おそらく、盤山はそれまでに道徳的な善と悪との問題で苦しんでいたのであろう。それがこの肉屋の言葉で、からりと道徳の束縛を脱することができたのだ。どこに悪人がいるか、誰か本来、仏でない者があるか。それは善悪の対立を超えた一如平等《いちにょびょうどう》の宗教の世界への開眼であった。

親鸞（一一七三―一二六二）もいう、「悪をも恐るべからず、弥陀の本願をさまたぐるほどの悪なき故に」。

159 人雖有南北　仏性本無南北（人に南北ありと雖《いえど》も、仏性本《も》と南北なし）――六祖壇経――

六祖慧能《えのう》がはじめて五祖弘忍《ぐにん》を訪ねたとき、五祖が聞いた、「お前はどこの人間だ。何を求めようとする」。慧能、「弟子《わたくし》は嶺南新州の百姓《たみ》です。遠くやってきて老師を礼拝します。ただ求めることは仏になることで、ほかのことではありません」。五祖、「お前は嶺南の人間で、野蛮人だ。どうして仏になどなれよう」。慧能、「人には南北がありましょうが、仏性《ぶっしょう》(仏陀としての人間の本性)には南北の区別はありません。南の野蛮人の私と北の文化人の老大師と同じではありませんが、仏性になんの差別がございましょう」。「一切衆生《しゅじょう》、悉有仏性《しつう》」(すべての生きとし生ける者には悉《ことごと》く仏性がある)というのが、『涅槃経《ねはんぎょう》』に文字化された大乗仏教徒の「信」の表明である。禅とはただこの「信」に徹して「成仏」する道にほかならない。

160　父母未生以前　本来面目(父母未生《みしょう》以前、本来の面目《めんもく》)——無門関23——

五祖弘忍《ぐにん》はもう法を説かないという。聞くと、どうやらきのうまでいた寺男の慧能《えのう》に伝法したためらしい(64参照)。あんな俗人に達摩伝来のだいじな衣鉢《えはつ》(袈裟《けさ》と鉄鉢)を持っていかれてたまるかと、おおぜいの弟子たちが追っかけたが、中でも軍人出身の明《みょう》上座(生寂不詳)が足が速くて大庾嶺《だいゆれい》で追いついた。慧能は衣鉢を石の上に投げだしていった、「この衣《けさ》は信を表わす。力で争うものではない。持ち去るがよい」。明が持ちあげようとしたが、山のようで動かない。ためらい恐れていった、「私は法を求めてきた。衣《けさ》のためではない。どうか行者《あんじゃ》（寺男のこと）よ、教えていただきたい」。そのとき六祖はいった、「不思善《ふしぜん》、不思悪、正与麽《しょうよも》の時、那箇《なこ》か是れ明上座が本来の面目」。善・悪を思わずとは、父と母とがまだ生まれない以前、すなわちすべての相対二元の対立を超えてということ。正《まさ》にそういう時の君自身の本来の姿はどんなものか（46・47参照）。明上座はこの一言ではっと悟った（この則は304にもある）。

161　百尺竿頭須進歩　十方世界現全身（百尺竿頭《かんとう》に須《すべか》らく歩を進め、十方世界に全身を現《げん》ずべし）——無門関46——

石霜楚円《せきそうそえん》和尚（九八六—一〇三九）はいった、「百尺の竿頭で、どう一歩を進めるか」。百尺の竿頭とは、坐禅をして客観を払い、主観を否定して、真空無相（本来無一物）の禅定三昧《ぜんじょうざんまい》になりきった境地をいう。坐禅に限らぬ。かつて明治の禅傑渡辺南隠（一八三五—一九〇四）は、一日浅草に遊んで曲芸を見て、「あれが一転すると禅じゃがなあ」といった。職業としての芸のうえでは、なりきって一種の定《じょう》（身心の統一）に入っているのに、惜しいことにそれが一転して覚《かく》（無相の自己の自覚）に出ないから、芸がすむと素凡夫《すぼんぷ》にもどる。長沙和尚はいった、「百尺の竿の先に坐り込む人は、ある境地に入ることはできたといっても、まだ本当に真理に達したとはいえぬ。百尺の竿の先からさらに一歩をすすめて、十方世界に無相の自己の全身（自己がなければすべてが自己という天地と一体・万物と不二の自己、自己を無にして他人・他物を生かす自己）を実現せねばならない」（この則は305にもある）。

162　山花開似錦　澗水湛如藍（山花開いて錦《にしき》に似たり、澗水湛《たた》えて藍《あい》の如し）――碧巌録82――

「色身《しきしん》は敗壊《はいえ》す、如何なるか是れ堅固法身《ほっしん》」と問われて、大龍和尚（生寂不詳）が答えた語である。肉身は無常でついに壊《こわ》れる、絶対に壊れない法身とは何か。それに対して大龍は「山花が錦のように咲き、渓流の水は藍のように湛えている」と答える。「山河《せんが》大地、全露法王身」という句がある。山河大地も山花澗水も、法王身を全露している。しかし、それだけではない。この句は不生不滅の堅固法身（絶対無）を問われて、無常生滅の色身（物体）で示しているところがまことにみごとだ、と評する人がある。それもたしかに一理ある。室内でも師家は「忽《たちま》ち暴風に逢うとき作麽生《そもさん》」「忽ち逆浪に逢うとき如何《いかん》」と拶《さつ》する。しかし、それでもまだこの則の見解《けんげ》としては十分でない。この句はまず人《にん》（主観）と境《きょう》（客観）とが一体となった「境涯《きょうがい》」の語として味わわなければならない。山花・澗水になりきって、そのうえに竿頭一歩を進め、十方世界に全身を現じた（無相の自己の）自覚体認の境涯的表現として見なければならぬ。無常（敗壊）とか常住（堅固）とかいう単なる客観世界の話ではない。まず山花になれ、澗水になれ（この則は183にもある）。

163　外面黒《げめん》（外面黒し）——無門関28——

教外別伝《きょうげべつでん》（二二五ページ参照）の新興の邪教を折伏《しゃくぶく》するつもりで南方にきた徳山は、茶店の婆さんにやりこめられて、その指示でさっそく龍潭和尚《りょうたん》を訪ね（105・334参照）、真剣に問答しているうちに夜になってしまった。龍潭和尚はいった、「夜もふけたことだし、貴公もう退ったらどうじゃ」。そこで徳山は別れの挨拶をして、簾《すだれ》を掲げて外に出た。外の暗いのを見て、もどってきていった、「外は真暗《まっくら》です」。龍潭はそこで紙燭《しそく》（紙に油をしめした手持ち用の燭《あか》り）に火をつけて徳山に渡した。徳山がそれを取ろうとしたとたんに、龍潭はその燭りを吹き消した。徳山はそのとき忽然《こつねん》として悟った。

「外面黒し」というのは、そのまま徳山のそのときの心境であろう。いわゆる「百尺竿頭坐底の人」となっていたのだ。悟りにはまずその前段階としてこの「内外打成一片《ないげたじょういっぺん》」（内すなわち主観と、外すなわち客観とが一つになった境地）の三昧《ざんまい》境が必要である。これが何かの感覚の機縁で（ここは龍潭の吹滅で）破れる（三昧が爆発する）とき自覚が起る。そのとき人は悟る。

164　参得黄楊木禅（黄楊《つげ》の木禅に参得す）――葛藤集32――

大慧《だいえ》が師の圜悟《えんご》の下で公案の工夫《くふう》をしていたとき、ある日の薬石（禅門の夕食）のおりに、それまでの禅定の力が純熟して、覚えず自己を忘じ、箸《はし》を手にしたまま飯を食うことを忘れてしまった。

それを見て圜悟はいった、「この男は黄楊の木《き》禅に参得した」。つげの木はその性質長じがたくなかなか展《の》びない。ときには縮《ちぢ》むこともあるという。そこで「死して活することを得ぬ」禅境を罵《ののし》ってこういうのである。しかし大活現前するためには、まずこの大死一番がなんとしてもだいじだ。

定上座《じょうじょうざ》という雲水がいた。臨済和尚に参じて「仏法の大精神」を問うたが、臨済は座から降りるやいきなり彼の胸ぐらをつかみ、一掌を与えてつき放した。定《じょう》は思わず我れを忘れて棒立ちに突っ立った。内外《ないげ》打成一片《たじょういっぺん》、全身心が一箇の疑団《ぎだん》（52参照）になりきっていたのである。

そのときである、かたわらにいた先輩に「定上座、なぜ礼拝をしないか」といわれて、定は礼拝したとたんにはっと大悟した。大死一番絶後に蘇《よみがえ》ったのである（276参照）。

165　道得也三十棒　道不得也三十棒（道《い》い得るも也《ま》た三十棒、道い得ざるも也た三十棒）

――五燈会元――

徳山和尚はよく門下の雲水に垂示《すいじ》していった、「ぴたりといえても三十棒、いえなくても三十棒だ」。

禅門では「臨済の喝、徳山の棒」といわれて、祖席の英雄と目され、祖師禅の代表のようにいわれている。この語は、わが国では西田幾多郎先生がその哲学論文の中に引いたりして、あまりにも有名である。この則にはわが国近世の行応《ぎょうおう》（一七五六―一八三一）と禾山《かさん》の「拶処《さっしょ》」（一応本則を透過した者に、もう一歩強く突っ込んでその見地・境涯を点検するための問題）がある。行応はいう、「徳山のことはまあおいて、某甲《わし》の一棒はどう喫するぞ」。禾山はいう、「徳山や行応のことはまあおいて、上座《あんた》の一棒はどう働かすぞ」。

今日の室内では本則の徳山の棒よりも、むしろそのあとの行応と禾山の拶処のほうをだいじにして参究させる。

166　般若体用（般若《はんにゃ》の体《たい》・用《ゆう》）　――碧巌録90――

僧が智門和尚（？―一〇三一）にたずねた、「般若の本体とは何ですか」。智門は答えた、「蚌《はまぐり》が明月を含《ふく》んで〔真珠を産む〕」。僧、「般若の作用《はたらき》とは何ですか」。智門、「兎が月の精を受けて子をはらむ」。智門は「言句の妙密」をもってきこえる雲門宗の開祖文偃《ぶんえん》和尚の法孫だから、答えの言葉についてまわったら、真意を見失う。

白隠下の雑則に、「風の体・用を分けてみよ」というのがある。誰も風を見た者はない。しかし風は木の葉をそよがせて通りすぎてゆく。「真空無相」の本体が「真空妙用《みようゆう》」するところに眼を着けて参究すべきである。体用は智門の答えでわかるように本来不二であるが、その一体のものを、ここでは截然《せつぜん》と創造的無そのものとその妙用との二つに分けて呈さなければならぬ。また「風に何の色かある」という公案もあって、これで体・相・用ということが、すべて手に入るような教育的配慮がなされている。雑則といって軽んじてはならない（この則は251にもある）。

167　南泉路向何処去（南泉の路、何の処に向かってか去る）――葛藤集33――

南泉和尚が山で作務《さむ》をしていたとき、旅の僧がたずねた、「南泉への路は、どう行けばよいでしょうか」。南泉は答えた、「わしのこの茅刈り鎌《かやか》は三十銭で買《こ》うたよ」。南泉への路をきかれた和尚は、即今山作務《やまざむ》に余念のない南泉の実物でもって答えた。この際この手中の茅《ぼう》鎌子《けんす》こそ南泉その人にほかならなかった。しかしこの僧は無眼子《むがんす》とみえて、あくまで地理上の南泉禅院を問うてやまぬ。僧、「鎌のことは問いません。南泉への路はどうなのですか」。南泉はいった、「使ってみると、すごい切れ味なんだ」。はじめの言葉が南泉の体（本体）を示したとするなら、第二の答えは南泉の用《ゆう》（働き）を示したものとみることができよう。

168　看箭（箭《や》を看《み》よ）　――碧巌録81――

石鞏和尚はもと猟師であったので、師家《しけ》として立ってからも、常に弓と矢をもって修行者に接した。三平《さんぺい》という雲水が参じた。石鞏は三平が来るのを見るや、弓をひきしぼっていった、「矢を見よ」。三平は胸を押し開いていった、「これは殺人《せつにん》の矢か活人《かつにん》の矢か」。石鞏は弓の弦を三度ならした。三平はすっと礼拝した。石鞏はいった、「三十年間、一張りの弓と一、二本の矢で人物をテストしたが、きょうやっと半人前の聖人を射とめることができた」。こういって弓矢を折ってしまった。「半箇の聖人」の語が貴い。のちに三平が大顚《だいてん》和尚（生寂不詳）に先の話をすると、和尚はいった、「人を活かす矢だというなら、なんで弓矢など持ち出すのだ」。弓箭《きゅうせん》は所詮殺生《しょせんせっしょう》の道具ではないか。三平はしかしこれに対して何もいえなかった。やはり彼は、半人前の聖人にすぎなかった。大顚はいった、「三十年後に人がこの話を取りあげて問うても、やはりお前さんはダメだろうて」（この則は217にもある）。

169　丹霞燃木仏（丹霞、木仏を燃《や》く）――葛藤集44――

丹霞《たんか》和尚（七三八―八二四）は洛陽《らくよう》の恵林《えりん》寺に行ったとき、あまり寒かったので、仏殿で木仏を燃《も》して火にあたっていた。たまたま院主に見つかった。彼は丹霞を叱りつけて責めてた、「どうしてわが寺の木仏を燃《も》したりできるんだ」。丹霞は澄ました顔で拄杖《しゅじょう》で灰をあばいていった、「燃して舎利を取ろうとしているんだ」。院主はあきれていった、「木仏にどうして舎利などあろうか」。丹霞はいった、「舎利がないというからには、両脇侍《きょうじ》も持ってきて燃そうか」。ところが、木仏を燃した丹霞はなんともないのに、とがめだてした院主が仏罰を被って、のちに眉毛がぬけ落ちた（282・345参照）という。なぜだろうか。以来このことが禅門の一大問題となった。怒りの拳《こぶし》も笑面は打てぬ。無心の道人《どうにん》に過《とが》のあてようはない。

170　章敬即是　是汝不是（章敬は即ち是《ぜ》、是れ汝は不是《ふぜ》）――碧巌録31――

麻谷《まよく》（生寂不詳）は師兄《すひん》の章敬《しょうけい》和尚（七五七―八一八）を訪ねて、その坐禅の椅子《いす》の周りを三遍回って、錫杖《しゃくじょう》をじゃらんと一つ鳴らし、すっくとつっ立った。章敬は「よしよし」といった。穏かな方とみえて、若い麻谷をあやしておいた。麻谷は先輩に自分の機鋒を認めてもらったと早合点をして、同じく大先輩の南泉の所に行って同じことをやった。ところが南泉和尚は師の馬祖《ばそ》が「物外《もつがい》に超出する」と評した（87参照）人である。麻谷の覇気《はき》を許してはおかぬ。「いかん、いかん」と否定した（314参照）。そこで麻谷はいった、「章敬師兄は『よし』と肯定されたのに、あなたはどうして『いかん』といわれるのですか」。南泉はいった、「章敬はよいが、ほかでもない貴公がいかんのだ。貴公の機鋒などは禅機でもなんでもない。ただ風に吹き回されているだけだ。しまいにはやぶれて壊《こわ》れてしまう」（この則は215にもある）。

171 一得一失 ——無門関26——

清涼《しょうりょう》院の法眼《ほうげん》和尚は、修行僧がお斎《とき》の前に参じたとき、黙って手で簾《すだれ》を指《ゆび》さした。その場にいた二人の僧がともにそこへ行って、簾を巻き上げた。法眼はいった、「一人《ひとり》は得《よ》ろしい、一人は失《だめ》だ」。得失は、よろしい、よくないの意で、何かを得たとか失ったとかいうことではない。同じことをして、一方はよいと許され、一方はダメと否定された。同じことをしても、悟ったうえでやるのと悟らないでするのとでは、その見地《けんち》のうえで天地雲泥《うんでい》の差がある。いや、同じく悟ったといっても、道力《どうりき》や境涯《きょうがい》のうえの到と未到の差は如何《いかん》ともしがたい。ふつうはこんな解釈をするところであろうが、そんな優劣とか得失とかの面でだけこの公案を見ていては、禅者の見解としては届かない。

そんな閑葛藤《かんかっとう》（むだな思慮分別）を截断《せつだん》して、ただちに法眼その人となってその手もと如何と見よ。肯定か否定かの師家権《しけけん》は、まったく正師の手裡にあることを知らねばならない（この則は322にもある）。

172　能縦能奪　能殺能活（能く縦《ゆる》し能く奪い、能く殺し能く活《いか》す）――無門関11――

趙州和尚はある庵主の所へ行ってたずねた、「おるかい」。庵主はぐっと拳《こぶし》を立てた。趙州は「水が浅くて船泊《ふなどま》りできんわい」といってさっさと出て行った。また他の庵主の所へ行って、「おるかい」とたずねた。その庵主も同じようにぐっと拳を立てた。趙州は「よく与えよく奪い、よく殺しよく活かす」といって、すっと礼拝した。同じように拳を立てて、一方は否定され一方は肯定された。なぜか。これも見地や境涯・道力の優劣の問題ではない。否定（把住《はじゅう》）・肯定（放行《ほうぎょう》）、殺人刀《せつにん》・活人剣《かつにん》（321参照）を徹底して自由に使いこなす趙州その人の手もとが見所《みどころ》である。あるいはまた、一個を肯《うけが》い一個を否《いな》む言葉の跡にとらわれず、「一樹の春風に両般あり、一片は西に飛び一片は東」という消息のあることにも深く眼を着けて味わわねばなるまい。ここらが「言詮《ごんせん》」（体験した宗旨を言語で表現する修行、またその言句）の公案の一つの勘所《かんどころ》でもある。

173　若喚作竹篦則触　不喚作竹篦則背（もし喚んで竹篦《しっぺい》と作《な》さば則ち触《ふ》る、喚んで竹篦と作さざれば則ち背《そむ》く）――無門関43――

首山《しゅざん》和尚は竹篦《しっぺい》（竹製の如意《にょい》）を握って門弟たちに示していった、「もしこれを竹篦と呼べば触れるし、竹篦と呼ばなければ背く。諸君、まあいってみよ、これを何と呼ぶか」。「竹篦を竹篦と呼ぶ」のは「差別」の立場である。「竹篦を竹篦と呼ばない」のは、「平等」の立場である。われわれは必ずどちらかにとらわれる。そのとらわれを脱して自由になるために、首山はここに「背触」の問題を持ちだした。ふつうはただ差別の立場に立っていがみ合っている。そこで「色即是空」と差別の根底に平等の存することに目を開かせる。しかし今度はまたその「真空無相」の平等の境地に腰をすえて酔っぱらう。そこで「空即是色」とももう一度「真空妙有《みょうう》」の差別の世界に連れもどす。しかし実物にはもともと竹篦とかなんとかいう名はない。平等（空）だの差別（色）だのという分別もない。そこを「如《にょ》」という。そこで、結局はやはり、「背触」の二字をきれいに片づけて、竹篦は竹篦と呼ぶほかはない。そ「死んで生きるが禅の道」という。「A即非A是名A」（Aは即ち非Aである。その故にAと名づけられる）という「即非《そくひ》の論理」（205・365・366参照）がそこにある（この則は325にもある）。

174　蓮花未出水時如何（蓮花《れんげ》未だ水を出ざる時如何《いかん》）――碧巌録21――

僧が智門和尚にたずねた、「蓮花《れんげ》がまだ水を出ないときはどうですか」。智門は答えた、「蓮の花だ」。僧は重ねて問うた、「水を出て後《のち》はどうですか」。智門はいった、「蓮の葉だ」。

「蓮花がまだ水を出ないとき」というのは、創造主がまだ「光あれ」といわなかった前、すなわち朕兆未萌《ちんちょうみぼう》以前の「絶対無」（空）の境地である平等の世界をいう。「水を出て後」というのは、われわれの日常の差別相対の世界、無に対する有《う》、空《くう》に対する色《しき》の世界である。禅者は色と空、差別と相対とを二つに見ない。いつもただちに如《にょ》（平等即差別）の世界を見ている。だから一方を問えば当然他方で答える。「未出水時」（平等）を聞かれて「蓮花」（差別）と答えたのがそれだ。しかし次に「出水時」（差別）を聞かれたときは、「蓮根」（平等）とでも答えるか、またはするりと転じて、日常的知性の立場に立って「蓮花」（差別A）と答えそうなものだが、智門は「荷葉」（差別B）と答えた。そこがおもしろい。「空」はそのまま「色」で、「色」と「色」とはともに同じ「空」の平等の〝場所〟に根源をもつ「色」同士なのだから「自他不二」で、「色」と「色」とは互いに円融無碍《むげ》の華厳《けごん》の事事無礙法界《じじむげほっかい》（100・267参照）をなすのである。智門の第二の答えはそこをみごとに示している（この則は237にもある）。

175　文殊是七仏之師　因甚出女人定不得　罔明初地菩薩　為甚却出得（文殊は是れ七仏の師、甚《なん》に因《よ》ってか女人を定より出《いだ》し得ざる。罔明《もうみょう》は初地の菩薩、甚としてか却って出だし得たる）――無門関42――

昔、文殊菩薩《もんじゅぼさつ》が諸仏の集処に行くと、諸仏は各自の本処に帰ったところで、ただ一人《ひとり》の女《にょ》人《にん》だけが仏座に近く坐って三昧《ざんまい》に入っていた。文殊は世尊にたずねた。「なぜ女人が仏座に近づくことができて、私にはできないのですか」。世尊はいった、「君が自分でこの女人を目覚めさせ、三昧から起たせて、君自身でたずねるがよい」。文殊は神通力《じんずうりき》の限りを尽したけれども、その女人を定《じょう》から出すことができなかった。そこで世尊はいった、「たとえ百人千人の文殊でも、この女人を定から起たせることはできまい。下方十二億河沙《がしゃ》（ガンジス河の沙の数ほど、つまり無数無量）の国土を過ぎた所に、罔明《もうみょう》という菩薩がいて、この女人を定から出すことができる」。するとただちに罔明大士が地から湧き出て、世尊を礼拝した。世尊の勅命によって、彼は女の前でパチンと指を一つ鳴らした。すると、女人はすぐに定から出た。

この公案を取りあげて、無門和尚（一一八三―一二六〇）はいう、「文殊は過去七仏の師といわれる最高位の菩薩なのに、どうして女人を禅定から起たせることができなかったのか。罔明は十地の初地という初歩の菩薩でありながら、どうして逆に女人を禅定から出すことができたのか」。もしこのところがぴたりと見てとれたら、その人は果てしない宿業《しゅくごう》の意識そのままで大龍（すぐれた）三昧《ざんまい》であろう。

この公案、禾山《かさん》下の室内に禾山独自のみごとな調べが伝えられている（この則は320にもある）。

176　古木倚寒巌　三冬無暖気（古木の寒巌に倚《よ》る、三冬暖気なし）──葛藤集154──

むかし、ひとりの老婆がいて、ある庵主（男僧）を供養して二十年にも及んだ。その間つねにひとりの美少女に食事を運ばせて、僧の身の回りの給侍に従わせてきたが、もはや機も熟したと見てか、ある日乙女《おとめ》にいいふくめて、僧にしっかと抱きつかせて、「正与麽《しょうよも》のとき如何」。こんなときにどうでございますと問わせた。すると、その僧の答えていうには、「枯木の寒巌に倚る、三冬暖気なし」。枯れた木が冷たい巌《いわお》に寄り添うようなもの。冬の三ヵ月のように冷たく澄みきった心境で、情におぼれるような暖かさなどまったくないと。

乙女は帰って僧の言葉を報告した。すると、老婆はひどく立腹して、「我れ二十年、ただ箇《こ》の俗漢を供養したり」。二十年の間、営々と苦労して、こんな一箇の俗物を養うただけだったか、といって、その僧を追い出して、それでもたりずに、庵まで焼いてしまったという。さあ、どう答えたら、どうしたら、婆様《ばあさま》の意にかなうだろうか。

177　前三三《ぜんさんさん》　後三三《ごさんさん》　——碧巌録35——

ある日のこと、無著《むじゃく》和尚（七二七—？）は五台山中で文殊菩薩に出会った。文殊が無著に聞いた、「どこから来たか」。無著は答えた、「南方からです」。文殊、「南方の仏法はどんなふうだ」。無著、「末法の比丘《びく》のこととて、戒律を守る者は希《ま》れです」。文殊、「どのくらいおるか」。無著、「三百人から五百人ぐらいでしょうか」。今度は無著がたずねた、「ここではどうですか」。文殊、「凡夫と聖者といっしょにおり、龍も蛇もまぜこぜだ」。無著、「それはどのくらいですか」。文殊、「前に三人三人、後《うし》ろに三人三人だ」。無著のいう仏法は小乗の比丘戒により、文殊の説くのは大乗の菩薩戒によっている。そこでは「凡聖同居《ぼんしょうどうご》、龍蛇混雑」がそのまま戒であり定であり慧である。無辺の衆生がそのままで仏法を生きている世界である。それなら「前三三、後三三」とは幾人のことか（この則は234にもある）。

178　屈棒屈棒（屈棒《くっぽう》、屈棒）　——碧巌録75——

ある僧が定州《じょうしゅう》和尚（北宗神秀下）の所から烏臼《うきゅう》和尚（南宗馬祖下）の所へ来た。烏臼がたずねた、「定州の所とわしの所と比《くら》べてどうじゃな」。僧はいった、「別に変わったこともありません」。それを聞くと、烏臼は馬祖下の大機《だいき》大用《だいゆう》（偉大な機用《はたらき》）を発揮して、「別に変わりがないなら、こんな所におらずに、も一度あそこへ帰れ」といって、ぴしゃりと一棒をくらわせた。僧はいった、「ほんとに棒を使う眼をお持ちなら、人を見て打つべきです。いいかげんに人を打ったりしてはなりません」。烏臼は、「わしはきょうほんとに打ちがいのある奴を一人見つけた」といって、重ねて三つ打った。僧はもう和尚の手の内見えたと、さっさと出ていこうとした。烏臼はいった、「めちゃくちゃ棒でも甘んじて受ける奴がおるぞ」。そこで僧は向き直って、「棒は老師が握っておられるのですから、どうしようもありません」と、賓位のまま一拶を返した。烏臼は「お前さんが欲しいのなら回してやるぞ」と、別に主位にこだわらぬ。僧はそんなら今度はこっちが主位だとばかり、近づいて烏臼の手中の棒を奪い取り、烏臼を三つ打った。烏臼は恐れおののくふりをしていった、「屈棒屈棒（めちゃくちゃ棒じゃ、めちゃくちゃ棒じゃ）」。みごとな賓位ぶりである。ここがこの則の見所《みどころ》である。ここで古仏の境涯を拝まねばならぬ。僧はさっきのしっぺ返しをしていった、「めちゃくちゃ棒でも受ける人がおありですぞ」。烏臼はわびていった、「君のようなできた人物にいいかげんの棒を行じて、すまなんだ」。そこで僧は賓位に戻ってすっと礼拝した。これもまたみごとだ。烏臼はまた、「なんだ、そんなことですますのか」と、ふたたび主位に戻って切り込む。僧はもう相手にしない、大笑いして出ていった。烏臼はいった、「よう使うた、よう使うた」。

でかした、でかしたと（この則は259にもある）。

179 徳山便回方丈（徳山便《すなわ》ち方丈《ほうじょう》に回《かえ》る）――無門関13――

ある日、何かの事情で食事がおくれた。徳山和尚は持鉢《じはつ》を捧げて食堂《じきどう》に出てきた。典座《てんぞ》は雪峰《せっぽう》であったが、「この老漢《おやじ》、まだ合図《あいず》の鐘も太鼓《たいこ》も鳴らんのに、持鉢を持ってどこへ行かれるのですか」ととがめた。すると、老徳山は弟子にやり込められて、なんともいわずに、すっと方丈に帰った。

古来、徳山の「帰方丈」といって、室内でやかましい調べがある。古人は、ここで徳山のぬけきった境涯を拝むといって、「始随芳草去、又逐落花回」（はじめは芳草に随って去り、又《ま》た落花を逐《お》うて回る。262参照）という語を著《つ》けた。だが、それでもたりぬといって、「傭他痴聖人、担雪共塡井」（他の痴聖人《ちしょうにん》を傭《やと》うて、雪を担《にな》って共に井《せい》を塡《うず》む。180参照）と著《つ》け替えた。

「著語《じゃくご》」といって、本則透過の後でその見地や境涯にふさわしい芸術的な漢語を選んで著けて、師家に呈して点検を乞う修行の一法である（この則は358にもある）。

180　傭他痴聖人　担雪共塡井（他《か》の痴聖人《ちしようにん》を傭《やと》うて、雪を担《にな》って共に井《せい》を塡《うず》む）——毒語心経——

善財童子が五十三の善知識を訪れた際に、まず可楽国の和合山に徳雲比丘《びく》をたずねたが、七日間もその姿を見つけることができなかった。やっととある山頂の一角で経行《きんひん》している姿を見つけて、「峰から峰へと雲の飛ぶように遊行《ゆぎよう》されていて、今日までお姿を拝することができませんでした」というと、比丘は「わしはこれまで一度も妙峰頂《みようぶちよう》（206・288参照）を下ったことがない」という。峰から峰への遊行がそのまま妙峰孤頂の独坐である。「途中に在って家舎を離れず」（101参照）である。これを「善財、徳雲に相見《しようけん》す」という。「真空平等」の妙峰孤頂に腰をすえないで、山を下って「妙用差別」の只中《ただなか》で、衆生済度に忙しい徳雲比丘の境涯は、使い古してもう尖《さき》のすりつぶれた役に立たなくなった「閑古錐《かんこすい》」（無用になった古い錐《きり》。110参照）のようである。悟りのピカピカ（150参照）などとっくに捨てて和光同塵（185参照）、大馬鹿者になりきったそんな聖者を傭《やと》ってきて、いっしょに雪を担《かつ》いで井戸を塡《うず》めようというのである。報いを求めぬ下座の奉仕行に精を出す仏向上《ぶつこうじよう》の人の境涯をいうのである。白隠はこの語を尊重して、禅道仏法の最高の境涯である「五位」の最高位「兼中到」（40参照）の著語《じやくご》に代えた。

Ⅶ　不立文字――『碧巌録』の公案1

不立文字《ふりゅうもんじ》――禅の真理は「以心伝心」で、
師の赤心と弟子の赤心とがぴたりと呼応して
はじめて伝わる。そこで禅者はけっして文字にたよらず、
しかも文字を自由に使ってゆく。

181　寒時寒殺闍梨　熱時熱殺闍梨（寒時は闍梨《じゃり》を寒殺《かんさい》し、熱時は闍梨を熱殺す）——碧巌録43——

ある僧が洞山良价《とうざんりょうかい》和尚にたずねた、「寒さ暑さが到来したとき、どうそれを回避したらよいでしょうか」。洞山はいった、「どうして寒さ暑さのない所に行かないのだ」。僧はたずねた、「寒さ暑さのない所とは、どんな所ですか」。洞山、「寒いときはあんた自身が徹底〝寒い〟になりきり、暑いときはあんた自身が徹底〝暑い〟になりきることだ」。黄龍悟新《ごしん》和尚（一〇四三―一一一四）はこの則を頌《うた》った偈《げ》の中で、「安禅は必ずしも山水を須《もち》いず、心頭を滅却《めっきゃく》すれば火も自《おのずか》ら涼し」（41参照）といった。実はこの句は、杜荀鶴《とじゅんかく》という詩人の「悟空上人の院に題する夏日の詩」の転結の二句で、起承の二句は「三伏門を閉じて一衲を披《き》る、兼ねて松竹の房廊を蔽《おお》うなし」（夏の土用の暑い日は、門を閉《とざ》して一枚の破れ衣を着る。そのうえ、房廊をおおう松や竹さえもないありさまだ）というのである。強がりや負け惜しみでなく、本当にこの境地を体得することは容易ではないが、好きなことに真剣に打ち込んで、無我夢中になって働いていて、みずから暑さ寒さを感じなかったというような経験を考えたら、少しは想像がつくであろう。

ちなみに『碧巌録』という本は、臨済宗の圜悟克勤《えんごこくごん》和尚（一〇六三―一一三五）が『雪竇《せっちょう》頌古《じゆこ》』という本をテキストにして門下生に講じた提唱録である。生きた禅そのものを聴衆の面前に提《ひっさ》げ示し、散文で説かず韻文すなわち詩で唱うのが「提唱」である。『雪竇頌古』は、雲門宗の雪竇重顕《せっちょうじゅうけん》和尚が百則の古則公案を選んでそれに頌《じゅ》（宗旨をこめた漢詩）を付したもの。圜悟和尚は、その一則ごとに「垂示《すいじ》」（その公案を見る禅的な心構えを与える前書き）と「下語《あぎょ》」（公案と頌の一句ごとに付した寸評）と「評唱」（公案全体と頌の全体を禅的に解説・鑑賞・批評したもの）とをつけて提唱している。古来の禅門ではこの書を特に「宗門第一の書」と呼んで尊重してきた。

182　劫火洞然　大千倶壊　未審這箇壊不壊（劫火洞然《ごうかとうねん》として大千倶《とも》に壊《え》す、未審《そも》這箇《しゃこ》壊《え》か不壊《ふえ》か）――碧巌録29――

ある僧が大隋《だいずい》和尚（八三四―九一九）に、「世の終りの壊劫《えごう》の大火が広々と燃えさかって、大千世界はいずれも破滅するというが、そのときいったいこのものは破滅するのかしないのか」と問うた。大隋は答えた、「破滅するさ」。僧、「それなら世界とともに破滅するのですね」。大隋、「そうだ、世界とともに破滅する」。這箇《しゃこ》（このもの）というのは、自己の本性すなわち仏性《ぶっしょう》のことだ。趙州は、「未だ世界あらざるに早《すで》にこの性《しょう》あり、世界壊《え》する時この性壊せず」といった。この坊さんも、霊魂は永遠に不滅で、宇宙が壊《こわ》れても仏性は不壊だ、という答えを期待していた。が、案に相違して、大隋は仏性も宇宙といっしょに壊れてしまうという。死の日がきて火葬場で焼かれるとき、さあ自己の本性は壊《え》か不壊《ふえ》か。ごうごうばりばり焼かれて壊しながら壊せざるものを把《つか》んでおかなければ、そのときになって七顚八倒あわてふためいてももうまにあわぬ。

183　色身敗壊　如何是堅固法身（色身は敗壊《はいえ》す、如何なるか是れ堅固《けんご》法身《ほっしん》）――碧巌録82――

ある僧が大龍和尚にたずねた、「肉身は無常でついには破滅する。絶対不滅の法身とはどんなものですか」。大龍はいった、「山の花は、錦を織りなしたように美しく咲き、谷川の水は藍《あい》のように澄んで湛《たた》えている」。大龍の答えについては前に鑑賞した（162参照）ので、ここでは無常の色身《しきしん》（肉体）と無生《むしょう》（生ずることのない、従って滅することもない）の法身《ほっしん》（法すなわち真理の身）について考えてみる。問題はこの僧が壊れる色身と壊れない法身とを二つに見ているところにある。前則182の大隋和尚とともに、本則の大龍和尚もまた、刻々敗壊する色身そのものの真只中《まっただなか》で金剛不壊の法身を把捉させようとするのである。東坡居士の詩のように、「谿声便ち是れ広長舌、山色豈に清浄身に非んや」（117参照）である。夜半の嵐に散る無常の桜がそのまま散り散り常住、堅固法身の当体なのである。要は人境一如《にんきょういちにょ》、己れを空《むな》しゅうして、そのものそれになりきることである。

184　**衆生顛倒　迷己逐物**（衆生顛倒《てんどう》して、己れに迷うて物を逐《お》う）――碧巌録46――

鏡清《きょうしょう》和尚が門下の僧にいった、「門《ドア》の外で音がするのは何の音か」。僧、「雨だれの音です」。鏡清、「衆生《しゅじょう》は自己を見失って、外に物ばかり追っている」。僧、「では、老師はどうなのです」。鏡清、「わたしはほとんど自己を見失わぬ」。僧、「それはどういう意味ですか」。鏡清、「解脱はまだしもやさしいが、解脱の心境をそっくりそのまま語ることはむずかしい」。

通常はこちらに人《にん》（主観）がいて向こうの境《きょう》（客観）を認識すると考える。しかし、実はそのように人と境と主観と客観とを対立させて二つのものとみる見方が問題なのである。

禅者はそうみない。人境一如、物我相い忘じて、ジョビン・ジョビンと、天地一枚の雨声になりきる。そこに二にして一なる真人《しんにん》（真の主観）と真如《しんにょ》（真の客観）が現前する（自己の身心・他己の身心を脱落する）。

道元も歌った、「聞くままにまた心なき身にしあれば己れなりけり軒の玉水」（128参照）。

185　出身猶可易　脱体道応難（出身は猶《な》お易《やす》かるべし、脱体に道《い》うことは応《まさ》に難《かた》かるべし）――碧巌録46――

鏡清和尚が、「門外《もんげ》何の声ぞ」ときくと、弟子が「雨滴声」と答えた前則184の問答の後半で、「洎《ほと》ど己《おのれ》に迷わずと、意旨如何」と問われて和尚の答えた句である。出身――この迷いの世間から身を出す――すなわち解脱の境地の体得はまだしもやさしいが、その出身・解脱の心境をありのままに、そっくりそのまま、言葉で表現することはむずかしい、というのである。体験よりもその体得したものを如実に表現することのほうがかたい、というのだ。これは「まったく迷わない」という小乗羅漢《らかん》の境涯に住《とど》まっていては、絶対に不可能である。「和光同塵」（180参照）みずからの悟りの光を和《やわ》らげて塵の世すなわち衆生の顚倒妄想の迷いの世界に一如して、しかもみずから体験したその出身悟りの境涯を、みごとにそこに示現して見せるのでなければならない。そこを鏡清は「洎《ほと》ど迷わず」といったのである。味わい深い言葉である。

186　話尽山雲海月情（話《かた》り尽す山雲海月の情）――碧巌録53――

馬祖は野鴨の飛んでゆくのを見て、弟子の百丈にたずねた、「あれは何だ」。百丈、「野鴨です」。馬祖、「どこへ行く」。百丈、「飛んでゆきました」。馬祖は百丈の鼻をぎゅっとひねった。百丈は「痛い」と叫んだ。馬祖、「いつ飛んでいったか（ここにおるではないか。その「痛い」といった奴は何者だ）」（153参照）。この本則に雪竇《せっちょう》のつけた頌《じゅ》に、「野鴨子《やおうす》、知《し》んぬ何許《いずこ》ぞ、馬祖見来って相共に語る。話《かた》り尽す山雲海月の情、依然として会《え》せず還って飛び去《ゆ》く。飛び去かんとせば却って把住《はじゅう》す、道《い》え道え」とある。野鴨はどこへ行くのか、馬祖はそこをみてとって百丈と共に語った。山雲海月の情、心のたけを語り尽したが、百丈はあいかわらず理解できず、「飛んでいった」などとへまをいう。飛んでいこうとする百丈を馬祖は逃《の》がさじと把《つか》まえていった、「さあいえ、さあいえ」とでもいうところであろうか（この則は153にもある）。

187　日面仏　月面仏（日面仏《にちめんぶつ》、月《がち》面仏）――碧巌録3――

馬祖大師は明日《あす》をもしれぬ重病の床に苦しんでいた。心配した院主が見舞にきた、「老師、このごろご容態いかがですか」。馬祖は答えた、「日面仏！　月面仏！」。日面仏・月面仏は、『三千仏名経』に出てくる仏の名で、日面仏は寿命一千八百歳、月面仏は一昼一夜という。いったい馬大師は何をいおうとしたのか。菅原時保老師は、「日面仏、月面仏。訳すれば、ああ死にともない、死にともない」と提唱している。

飯田欓隠《とういん》老師（一八六三—一九三七）はかつて痔の手術をして、「痛い痛い！　何もないというのはまっかなウソだ」とわめいたという。痛い痛いと天地一枚の痛いになりきるとき、痛みはあってありつぶれる。「慧《え》玄《げん》が這裏《しゃり》に生死《しょうじ》なし」（18参照）である。古人はここに「万箭《せん》、胸に攢《あつま》る」と語を著《つ》けた。一万本の矢がわが胸に集中した心境だという（この則については113も参照）。

188　不道不道（道《い》わじ、道わじ）——碧巌録55——

道吾《どうご》和尚（七六九—八三五）は弟子の漸源《ぜんげん》（生寂不詳）をつれて、ある家に行って弔意を述べた。そのとき漸源が棺桶を打って、「生か死か」と問うた。道吾は答えた、「生ともいわぬ、死ともいわぬ」。漸源、「なぜいわぬのです」。道吾、「いわぬ、いわぬ」。寺に帰る途中で漸源はいった、「老師、早く私にいってください。もしいってくださらなければ、ぶんなぐりますぞ」。道吾、「なぐるなら勝手になぐるがよい。いわぬことはいわぬ」。そこで師匠をなぐった。のちに道吾が死んだので、漸源は先輩の石霜慶諸和尚の所に行って、前の話をした。石霜はいった、「生ともいわぬ、死ともいわぬ」。漸源、「なぜいわぬのですか」。石霜、「いわぬ、いわぬ」。漸源はその言下に悟った。

ある日、彼は鍬を持って、法堂《はっとう》の中を東から西へ、西から東へ歩いていた。石霜、「何をしている」。漸源、「道吾先師の霊骨を探しています」。石霜、「洪波浩渺《こうびょう》、白浪滔天《とうてん》だ（大波はゆったりと広く大きく、白波が天まであふれている。すなわち真如仏性は天地に充満しているのに）、なんで先師の霊骨など求める必要がある」。漸源、「そここそが私の骨折りどころなのです（それぞれ、私もそれがいいたかったのです）」。

189　花薬欄《かやくらん》――碧巌録39――

雲門和尚にある僧がたずねた、「清浄法身《しょうじょうほっしん》とはどんなものですか」。雲門は答えた、「花薬欄だ」。僧、「すらりとそのとおりに承知しましたら、どうですか」。雲門、「金毛の獅子だ」。花薬欄というのは、便所の袖垣（または花樹で作った生垣）のこと。最も清浄なもの清浄法身を問うているのに、最も不浄なもので答えている。浄穢不二《じょうえふに》の境地を聞いているのに、浄穢相対の世界をもって答えている。そこで圜悟《えんご》和尚も、「塊圾堆頭《がいきゅうたいとう》に丈六の金身《こんじん》を見る（ごみために仏がいらっしゃる）」と著語《じゃくご》している。

「では仰せのとおり、この不浄の肉身を清浄法身といただいてよろしゅうございますか」と僧は重ねて問うた。雲門はいう、「金毛の獅子」と。いったい金毛の獅子と花薬欄は同か、別か。

190　六不収《ろくふしゅう》　――碧巌録47――

雲門和尚にある僧がたずねた、「法身とはどんなものですか」。雲門は答えた、「六に収まらぬ」。六とは何か。六合の意か、六識の意か。ともあれ、この語は「法身は宇宙を超越し、見聞覚知に収まらぬ」の意であろう。しかし、そんな分別見解《けんげ》をしたら、地獄に入ること矢のごとしだ。そこで禅匠は「『六《ろく》・不《ふー》・収《しゅう》』の三声で、自己を殺し尽せ」と教える。禅とは、自我に死んで真の自己に生き返る道である。「法身」とは、その自我に死にきった、すなわち「空」とか「無我」とかいわれる境涯の端的な現前を示す語である。「六不収」と死にきって「六不収」と蘇《よみがえ》る。そのとき雲門のこの難解な禅語に引きまわされることなく、彼が問僧の面前に、この一声によって活法身を示現したその大力量に眼を開くことができるであろう。

191　只講得法身量辺事　不見法身（只《た》だ法身《ほっしん》量辺の事《じ》を講じ得て、法身を見ず）　――碧巌録47――

雲門和尚の同参に太原の孚《ふ》上座《じょうざ》（生寂不詳）という、もと仏教学者がいた。孚上座は講座

失笑した。

来）を窮《きわ》め、横は十方に亘《わた》る」といった。その座にいた一人の禅客がこれを聞いて、思わずで『涅槃経《ねはんぎょう》』の講義をしたとき、「法身」の説明にあたって、「竪《たて》は三際（過去・現在・未

上座は座を下って問うた、「私の先刻の講釈になにか誤りがありましたでしょうか」。禅客、「座主《ざす》よ、あなたは『法身量辺の事（量的な面。質辺の事に対していう）』は講ずることがおできだが、法身そのものを見ておられない」。「どうしたらよいか」との問いに答えて、かの禅客はいった、「しばらく講釈はやめて、静室で坐禅なさい。必ず自身で見える日が来ましょう」。

上座は真剣に坐禅した。ある晩、自己を忘じて、三昧中に暁方《あけがた》の鐘の声を聞いて大悟した。そこで禅客を訪ねて、「私は悟りました」といった。禅客が「試みに一句いってみよ」と問うと、上座は答えた、「私は、きょうからは、父母に生んでもらった鼻の孔《あな》はひねくらない」と。〝父母未生《みしょう》以前の本来の面目〟（160参照）を体得したというのである。

192　不許夜行　投明須到（夜行を許さず、明に投じて須《すべか》らく到るべし）――碧巌録41――

趙州和尚が投子《とうす》和尚にたずねた、「禅的大死を経験した人が大活したときは、どうですか」。投子は答えた、「夜歩きはいけません。夜があけて明るくなってから行かねばなりませ

んぞ」。

良寛和尚に、「月よみの光りを待ちて帰りませ山路は栗のいがの多きに」という歌があった。年老いた弟の由之に送ったもので、良寛という人の心の温かさがしのばれる。それはともあれ、「死んで生きるが禅の道」である。禅経験というのは、「大死一番、絶後に蘇息する」体験である。公案に和して坐禅し、公案と自己と一枚となる、天地と我れと一如、一度はこの天地ひた一枚の「真空無相」の禅定三昧に入って、その大死一番の絶対無から、なにかの感覚の機縁によって一気吹き返して大活現前、「真空妙有《みょうう》」と再生せねばならぬ。暗（平等―死）から明（差別―生）へ、である。

193　泥仏不渡水　金仏不渡鑪　木仏不渡火（泥仏、水を渡らず、金仏《こんぶつ》、鑪《ろ》を渡らず、木仏、火を渡らず）――碧巌録96――

泥で作った仏は水中を通れない、金の仏は熔鉱炉の中を通れない、木づくりの仏は火の中を通れない。通ればとけて、とろけて、焼けて、なくなってしまうからである。これを「趙州和尚の三転語」という。原典では、これをあげた最後に「真仏、屋裏《おくり》（『趙州録』では「内裏」）に坐《いま》す」といったとある。しかし、そこまでいいきってしまっては、「あまりに耳ざわりだ」と考えたのか、『碧巌録』では省《はぶ》いてある。しかし、趙州がほんとうにいいたいのは、さきの最後の一句だ。屋裏はもと〝家の中〟の意だが、屋裏も内裏も、ここではともに〝自身の内〟の意であろう。それは、真の仏は、そのどろどろばりばりとけてとろけて焼けてしまう、無常敗壊《はいえ》の泥仏・金仏・木仏、すなわちこのわれわれの肉体の内にあるというのである。

194　拈燈籠向仏殿裏　将三門来燈籠上（燈籠を拈《と》って仏殿裏に向かい、三門を将《も》って燈籠上に来《きた》す）――碧巌録62――

雲門和尚は門下の僧たちにいった、「〔肇法師《じょうほっし》の『宝蔵論』にあるように〕この広大な天地のうち、宇宙の間に一つの宝があり、それはわれわれの肉体に秘蔵されている。〔ところで、その働きだが、それはあたかも〕燈籠を持って仏殿に行き、三門を燈籠の上に持ってくるようである」。「形山《ぎょうざん》（肉体）に秘在する一宝」とは、臨済のいわゆる「赤肉団《しゃくにくだん》（肉体）上の一無位の真人《しんにん》」（78参照）である。そこまではわかる。そして、その働きを形容して、燈籠を持っていって仏殿の内に安置するというのも、まだわかる。しかし、大きな山門（三門）を小さな燈籠の上に持って来るというのは、いったいどんな働きか。ここに雲門の機語（禅機を秘めた語）の意図がある。そういえば、臨済和尚にも、「毛、巨海を呑み、芥《け》に須弥《しゅみ》を納《い》る」（71参照）という語があった。

195　厨庫三門（厨庫《ずく》・三門）――碧巌録86――

雲門和尚は門下の僧に垂示《すいじ》していった、「人は誰でも一大光明を持っている。だが、それを見ようとすると見えない、真黒《まつくろ》だ」。みんなが黙っていたので、自身で代っていった、「庫《く》裡《り》（台所）だ、三門（山門）だ」。また重ねていった、「好事《よいこと》もないにこしたことはない」。人々《にんにん》本具（みな本来持っている）の一宝の光明は、対象的に見ようとすると見えない、真黒だ。そこをまた「大円鏡光、黒うして漆のごとし」ともいう。対象的に観照《テオリヤ》としては把めないが、主体的にそのものそれとなって働けば、光明赫々《かくかく》だ。厨庫・三門（空門・無相門・無《む》作《さ》門のお寺の山門のこと）だ。真如実相は、どこにでもギロリと現前して輝いている。「打つ水に映りたまふや夏の月」。そして、それがまたそのままただちに真人の光明そのものである。こういうと人はまたそれにとらわれる。そこで「好事もなきに如《し》かず」と、最後にすべてを掃除したのである。

196　汝是慧超（汝は是《こ》れ慧超《えちょう》）――碧巌録7――

法眼和尚にある僧が問うた。「わたくし慧超が老師様におたずねいたします。仏とはどんなものでありましょうか」。法眼はいった、「お前は慧超だ」。仏教とは〝仏陀の教え〟である。仏陀とは〝覚者〟の意で、自覚・覚他、悲智円満者（自ら覚《さと》り他を覚らしめ、大智と大悲と円満に完成した人格）をいう語である。前にみた「形山《ぎょうざん》に秘在」して「敗壊の色身即不《ふ》壊《え》の法身」といわれ、「人々本具の光明」たる「一宝」すなわち「屋裏の真仏」である。「仏性」とか「法性」とか「無明の実性即仏性、幻化《げんげ》の空身即法身」とかいわれる〝那《な》一物《いちもつ》（あの一つのもの）〟である。古人は「凡心に即して仏心を見る、故にいう諸仏は心頭にありと。迷人は外に向かって拝む、内に無価の宝を懐《いだ》いて知らず一生休す」ともいった。そこを法眼はズバリと、「お前は慧超ではないか」ときり返した。自己以外にどこに仏があるか、というのである。

197　若立一塵　家国興盛　不立一塵　家国喪亡（若《も》し一塵を立《りっ》すれば、家国興盛《こうじょう》し、一塵を立せざれば、家国喪亡す）――碧巌録61――

風穴和尚が垂示していったことばである。この語をとりあげて雪竇《せっちょう》和尚は拄杖《しゅじょう》（雲水が行脚に用いる錫杖）を握っていった、「同《とも》に生き同に死ぬ禅僧がおるか」。前則196で、「わたくし慧超が仏をおたずねします」といいだした、その当の慧超自体をほかにしてどこにも仏はない、といった。とはいっても、その自己はただの素凡夫《すぼんぷ》ではない。山門を持ってきて燈籠の上にのせる機用《きゆう》（働き）をする自己なのだ。一法を立てれば家国興盛する〝建立《こんりゅう》門〟（肯定）の働きも、一法を立てなければ家国喪亡する〝掃蕩《そうとう》門〟（否定）の働きも、自由自在に使いこなす力を持った「真人」である。この建立と掃蕩（放行《ほうぎょう》と把住《はじゅう》ともいう）の二つを、雪竇は一本の杖にまとめていった、「さあ、同生同死底《てい》の禅者がおるか、おるなら出てこい」。ここにして、真の自己とは、雪竇手中の一本の拄杖子となってしまった。これが雪竇の禅機である。

198　薬病相治（薬病相《あ》い治《じ》す）——碧巌録87——

雲門和尚は門下の僧にいった、「薬と病気とともに治《なお》す。大地全体が薬である。どれが自己か」。まず、薬病相治とはどういうことか。病に応じて薬を与え、病が治ったらもう薬は要《い》らぬ。薬が要らぬだけでなく、薬を用いたための中毒、つまり薬毒を抜かねばならぬ。それも治ってはじめて健康体といえる。病気が治り薬毒もすっかり抜けたところを「薬病相治す」という。身体の病気だけでなく、心の病気も同じことで、迷いを転じて悟りを開くのはよいが、その悟りにとらわれると、悟り臭くて鼻もちならぬ野狐禅《やこぜん》（228・344参照）になる。そこでその悟りの臭みを抜く、悟りの跡かたを払う。迷悟同忘——そこが薬病相治の境涯である。そこを雲門は「尽大地是れ薬」という。

すべてが薬なら病気はどこにもない。では、いったいこの自己は迷者か悟者か。というのは、悟って悟りぬいて、迷も悟も忘れはてた向上（悟りのその上）の境涯に眼をつけろ、ということだ。これをまた、「悟了同未悟」（悟り了《おわ》れば未だ悟らざるに同じ）ともいう（94・261参照）。

199　無不是薬者（薬ならざる者《もの》なし）――碧巌録87――

文殊菩薩はある日、善財童子《ぜんざいどうじ》に、薬草を採《と》りにやろうとして、「薬にならぬ物を採ってこい」といった。善財はあまねく諸方を探したが、薬にならない物は一つもなかった。毒で薬になりそうもないと思われるものも、よくよく調べてみると、みんな薬になることがわかったので、帰ってきて報告した、「薬にならぬ物はありません」。文殊はいった、「それなら、薬になる物を採ってこい」。そこで善財は、一枝の草をつまみあげて文殊に渡した。文殊はそれをとって、みんなに示していった、「この薬は人を殺すこともできるし、また人を活かすこともできる」。「尽大地是れ薬」「煩悩即菩提」である。無明・煩悩は人を殺しもするが、またよく人を活かしもする。

読者諸賢、いってみてほしい、この文殊（般若の智慧の象徴）手中の「一枝草」と前々則197の雪竇手中の「拄杖子」と、同か別か。

200　妙触宣明《せんみょう》　成仏子住《じょうぶつしじゅう》　――碧巌録78――

雪竇和尚はいう――昔、十六人の菩薩（求道者《ぐどう》）がいた。定めの作法に従って浴室に入ったが、その中の跋陀婆羅《ばつだばら》菩薩が、ふっと水因を覚して法を悟った。諸君、かの菩薩が「妙触宣明に、仏子住《ぶつしじゅう》を成《じょう》ぜり（妙なる触覚のあきらかさに、仏子の位に住することを成就した）」といったのを、どう会得するか。やはりここは七穿《せん》八穴《けつ》、すなわち骨身に徹した修行が必要だぞ。

跋陀婆羅菩薩をはじめ十六人の菩薩が粛然と水浴していた折、身体に触れる冷たい水の触覚の縁によって、まず跋陀婆羅が悟った。と同時に、他の十五人も成仏したという。『楞厳《りょうごん》経《きょう》』の所説である。わが国にも、風呂に入って、熱からずぬるからず、ちょうどよい湯かげんに恍惚となったとたんに悟った人がある。悟りの縁はどこにもある。桃の花を見るのは色因、竹に小石は声因《しょう》。その他、火因もあれば水因もあろう。ともに触因、いな触縁というべきか。すべては時節因縁どこで悟りが開けるかわからないから、正念工夫《くふう》を怠ってはならぬということである。経にもいう、「仏性の義を知らんと欲せば、当《まさ》に時節因縁を観ずべし」（94参照）。といっても、見性は、たしかに時節因縁によるが、定力《じょうりき》は、精進に正比例して身につくことを忘れてはならぬ。定力がつけば必ず悟れる。

201　非物　云何非汝（物にあらず、云何《いかん》が汝にあらざらん）――碧巌録94――

釈尊はいう――〔もし〈見る〉ということが君（阿難）のいうように「物」（客観的存在・対象）なら、そのときは君もまた私の〈見る〉（働き）を（対象として）見るだろう。それなら〕私が見ないときにだって、なんで私の〈見ない〉（働き）を見ないことがあろう〈〈見る〉ということがもし物なら、反対の〈見ない〉ということも同様に物であって、君にちゃんと（対象として）見えるはずだからだ〉。しかし、もし〈見ない〉（働き）を見るというなら、それは当然、仏陀の〈見ない〉という相ではないことになる〔〈見〉が見えたら、それはもう〈不見〉の相とはいえぬからだ〕。そこで、君がもし私の〈見ない〉（働き）を見ないというなら、〈見る〉ということは必然的に君がいうように「物」ではないという結論になる。どうして君（物でない人すなわち主体）でないはずがあろうか〔〈見る〉ということの本性は、けっして君のいうように客観的対象にではなく、君自身すなわち主体そのものにあるのだ〕（『楞厳経』）。

この公案は経の本文が梵語からの直訳で、これだけではきわめてわかりにくい。ただ、ここでは「見《けん》の性《しょう》」（能見の自性・主観の本性）が問題になっている。そしてこの文章の眼目は、阿難がそれを「物」（客観としての対境）にあって自己（主体すなわち人）にはないと見ている妄見を破るための仏陀の説法にある。要は、見（ないし見聞覚知）の性は観照的《テオリヤ》に向こうにではなく、主体的に行為的直観的（西田哲学の術語）に手もとに把捉すべきである、というにある。だから圜悟《えんご》もズバリ「脚跟下自家に看取せよ」（よそ見をするな、自己の脚下を見よ）といっている。

202 先世罪業　則為消滅（先世《せんぜ》の罪業、則ち為に消滅す）——碧巌録97——

もし他人に軽んぜられ賤《いや》しめられるようなことがあったら、その人に前世における罪業があって、三悪道（地獄・餓鬼・畜生）に堕《お》ちるのが当然なのに、現世の人に軽んぜられ賤められたので、前世の罪業がそのために消滅する、と思うがよい。『金剛経』の一節である。

雪竇は頌《うた》っていう、「明珠《みようしゆ》（仏性、般若の智見）は人々の掌中にある、信賞必罰、功ある者は賞される。だが胡人（迷）も漢人（悟）も来ないでは、あたら明珠も腕の示しようもあるまい。腕の示しようもないからには、悪魔もつけこむすきがない。ゴータマよ、ゴータマよ。こんなすばらしい私の境涯をご存じか」。

またいう、「見破ったぞ」。凡聖迷悟いっさいの跡を払った「大空無相」の境涯には、釈尊金口《こんく》の説とやらいう罪業による因果応報の高説も、とんと問題にならぬわい、とでもいうのであろうか。

203　大士講経竟（大士、講経竟《お》わんぬ）――碧巌録67――

梁《りょう》の武帝が傅《ふ》大士《だいし》（生寂不詳）を拝請《はいしょう》して『金剛経』の講義をしてもらった。大士（菩薩の訳語）はただちに講座の上で机を一つ打つと、さっさと座をおりた。武帝が驚いていると、そばにいた誌公（武帝の宗教顧問）がいった、「陛下、おわかりですか」。帝はいった、「わからぬ」。誌公はいった、「大士は経を講じ終られたのです」。せっかく天子がお経の講義を願っているのだから、序分・正宗《しょうじゅう》分・流通《るずう》分と、親切に講じてやればよいではないか。見台をコツンで「はい、講義は終り」などと、いかにも悟り臭くて嫌味でたまらん、だから禅坊主は鼻もちならぬ、という批評が出るかもしれない。しかし、「案を打つこと一下して便ち下座す」るところに、大士のいかにも活き活きとした説法のあることをみなくてはならぬ。山岡鉄舟居士は『臨済録』の講義を乞われて、「わしは剣道家だから剣で講義をする」といった（44参照）。お経や祖録を紙の上だけにあると考えていては、禅はわからない。

204　対揚深愛老倶胝（対揚、深く愛す老倶胝《ぐてい》）――碧巌録19――

倶胝和尚は、はじめ一庵に住していたとき、実際《じっさい》という名の尼僧の訪問を受けた。彼女は庵についても笠をとらず、錫杖をもって倶胝の禅床《いす》のまわりを三遍回っていった、「一句いい得たら笠をとろう」。こうして三度たずねられても、倶胝は答えられなかった。実際尼は、話にならぬ、と立ち去ろうとした。倶胝はいった、「日もだんだん暮れてきた。まあ一晩宿っておゆきなさい」(りっぱに一句いい得ている!)。尼はいった、「一句いい得たら宿りましょう」。倶胝はやはり答えられなかった。尼は立ち去った。倶胝は歎いていった、「私は男子と生まれて男子の気概がない」。そこで発憤して大事を究めようと決心した。

行脚に出ようとしたが、土地神の夢告で近く肉身の菩薩が来ると聞いて、待つうちに天龍和尚が来た。お迎えして前事を語ると、和尚はただ指を一本立てた。これを見て倶胝は忽然と悟った。その後、倶胝はなにを聞かれてもただ指を一本立てた。そしてそれで一生を通した(155参照)。雪竇はいう、「ただ一指頭によって応対して宗旨を挙揚《こよう》したすばらしさ、私は深く倶胝老を愛してやまぬ」と(この則は323にもある)。

205　待近来与你勘過(近づきくるを待って、你《なんじ》が与《ため》に勘過せん)――碧巌録33・葛藤集153――

陳操《ちんそう》尚書(尚書は官名)は、黄檗の居士裴休《はいきゅう》(七九七―八七〇)や薬山の居士李翺《りこう》などと同時代の禅客で、睦州《ぼくじゅう》印可の大居士であった。禅僧が来ると、お斎《とき》を供養し銭三百文を布施して、その悟道の真偽深浅を試みるのが常であった。あるとき配下の官吏とともに楼に登っていて、数人の僧がやってくるのを望見した。一人の官吏がいった、「やってくるのはみんな禅僧ですか」。陳操居士はいった、「そうではない」。官吏、「どうしてそうでないとわかりますか」。陳操、「近づいて来たら、君のために調べてやろう」。僧たちが楼の前に来たとき、陳操はいきなり「上座！」と呼びかけた。僧たちは頭をあげた。陳操はいった、「私のいったとおりではないか」。この公案はなかなか難透である。官吏に代ってなんと陳操に挨拶するか。「禅僧は禅僧でない、だから禅僧だ」（色即是空・空即是色―諸法実相。24・25参照）。ここに「般若即非《そくひ》」の論理（鈴木大拙の創唱した大乗仏教の論理。「A即非A是名A」という独特の自同律を説く。173・365・366参照）がある。

206　只這裏便是妙峰頂（只《た》だ這裏《しゃり》便《すなわ》ち是《こ》れ妙峰頂《みょうぶちょう》）――碧巌録23――

雪峰下の同参の保福《ほふく》和尚（八六七―九二八）と長慶和尚とが裏山を散歩していた折、保福が手で指さしていった、「こここそが妙峰頂だ」。長慶はいった、「よいにはよいが、惜しいことだ」（雪竇が寸評をはさんでいった、「今日こんな男（保福のこと）といっしょに山遊びをして、長慶さん、いったい何をしようというのだ」、「長慶ほどの人物は、千年後にもないとはいわぬが、少《まれ》だぞ」）。のちにある人がこの話を、同じ雪峰下の鏡清《きょうしょう》和尚にした。鏡清はいった、「もし相手が孫公（長慶）でなかったら、ただちに髑髏《どくろ》が野にいっぱいということになったろう」。妙峰頂は善財童子が最初に訪ねた徳雲比丘の住した山（180参照）で、平等一如、真空無相の悟りの真只中《まつただなか》の意である。よいことはよいが、そんな所に腰をすえていては死人禅《しびとぜん》で、「髑髏、野に遍《あまね》し」である。真空無相は即《そく》真空妙用《みようゆう》と、衆生済度に働き出るのでなければならない。長慶はそこを「可惜許《かしやくこ》」（せっかくのお悟りを惜しいことだ）といったのである。

207　独坐大雄峰（独り大雄峰に坐す）　――碧巌録26――

百丈和尚にある僧が問うた、「特に奇《すぐ》れた事とは、どんなことですか」。百丈はいった、「わしがここ大雄峰にこうして坐っておることだ」。僧は礼拝した。百丈はただちにぴしゃりと打った。禅者にとって「奇特な事」とは、「悟り」以外にない。『楞伽経《りようが》』にいわゆる「自覚聖智境涯《しようち》」である。聖智は般若の智慧で、主観・客観合一の身心一如の境涯の上に現われる。だから、もしいま誰かに「悟りとは何だ」と聞かれたら、「私がここにこうして坐っている」「私はいま、ペンで文章を書いている」としかいえない。なにも禅者ぶってこんなことをいうわけではない。ただこういうのが、境涯の上からいうと一番親しいわけだ。百丈独坐大雄峰――いま私は百丈山にどんと坐っている、というわけである。それがわかったから、僧はただちにすっと礼拝した。百丈は「うん、少しは話し相手になる男だ」とばかり、すぐさまぴしゃりと賞棒（禅門の棒には罰棒もあれば賞棒もある）を与えたのである。

208　世尊良久（世尊良久す）──碧巌録65──

ある外道《げどう》が世尊にたずねた、「有言《うごん》を問わず、無言を問わず」。これは難問である。もしなんとか答えれば、「それは有言だ、有言は問うていない」というし、黙って答えなければ、「それは無言ではないか」といってやりこめるつもりである。

みなさんなら、これにどう対応されるか。世尊はそのとき良久したという。良久とは〝やや久しゅうす〟で、しばらくそのまま黙ってじっとしていること。しかしこれは、語に対する黙、有言に対する無言とは違う（313参照）。そこで圜悟《えんご》和尚も「その声、雷のごとし」と寸評を加えている。

宋代の初めに百丈山の住持となった道常《どうじょう》和尚（生寂不詳）がまだ修行時代に、法眼《ほうげん》和尚に参じて、この公案を課せられた。ある日、「試みに見処《けんじょ》をいってみよ」といわれて、道常が口を開こうとした。そのとき法眼はいった、「やめろ、やめろ。お前は〝良久〟のところに眼をつけて会得しようというのだろうがな」。道常は師の言下に忽然として大悟した。

209　菩薩入不二法門（菩薩、不二《ふに》の法門に入る）——碧巌録84——

維摩《ゆいま》居士が病気になったとき、釈尊は弟子たちに見舞に行くように命じたが、みな居士の力量を恐れて尻ごみしたので、文殊菩薩が行くことになった。到着したら、案の定、維摩の方丈で問答が始まった。維摩は「〝菩薩が不二の法門に入る〟とはどんなことか」という問題を出した。そこで文殊といっしょにいた三十二人の菩薩がおのおの意見を述べて、最後に文殊が、「私の見解では、すべての真理においていうことも説くこともなく、示すことも知ることもなく、問いと答えとを離れている、それを『不二の法門に入る』とします」といった。不二の妙道は言説問答を離れている、というのである。そこで文殊が維摩にたずねた、「私たちはめいめい説き終りました。居士よ、あなたが説かれる番です」。そのとき維摩は黙ったまま何もいわなかった。古人はこう評している、「文殊は無言を有言し、維摩は無言を無言した」と。これが有名な「維摩の一黙、雷のごとし」という語の出所である。

Ⅷ 教外別伝――『碧巌録』の公案2

教外別伝《きょうげべつでん》――禅の真理は一般の教宗仏教の教えの外に、別に以心伝心、じかに体験に訴える方法で伝えられる。しかしこのことは仏陀の教えと祖師の禅とが別ものだということではない。

210 我不辞向汝道　恐已後喪我児孫（我れ汝に向かって道《い》わんことを辞せず、恐らくは已後《いご》我が児孫を喪《うしな》わん）　――碧巌録70――

師の百丈和尚のそばに潙山《いざん》と五峰（生寂不詳）と雲巌とがつき従って立っていた。山雨至らんとして、風の堂に満つ――何か一騒動ありそうな気配である。

案の定、百丈はまず高弟の潙山に問いかけた、「咽喉《のど》も唇吻《くちびる》も併却《ふさ》いで、どうものをいうか」。口を開かずになんとかいってみよ、というのである。潙山はいった、「まずどうぞ老師からおっしゃってみてください」。

これはみごとな反問だ。百丈がこんな問いを出す前の心中をはっきり見抜いていないでは、こうはゆかぬ。こんな働きぶりを禅では「賊馬に騎《の》って賊を追う」という。百丈はいった、「私はお前に向かっていうことを辞さないが、しかしそんなことをすれば、おそらく私は児孫を失うことになるであろう」。いえというなら、いってきかせてもよいのだが、それをいったら、お前たちが以後少しも骨を折って参究しなくなって、児孫が絶えてしまうかもしれぬから、やめておこう、というのである。

しかし言葉のうえではたしかにそうだが、実はそれだけではない。これは師匠と弟子との以心伝心の「証明」の一句と読むべきである。

211　斫額望汝（斫額《しゃくがく》して汝を望まん）――碧巌録71――

前話と同じ場面である。百丈の同じ問いに対して、今度は五峰が答えた、「そういう老師も咽喉《のど》と唇吻《くちびる》を併却《ふさ》がねばなりませんぞ」。それなら老師もみずから併却せよと、賊馬に騎《の》って賊を追うところはさきの潙山に似ているが、いかんせんまだ覇気が見える。「どうぞ老師からいってみてください」という、少しも圭角のない潙山のおだやかな答えには遠く及ばない。こんなところで、その人の境涯の練りあげぐあいが見えるから恐ろしい。百丈は評していった、「お前の機鋒では、寄りつく修行者もあるまい。さだめし人はみな額《ひたい》に手をかざして遥かにお前を見上げて、敬遠することであろうて」。半《なか》ばは肯《うけが》い半ばは肯わぬ百丈のこの言葉に、よく参ずべきである。

212　喪我児孫（我が児孫を喪わん）――碧巌録72――

これも同じ場面での話。百丈和尚の問いに対して、最後の雲巌はいった、「老師にはそんな咽喉《のど》や唇吻《くちびる》を併却《ふさ》ぐの併却がぬのという沙汰がおありなのですか」。雲巌はまったくの無《む》眼子《がんす》だったわけではなかろうが、これではなんとも鈍い答えようだ。圜悟《えんご》も「皮に粘《ねん》じ骨に著《じゃく》す」と評しているが、理に落ち、語についてまわって、まるで切れ味のわるい庖丁のようだ。百丈はいった、「お前、そんな情けない修行をしてくれると、私の法孫は絶えてしまうことになるぞ」。潙山と五峰はすでに徹していたが、ただ悟後の修行の精粗の差が出た。しかし、雲巌はまだ真に徹してなくて残りものがあった。伝によれば、彼は百丈に随侍すること二十年、生死を透脱したというが、真にものになったのは、のちに薬山《やくさん》和尚のもとでの機縁によったのである。

213 勘破了也（勘破《かんぱ》し了《おわ》れり）――碧巌録4――

龍潭《りようたん》禅院を去った徳山和尚（163参照）は、その足で潙山禅院にやってきた。旅姿のまま法堂《はつとう》に現われて東西へのっしのっしと歩きまわり、左右をねめ回していった、「おれの相手になれる人物はいない、いない」。そしてそのまま出ていった。雪竇が寸評をつけた、「勘破し了れり（見破ったぞ）」。

徳山は戸口まで来て思いかえした。「いい加減なふるまいをしてはならぬ」と、今度は威儀を正して相見《しようけん》した。潙山和尚の前に来て、礼拝しようと坐具をとりあげたが、いきなり「老師」と呼びかけた。潙山はゆっくり払子《ほつす》をとった。徳山はそのとき一喝して、袖を払って出ていった。雪竇が寸評をつけた、「見破ったぞ」。

徳山はそのまま法堂を背にして、草鞋《わらじ》をつけて出ていった。潙山は晩になって首座《しゅそ》にたずねた、「先刻の雲水はどこにいる」。首座、「あのとき、法堂を背にして草鞋をつけて去りました」。潙山、「あの男は今後、孤峰頂山に草庵を結んで、仏を叱り祖師を罵るであろう」。

雪竇が寸評をつけた、「雪の上に霜を加えた」。

214　如何是祖師西来意（如何《いか》なるか是《こ》れ祖師西来意《せいらいい》）――碧巌録20――

龍牙《りゅうげ》（八三五―九二三）が翠微《すいび》和尚（生寂不詳）に問うた、「祖師達摩がインドから中国に来た精神とは何ですか」。仏法的的の大意（仏法の大精神）、禅の極意をたずねたのだ。翠微はいった、「私に禅板（坐禅で疲れたときよりかかって休む道具）をとってくれ」。龍牙は禅板をとって渡した。翠微は受けとるやすぐに龍牙を打った。龍牙、「お打ちになるのはご自由ですが、結局、祖師西来の精神はありませんぞ」。

今度は臨済和尚の所へ行って同じことを問うた、臨済、「私に蒲団をとってくれ」。龍牙は蒲団をとって渡した。臨済は受けとるやすぐに打った。龍牙、「お打ちになるのはご自由ですが、結局、祖師西来の精神はありませんぞ」。

龍牙ものちには洞山良价によって徹したが、このときはまだ、いったんの悟りをひっかついで覇気（稚気！）満々であった。ちょうど前々則の雲巌や前則の徳山と同じである。西来意の一手専売で本人は得意だが、これでは衆生済度は思いもよらぬ。

215 作者好求無病薬（作者好《よ》し無病の薬を求むるに）——碧巌録31——

麻谷《まよく》が師兄《すひん》の章敬和尚を訪ねて、禅床《いす》のまわりを三遍回って錫杖をじゃらんと鳴らして立ったとき、章敬は「よし、よし」といったが、同じ師兄の南泉は麻谷の覇気を許さず、「いかん、いかん」と否定した（170参照）、という話《わ》を評して雪竇は、「古策風高し十二門、門々路あり空にして蕭索《しょうさく》。蕭索にあらず、作者好《よ》し無病の薬を求むるに」と頌《うた》った。

古策とは、父母未生《みしょう》以前から、本具の錫杖である。錫杖には通常、頭に十二の金環がついている。そこから、「風高き高雅の智杖に十二の門がある」と頌い出したのである。その各門は、一路涅槃《ねはん》の門である。久遠劫来《くおんごうらい》開け放しの空（絶対無）の門だ、さっぱりと静まりきっている。

しかし、よくよく点検すれば、それはまだ真の蕭索（空の境地）ではない。何もないという無の病気が残っている。

やり手の禅匠なら、無の病の薬を求めて、転身の活路を欠いた死人禅から脱せねばならぬ、というのである。

216　且聴這漢疑三十年（且《しば》らく聴《ゆる》す這《こ》の漢の疑うこと三十年することを）──碧巌録56

巨良《こりょう》という禅客が洞山下の欽山和尚（生寂不詳）に問うた、「一本の矢で三重の関所を破るときはどうですか」。

欽山はいった、「お前のいうようなら、さだめし関所の主人公を射とめたはずだから、私の前に放出してみよ」。巨良は、「そうなら私の射損じです。過《あやま》ちを知っては必ず改めます」、改めて射直すと下手に出た。

欽山、「このうえ何時《いつ》を待って射直そうというのだ」。巨良はそこでいった、「みごとな一矢を放ったのに、せっかくの矢のゆくえがわからない」、無駄矢を射た、とすぐに出ていこうとした。

欽山は「あんた、まあちょっと来なさい」と呼びとめた。巨良はふりかえった。欽山はその巨良をつかまえていった、「一矢で三つの関所を破るという問題はまあおいて、ためしに私に矢を射てごらん」。巨良が何かいおうとすると、欽山は棒で七つ打っていった、「まあ、この男が今後三十年、このことを疑って問題とするのを許してやろう」。

217　三歩雖活　五歩須死（三歩には活《かっ》すと雖《いえど》も、五歩には須《すべか》らく死すべし）――碧巌録81――

ある僧が薬山《やくさん》和尚にたずねた、「平《たいら》かな田んぼに浅い草が生えた所に大鹿や小鹿が群をなしている。どうすればその大鹿中の大鹿を射とめることができましょうか」。薬山のいた平田寺にひっかけて、大勢の雲水を指導している禅将薬山を射とめてやろうという気だ。薬山はいった、「矢を見よ」。さあ、わしのこの一矢をみごとに受けてみよ。その僧はすぐに倒れた。われこそ大鹿中の大鹿たる総大将だ、とでもいうつもりか。しかし、薬山はそんなことにはだまされぬ。この僧のニセモノたることは、一見したときに見抜いている。「侍者よ、この死人を引きずり出してしまえ」。僧もここに来て薬山の権幕に少し恐ろしくなったか、走って逃げ出した。薬山はいった、「泥団子《どろだんご》を弄《もてあそ》ぶ奴め、いつになっても悟れはせんぞ」。雪竇が例によって寸評を加えた、「たとえ逃げても三歩は活きていようが、五歩めには死ぬにきまっておる」（この則は168にもある）。

218　好雪　片片不落別処（好雪！　片々別処に落ちず）――碧巌録42――

龐《ほう》居士が薬山和尚を訪ねて辞すとき、薬山は十人の禅客《うんすい》にいいつけて山門まで送らせた。居士は空中の雪を指していった、「みごとな雪だ！　一片《ひとひら》一片別の所には落ちない」。そのとき全という名の禅客がいった、「では、どこに落ちますか」。居士はぴしゃりと平手で打った。全はいった、「いいかげんな仕うちをなさってはいけません」。居士はいった、「君はそんなことで禅客などといっていたら、閻魔《えんま》大王は容赦はせぬぞ」。全、「では居士はどうなのです」。居士は重ねて平手打ちをくわせていった、「眼は見ていて見えないも同然、口をきいてきけないも同然だ」。雪竇はこれを評していった、「わしなら、はじめに居士がみんなにたずねたときに、雪団子を握って『ここに落ちます』とただちにたたきつけてやったものを」。それを、「どこに落ちますか」などとはなんとも鈍い、というのだ。

219　三界無法　何処求心（三界《さんがい》無法　何の処にか心《しん》を求めん）――碧巌録37――

盤山和尚は弟子たちにいった、「この世界には何もない（物ももちろん心もだ）。お前たちどこに心を求めるのか」。三界とは欲界・色界・無色界といって、われわれ凡夫の住むこの世界の意である。無法の法は梵《サンスクリット》語のダルマ（dharma）の訳語で、存在の意である。

この公案、雪竇和尚のみごとな頌《じゅ》以上の注釈は他に求めがたい。云《いわ》く、「三界無法、何の処にか心を求めん。白雲を蓋とし、流泉を琴とす。一曲両曲人の会《え》するなし、雨過ぎて夜塘秋水深し」。三界無法とは、実は「三界は無という法だ」という、そしてその無が心だというのだ。仰げば白雲は悠々と浮かび、俯《ふ》して聞けば谷川の水は潺々《せんせん》と流れる。この無弦琴の曲を聞き得る者はいないか。雨で夜の堤の水量が増して秋の水は深い。それが「無の法」だ、そのまま「心」だというのである。

220　尽大地撮来　如粟米粒大（尽大地撮《つま》み来れば粟米粒《ぞくべいりゅう》の大いさの如し）——碧巌録5

雪峰《せっぽう》和尚は弟子たちにいった、「全地球をつまみあげると、玄米一粒の大きさのようだ。それを目の前に投げ出しても、漆桶《しっつう》のように真黒で何のことかわからぬ。太鼓を打って大衆《だいしゅ》を集めて総がかりで見ろ」。これも前則同様、雪竇の頌を紹介する。「牛頭《ごず》没し、馬頭《めず》回《かえ》る、曹渓鏡裏塵埃《じんない》を絶す。鼓《く》を打って看《み》せしめ来るも君見ず、百花春至って誰が為にか開く」。

尽大地という牛頭（牛頭人身の地獄の獄卒）がひっこむと、粟米粒という馬頭（馬頭人身の地獄の獄卒）が映《うつ》る。しかし曹渓六祖の心鏡（64参照）は本来無一物（三界無法）で、そんな牛頭だの馬頭だのという塵埃《ちりほこり》はない。太鼓を打ってみんなを集めて見させても、君たちは見ない。春になって百花が開くのは、いったい誰のためか。君たちに、ただこの粟米粒大の尽大地の真如実相を見てもらいたいばっかりだ、ということがわからぬのか。

221　南山有一条鼈鼻蛇　汝等諸人切須好看（南山に一条の鼈鼻蛇《べっぴじゃ》あり、汝等諸人切に須《すべか》らく好く看《み》るべし）――碧巌録22――

雪峰和尚はあるとき弟子たちにいった、「南山に一匹の毒蛇がおる。お前たちよく見ねばならぬぞ」。

弟子の長慶がいった、「きょうこの禅堂内で、その毒蛇に噛まれて生命を落したものがしかにおりますぞ」。

この私こそそれですといわんばかりだ。

あとでこれを僧から聞いて、先輩の玄沙《げんしゃ》が評していった、「そんなことがいえるのは稜兄《りょうひん》（長慶の名は慧稜）でなければならぬ。しかし私ならそうはいわぬ」。

そこで僧は問うた、「和尚ならどうです」。

玄沙はいった、「南山などということはいらぬ。その毒蛇ならどこにでもいるぞ」。

雲門は先輩の長慶が師匠の言葉に応じたときに、拄杖《しゅじょう》を雪峰の目の前に投げ出して、「お怖《こわ》！」と毒蛇を恐れるさまをした。いずれもこの師匠にしてこの弟子ありである。雪峰もさぞ嬉しかったろう。

222 拄杖子化為龍　呑却乾坤了也（拄杖子化《しゅじょうすけ》して龍となり、乾坤《けんこん》を呑却し了《おわ》れり）――碧巌録60――

雲門和尚は拄杖を握って弟子たちにいった、「拄杖が化《ば》けて龍になって、天地を呑んでしまった。山河大地はどこから得てくるか」。拄杖が龍となるというのは、「個」がその根源の「超個」に帰したところだ。「一人真を発して源に帰すれば、十方虚空悉《ことごと》く消殞《しょういん》す」という。杖が龍となって天地を呑んだ、十方虚空はまったく消えた。しかしそれなら、この目前に厳として存在する山河大地はどこから得てきたのだ。「個」が「超個」に帰してみると、ふしぎに「超個」が「個」となって再活現前する。自己が無ければすべて自己となる。それが体験の事実である。色は空で、空はただちに色だ。天地の無はそのまま山河大地の有だ。「一方を証すれば一方は暗し」（道元）である。龍といえば天地は無となる。山河大地といえば今度は龍がかくれる。龍と天地と不二である。まず龍になれ、龍になれ。

223 万法帰一　一帰何処（万法《まんぽう》は一に帰す、一は何の処にか帰する）――碧巌録45――

趙州和尚にある僧がたずねた、「すべての存在は一に帰着します。その一はどこに帰着しますか」。趙州は答えた、「私が故郷の山東省青州にいたとき、一枚の麻衣を作ったが、重さが七斤《きん》（約四・二キログラム）もあったよ」。いろいろな形やさまざまの色の存在（多―差別―個）は、一つの空間（一―平等―超個）の限定されたものである。多は一に帰着する（多即一）。しかし、超個（空）はただちに個（色）であった。自己が無いときすべてが自己である（一即多）。だから「万法は一に帰する。一は何処《どこ》に帰するか」と問われたら、仏教徒なら当然「一は万法に帰する」と答えねばならぬ。しかし、趙州はそんな理屈はさらりと捨てて、「私は故郷で一枚の麻衣を作ったが、少々重くて七斤ほどもあったよ」と答えたものだ。みごとというほかはない。これが禅なのだ。禅に哲学や思想がないのではない。しかし、禅は厳として哲学や思想ではないことを、ここらで肝に銘じて知らねばならない。

224 踏毘盧頂上行（毘盧《びる》頂上を踏みて行け）――碧巌録99――

粛宗《しゅくそう》皇帝が慧忠《えちゅう》国師に問うた、「十身調御《じっしんじょうご》と呼ばれる仏とは何か」。国師は答えた、「檀越《だんのつ》（施主）よ、毘盧遮那仏《びるしゃなぶつ》の頭の上を踏んでいきなされ」。皇帝はいった、「私にはわかりません」。国師はいった、「自己の清浄法身《ほっしん》を認めてはなりません」。十身とは仏の徳を十に分けて見たもの、調御とは仏の十号の一で、結局「仏とは何か」という問いと同じである。粛宗は、いったんの見性《けんしょう》経験をひっかついで、朕《ちん》もすでに仏だといわんばかりの質問である。

　筆者がかつてみずからの投機の偈《げ》として「二十数年護持の桶、一朝抜底水留まらず。期《はか》らざりきこの無底の底、湧出す自然法爾《じねんほうに》の水」という頌《じゅ》を呈したとき、鈴木大拙先生は「溢《あふ》れ出る水、養ひもちゆかぬと、涸《か》れることなしとも期し難《がた》からむ」と評された。国師は皇帝が自己の清浄法身を認めていったんの悟りに囚われぬように、法身仏の頂上を踏んでゆけと、仏向上（仏のその上）の境涯のあることを教示したのである。

225　与老僧作箇無縫塔（老僧が与《ため》に箇《こ》の無縫塔を作れ）——碧巌録18——

　代宗皇帝が慧忠《えちゅう》国師の臨終にたずねた、「老師百年の後（寂後）、何かお望みの物がありますか」。国師はいった、「私のために無縫塔（人工を加えぬ石塔）を作っていただきたい」。皇帝はいった、「どんな形の塔かお示しください」。国師はしばらくそのままでいた（原文は「良久」）のち、「おわかりですか」といった。皇帝は「わかりません」という。国師はいった、「私の嗣法の弟子に耽源《たんげん》（生寂不詳）という者がいます。このことをよくのみこんでいますので、どうか後日召し出しておたずねください」。そこで国師の寂後、耽源を召し出して国師の真意を問うた。耽源はいった、「湘州の南、潭州《たんしゅう》の北、中に黄金があって一国に満ちている。影ひとつない樹の下の乗合船、瑠璃殿《るりでん》に善知識はいない」。これでは、ますます何のことかわからない。いま結論だけをいえば、耽源は「私がここにこうしてどんと坐っておりまする」といいたかったのだ。

しかし、読者各位は先の国師の良久のところで、そんなことはとっくに見抜いていることだろう（207参照）。

226 道即太煞道 只道得八成（道《い》うことは即ち太煞《はなはだ》道う、只《た》だ八成《はちじょう》を道い得たり）――碧巌録89――

雲巌が先輩の道吾にたずねた、「大悲菩薩《だいひぼさつ》は、多くの手や眼を使って何をしようというのだろうか」。道吾、「人が夜中に手探りで枕を探すようなものだ」。雲巌、「わかった」。道吾、「どうわかったのか」。雲巌、「偏身《へんしん》が手と眼だ」。道吾、「いうことは大いにいうが、ただ八割がたいえただけだ」。雲巌、「師兄《すひん》はどうです」。道吾、「通身が手と眼だ」。大悲菩薩は千《せん》手《じ》観音ともいって、千の手がありその一つ一つに眼がついている。たしかに、暗がりで枕を探すとき、ひとはまるで手に眼がついているように自由に働く。

さて、「君は八成だ」といった道吾の答えだが、雲巌の答えと少しも変わらぬ。偏身も通身も、every と all の差こそあれ、結局は同じ全身という意だからだ。これはいったいどういうわけか。はたして同か異か。要は、二人の境涯如何が問題である。

227 菩薩子喫飯来（菩《ぼ》薩《さっ》子《し》、飯を喫し来れ）——碧巌録74——

金牛《きんぎゅう》和尚（生寂不詳）は、お斎《とき》の時刻になると、いつも飯桶《めしびつ》を抱え、僧堂の前で舞いを舞って、呵々大笑していう、「菩薩の子らよ、お斎をめしあがれ」。ここに雪竇が寸評をつけた、「こんなことをいっているが、金牛の腹は黒いぞ。気をつけろ」。ある僧が長慶和尚にこの話をしてたずねた、「古人が『菩薩の子らよ、お斎をめしあがれ』といった、あの心は何ですか」。長慶はいった、「お斎にちなんで落慶祝いの読経をしているのにそっくりだ」。

妙好人庄松《みょうこうにんしょうま》が子どもの守《も》りをしながら逆立ちをして戯れているのを見て、同行たちが「あれ、庄松が軽業《かるわざ》をやらかす、妙々」とはやすと、彼はいった、「お前たちが地獄へ落ちてゆくまねじゃ、まねじゃ」と。禅（宗）でも真（宗）でも、達人の遊戯神通《ゆげじんずう》の妙境には、どこかに通じるものがある。

228 這野狐精（這《こ》の野狐精《やこぜい》）——碧巌録93——

前則の話で、長慶和尚が「お斎にちなんで落慶祝いの読経をしているのにそっくりだ」といった——「この意図は如何」と、ある僧が大光《だいこう》和尚（生寂不詳）に問うと、大光は舞いを舞った。僧はそれを見て礼拝した。大光は問うた、「いったい何を見てすぐに礼拝したのだ」。その僧はそれを聞くと舞いを舞った。大光はいった、「この野狐の化け物め！」

禅は洒脱《しゃだつ》を貴ぶなどといって、わけもわからず呵々大笑してみたり、舞いのまねなどして、はては女性の前で裸踊りまでやらかす野狐禅者（198・344参照）たちがいるが、これをまた「野狐の精魅《せいみ》」という。雪竇はこの一句を愛するために、この公案を選んだという。

229　榔標横担不顧人　直入千峰万峰去（榔標《しつりつ》横に担《にな》って人を顧みず、直《じき》に千峰万峰に入り去る）――碧巌録25――

蓮華峰庵主（生寂不詳）は、拄杖《しゅじょう》をとりあげて弟子たちに示していった、「古人はここに至ってどうして住《とど》まることを肯《がえ》んじなかったのか」。だれも言葉がなかった。そこで庵主が自分で代って答えた、「他《かれ》らは途路《みち》でこれの世話にならなかったからだ」。またいった、「結局どうだ」。また自身で代っていった、「拄杖（榔標は拄杖を作る木の名）を横に担《かつ》いで人を顧みず、まっすぐ千峰万峰に入って行く」。

「ここに至って」の「ここ」とは、平等一如の悟りの真只中《まっただなか》だ。あえてそこに住《とど》まらぬのは、差別の途路に出て、もう拄杖のおかげすなわち悟りの助けをこうむらぬ力量を身につけたからだ。だから、縦につく拄杖を横に担《かつ》いで、人がなんといおうと千峰万峰（差別の十字街頭。100参照）にまっすぐに分け入るというのだ。この公案、「得力」が「おかげをこうむる」という俗語であることを知らぬばかりに、これまで師家方が解釈にむだな苦労をされている。

230 一刀両断任偏頗（一刀両断、偏頗《へんぱ》に任《まか》す）——碧巌録63——

南泉和尚が猫を斬った話（138・139参照）に雪竇は頌《じゅ》して歌う、「両堂倶《とも》に是れ杜禅和《ずぜんな》、煙塵を撥動して奈何《いかん》ともせず。頼《さいわ》いに南泉のよく令を挙《こ》するを得たり、一刀両断偏頗に任す」。東西の両堂の僧たちが猫のことで争ったというが、いずれもいいかげんな禅坊主ばかりだ。ああだこうだと狼煙馬塵をあげて論戦しておさまりはつかぬ。しかし、幸いに南泉が真正の法令（仏法の命令）を行じて争いのもとを一刀両断した。殺生戒を犯したのなんのと片寄った妄評など勝手にいうがよい。「狂と呼び暴と呼ぶは他の評するに任す、桃紅李白自然《じねん》の色」である（345参照）。

昔話は猫だったからまだいいが、唯物論だ唯心論だ、共産主義だ資本主義だ、イスラム教だキリスト教だ、という争いとなると、水爆数発で人類絶滅となりかねぬ。なんしても一度この問題の根本を、禅的に一刀両断しておかねばならぬ。

231　**帰到家山即便休**（帰って家山に到って即便《すなわ》ち休す）――碧巌録64――

南泉和尚が猫を斬ったその晩に、高弟の趙州が外出から帰ってきた。南泉から、その昼間のできごとを聞いて趙州は草鞋《わらぐつ》を頭にのせて出ていった（138・139・345参照）。この話を頌《じゅ》して雪竇和尚は歌う、「公案円《まどか》にし来《きた》って趙州に問う、長安城裏閑遊に任《まか》す。草鞋頭《こうべ》に戴《いただ》く人の会《え》するなし、帰って家山に到って即便《すなわ》ち休す」。

一刀両断の斬猫だけでは公案は円満にならぬ。そこで南泉は趙州に問うたのだ。その師弟の問答を雪竇は、南泉と趙州とは長安の都大路を閑《のどか》に漫遊でもするようなありさまだ、という。ともあれ、それはご両人の勝手だが、趙州が草鞋を頭にのせて出ていった働きは、よく会得する者がない。閑遊もよかろうが、家郷に帰って脚をのばしてすーっ、と休む、その境涯がだいじなのだ。「長安楽しと雖《いえど》も久しく居《お》るべからず」「途路好《よ》しと雖《いえど》も家に帰るに如《し》かじ」というではないか。

232　**展両手**（両手を展《の》ぶ）――碧巌録54――

雲門和尚がある僧にたずねた、「近頃どこを離れてきたか」。どこから来たとは、単に場所を問うだけではない。すでに雲門のテストは始まっているのだ。僧は答えた、「西禅から来ました」。実直な答えようだ。しかし、これだけでは本物か偽物《にせもの》かはわからぬ。西禅は南泉下の宗匠である。そこで雲門は二の矢を放つ、「西禅和尚はこのごろどんな説法をされているか」。僧は何もいわずに、このとおりですと両手を展《ひろ》げた。この僧、少々できているのか。しかし雲門和尚は越格《おっかく》（格段にすぐれた）の巨匠だ。まねごとでは通用せぬ。ぴしゃりと平手打ちをくわせた。第三の矢だ。僧はいった、「私はまだ申しあげることがあります」。これは鈍い、これですっかりボロが出た。そう口をとがらせていうところを、今度は雲門が両手を展《の》べた。第四の矢だ。僧はつまって、もう何もいえぬ。雲門はすぐにぴしゃりと打った。第五の矢のとどめだ。「断ずべきときに当たって断ぜざれば、その乱を招く」（268参照）からである。

233　東門西門　南門北門　――碧巌録9――

趙州和尚にある僧がたずねた、「趙州とは何か」。趙州は地名で、南泉の法子《はっす》、従諗《じゅうしん》和尚（趙州和尚の僧名）の住した観音院の所在地である城市《まち》の名だ。同時に和尚の代名詞に使われていることを百も承知のうえでの、二股かけた意地悪な質問である。人名で答えれば地名だという肚《はら》だし、地名で答えれば人名で問うたのだとやり返す魂胆だ。しかし、そこは「口《く》唇皮《しんぴ》上に光を放つ」と謳《うた》われた趙州和尚だ。人名とも地名ともいわずに、「東門・西門・南門・北門」とすらりと答えた（32参照）。四門ことごとく開けっぴろげだ。どこからなりと勝手に入ってこい。入れば黄金は手当たりしだいだ、というのか。本来「無門の関」とはこのことである。老衲《わし》はこれだけの人間だ、どうとでも自由に見てくれ。趙州にはまた、「相罵《ののし》らば汝が觜《くち》を接《つ》がんことを饒《ゆる》す、相唾《つばき》せば汝が水を潑《そそ》がんことを饒す」（どんなに悪口をいわれても、唾どころか水までかけられてもじっと忍耐する）という語がある。

234　南方還有這箇麽（南方にも還《ま》た這箇《しゃこ》ありや）――碧巌録35――

無著《むじゃく》和尚が若いときに、五台山で文殊菩薩と「前三三、後三三」の問答（177参照）をしたあとで、文殊は無著に一杯の茶をふるまった。見ると高価なガラスの茶器である。文殊が「南方にもこれがあるか」と聞く。無著が「ない」と答えると、「それなら、ふだん何で茶を飲むのか」と問う。話はただの茶碗のことではなさそうなので、無著は答えられずにいたが、どうも落ち着かず、しかしそのまま辞去した。文殊は、童子に門まで送れといいつけた。門から出て無著は童子に聞いた、「さきほど老僧（文殊）は『前三三、後三三』といわれたが、あれはいくつのことですか」。すると童子が、「和尚さん」と呼んだので「はい」と応《こた》えたら、童子はいった、「それはいくつですか」。

235 昨夜驪龍拗角折（昨夜驪龍《りりゅう》角を拗折《おうせつ》す）——碧巌録14——

雲門和尚が僧に「一代時教とは何か」と問われて、「対して一説す」と答えた話（146参照）に頌《じゅ》して雪竇和尚は歌った、「対一説、太《はなは》だ孤絶、無孔《むく》の鉄鎚《てっつい》重ねて楔《けつ》を下《くだ》す。閻浮《えんぶ》樹下《じゅげ》笑い呵々、昨夜驪龍角を拗折す。別々、韶陽《じょうよう》老人一橛《いっけつ》を得たり」。

釈尊一代の五時の教えを問われて、雲門が「対一説」と答えたのは、まことに孤危嶮峻で寄りつきがたい機鋒である。

それは、孔のない鉄鎚に重ねて楔《くさび》を打つような働きだ。しかし、南閻浮州《なんえんぶしゅう》の中心にあるこ大樹の下に立って見れば、おかしくておかしくて高笑いがとまらぬ。というのも、ゆうべ蒼龍が二本の角をふりたてるような勢いで問うたあの僧の角が、雲門の機用《きゆう》でポキンと折れたからだ。

いや、まだ別の仔細《しさい》があるぞ。韶陽老人つまり雲門和尚が折ったのは一本の角だけだ。他の一本は、さてどこにあるのだろう。

南閻浮州は、古代インドの世界観である須弥山《しゅみせん》説による、世界の中心須弥山の最も外側の海中の四方にある島のうちの南の島のことで、当時は、われわれ人間はそこに住んでいると考えられていた。

236　擾擾怱怱水裏月（擾《じょう》々《じょう》怱々《そうそう》たり水裏の月）──碧巌録15──

雲門和尚が「目前の機でも目前の事《じ》でもないときはどうだ」と問われて、「倒《さかしま》に一説す」と答えた話《わ》（147参照）を頌《じゅ》して雪竇和尚は歌う、「倒一説、分一節、同死同生君が為に訣す。八万四千鳳毛に非《あら》ず、三十三人虎穴に入る。別々、擾々怱々たり水裏の月」。雲門の「倒一説」という答えは、僧の質問にぴたりと符節を合わせたようだ。雲門は、僧のために共に死に共に生きて大事を決した。しかし八万四千人の大衆《だいしゅ》がいても、仏陀の真意がわかる者は迦《か》葉《よう》尊者一人で、この僧も父の美を嗣《つ》ぐ鳳毛の子ではない。しかし、西天の二十八祖、東土の六祖、三十三人の祖師方はみな虎穴に入って灰頭土面《かいとうどめん》、泥水まみれになって衆生済度に努められたのだ。いやまだ別の仔細《しさい》がある。水中に映った影は水の動くに従ってざわざわせかせか、千々に乱れて忙《せわ》しげに動いてやまないのだ。そこに大乗の菩薩の慈悲行の消息がある。

237　江北江南問王老（江北江南、王老に問え）──碧巌録21──

智門和尚が僧に「蓮花《れんげ》がまだ水を出ないときはどうだ」と問われて、「蓮の花だ」と答え、さらに「水を出て後《のち》はどうだ」と問われて、「蓮の葉だ」と答えた話（174参照）に頌《じゅ》して雪竇は歌う、「蓮花・荷葉、君に報じて知らしむ。出水は未出の時と何如《いずれ》ぞ。江北江南、王老に問え、一狐疑し了《おわ》って一狐疑す」。蓮の花と蓮の葉で、智門は君に般若の真理を知らせようとするのだ。水を出た後《あと》と出る前と比べてどうかな。まだわからなければ、江北でも江南でもたずね回って王（王老師は南泉の自称、ここはごく普通の姓のことか）爺さんに問うがよい。ひとたび疑ってまたひとたび疑う。他に向かって問うことをやめて、自己に取って返さぬ限り疑いのやむときはあるまいぞ。——野狐は性来疑い深い動物で、氷河を渡るのに水声を聞いて鳴らないときはじめて氷が厚いと見て渡るという。これを「狐疑す」という。

238　日日是好日（日日《にちにち》是れ好日《こうにち》）——碧巌録6——

雲門和尚は弟子たちに向かっていった、「十五日以前はお前たちに問わない。十五日以後一句いうてみよ」。そして自分で代っていった、「日々これ好日」。たぶん十五日の日の垂示《すいじ》であろう。過去のことは問わぬ、即今《そっこん》今日の一句をいうてみよ、というのだ。日々これ好日——くる日もくる日もよい日だ。この言葉はよく政治家などが自己の心境を示す語として使ったりする。しかし、なんとしても一度坐布団《ざぶとん》の上で死にきったうえでの話でなければ禅ではない。この公案、諸方の宗匠の室内では、「きのうは親父の葬式、きょうは息子が重病。それでも日日好日だ」などという見解《けんげ》ですますところもあるが、それではまだ「好日」の

成就《じょう》する経験を真にわがものにしていただきたい。

武器)、三台（舞いの曲名）を舞う」といった。ひとつこの語を手がかりに大死《だいし》一番再活現《げん》

「好」にくっついて、好悪《よしあし》の二見を離れない。古人はこの公案に語を著《つ》けて、「鉄鈷（鉄製の

239　蔵頭白　海頭黒（蔵頭は白く、海頭は黒し）――碧巌録73――

馬《ば》大師にある僧がたずねた、「いっさいの概念や論理を離れて、どうか私に達摩がインドから伝えた禅の極意を直指《じきし》していただきたい」。どこで聞きかじってきたか、なかなかの難問だ。馬大師はいった、「老衲《わし》はきょうは疲れた。お前に説いてやれぬから、智蔵に聞くがよい」。後《のち》の西堂《せいどう》和尚智蔵は時に首座《しゅそ》であった。僧は智蔵に問うた。智蔵、「どうして老師にたずねぬ」。僧、「老師があなたに聞けといわれました」。智蔵はいった、「私はきょうは頭痛がする。お前に説いてやれぬから、懐《え》海法兄《かいほうひん》に聞くがよかろう」。君子は千里同風か、和尚と同じようなことをいった。僧はそこでのちの百丈和尚懐海に問うた。懐海はいった、「わしの所に来ても、とんとわからぬ」。やれやれ、馬祖下八十四人の善知識と謳《うた》われたお偉方《えらがた》は、きょうはみんな同じ病を患うておられるそうな。僧は馬大師にこのことを語った。馬祖はいった、「智蔵の頭は白く、懐海の頭は黒い」。これはまた何のことやら。めいめいの力で見てとってほしい。

IX

直指人心――『碧巌録』の公案3

直指《じきし》人心《にんしん》――禅者の教育法は
ただまっすぐ直接に人の「心」を指して、
自己の本心・仏性を自覚させる。
くどくどした説明を好むのはすでに禅ではない。

240　至道無難　唯嫌揀択（至道無難《しいどうむなん》、唯《た》だ揀択《けんじゃく》を嫌う）——碧巌録2——

　趙州和尚が弟子たちに示していった、「至極《しごく》の大道（究極の真理）は、なんのむずかしいこともない。ただ揀択《えりごのみ》することを嫌うだけだ。とこう言葉で表現すると、はやもう揀択だ（その立言自体がまた新たな揀択にほかならぬ）。でなければ反対に明白《めいばく》だ。しかし、わしは揀択の所（差別）はおろか明白《はっきり》した所（平等）にもいない。お前たちはその明白をだいじに護ってはいないか」。僧が問うた、「老師は明白《はっきり》した所にもいないのでしたら、いったい何をたいせつにされるというのですか」。趙州、「わしも知らぬ」。僧、「老師はご自分もご存じないのでしたら、どうして『明白《はっきり》した所にもいない』といわれるのですか」。これは理屈である。しかし趙州はすましたもの、「質問はそれでよい、礼拝して引っ込め」と問答を納めた。「至道無難、唯嫌揀択《ゆいけんけんじゃく》」は三祖の『信心銘』冒頭の二句。「但《た》だ憎愛（揀択）なくんば、洞然として明白《めいばく》なり」と続く。趙州はその「明白」（平等の悟境）をさえ踏み超えているというのだ。

241　田厙奴　什麽処是揀択（田厙奴《でんしゃぬ》！　什麽《なん》の処か是《こ》れ揀択《けんじゃく》）——碧巌録57——

趙州和尚に僧が問うた、「『至極《しごく》の大道はなんのむずかしいこともない。ただ揀択《えりごのみ》をすることを嫌うだけだ』と申します。どうしたら揀択をしないですみましょうか」。趙州は答えた、「天上天下、唯だ我れ独り尊し」。僧、「それはやはり揀択です」。趙州はいった、「田舎者め！　どこが揀択だというのだ」。いかに悟って「無分別」の明白平等の悟境に入ったといっても、現実には人間は「分別」の揀択・差別の塵境にしか生きられない。「天上天下、唯我独尊」はある意味ではたしかに揀択だ。しかし、それを文字どおりに揀択と見るのは愚か者（田庫奴）だ。趙州はそこで「どこが揀択だ」と反問する。真の不揀択は、揀択の真只中《まっただなか》で働かねばならない。「富と貴とは人の好む所、貧と賤とは人の悪《にく》む所」（『論語』）である。

242　曾有人問我　直得五年分疎不下

（曾《かつ》て人あり我《われ》に問う、直《た》だ得たり五年分疎《ぶんそ》不下《ふげ》なることを）　――碧巌録58――

趙州和尚にある僧がたずねた、「『至道はなんのむずかしいこともない。ただ揀択をすることを嫌うだけだ』という語が、今日の禅者の窠窟《ねぐら》ですね」。趙州はいった、「前にも誰やらが老僧《わし》にたずねたが、それから五年の間なんの申し開きもできん始末だ」（273参照）。「分疎不下」とは、釈明ができぬということ。筆者はかつてこの公案に注釈して、「『唯嫌揀択』という立言をすると、そのことがたちまちまた別の新たな『揀択』になってしまう。そこのジレンマを痛切に知ればこそ、趙州は五年も分疎できぬままでいるわけである。その意味で、この語は彼にとってはまさに恐るべき『窠窟』であった」と書いた。錯々《しゃくしゃく》（誤り、誤り）である。こんな分別見解《けんげ》では、すりあげきった趙州古仏の境涯は夢にさえ見ることはできないといわねばならない。われながら恥ずかしい文字を書いたものだと慚愧《ざんき》にたえない。

243 只這至道無難　唯嫌揀択（只《た》だ這《こ》れ「至道無難《しいどうむなん》、唯嫌揀択《ゆいけんけんじゃく》」）――碧巌録59――

趙州和尚にある僧がたずねた、「『至道はなんのむずかしいこともない。ただ揀択《えりごのみ》することを嫌うだけだ。しかし言葉でそれを表現すると、はやもう揀択だ』とのこと。では老師はどう人に示されますか」。趙州、「どうして古人の語を全部引かないのだ」。僧、「私はただここまで声に出して読んだだけです」。趙州、「それこそが『至道はなんのむずかしいこともない。ただ揀択を嫌うだけだ』ということだ」。「只這……」は、「それこそが……だ」という繋詞《コピユラ》省略の語形。「私はただここまで念誦《ねんじゅ》（声に出して読むこと）したまでです」という僧の答えを肯《うけが》って、趙州は「いかにもそうだ。それこそが『至道無難、唯嫌揀択』ということだ」というのである。分別さえしなければ「只念」（ただ念ずる。念は声を出して読むこと）のところが、ただちに無難《むなん》（なんのむずかしいこともない）の至道である。

244　廓然無聖《かくねんむしょう》　——碧巌録1——

梁の武帝は達摩大師に相見《しょうけん》して「無功徳」の問答（63参照）があってのち、改めて問うた、「真俗二諦（出家・俗家の真理）を止揚した聖諦《せいなるしんり》の根本義とは何か」。達摩は答えた、「廓然無聖（からりとして聖などということもない）」。武帝は重ねて問う、「朕《わたくし》に対しているのは誰だ」。あなたは聖者ではないか。達摩は答えた、「不識《しらぬ》」。機縁かなわずと見て、達摩は北へ去った。

そのあとで、武帝お気に入りの宗教顧問の宝誌（生寂不詳）がいった、「陛下はあの方を誰《どなた》とお思いですか」。武帝はいった、「不識《しらぬ》」。この答えは皮肉にも達摩のそれと同じだ。宝誌はにやりとしていった、「あの方は陛下がかねて信仰しておられる観音様ですよ。わざわざ陛下に仏心印を伝えに来られたのです」。武帝は後悔して、勅使をたてて連れもどそうとした。宝誌はいった、「今さら使を出してもむだです。全国の人が行ってもあの方は帰ってこない」。

のちに、武帝は碑文に書いた。「ああ、之《これ》を見て見ず、之《これ》に逢《お》うて逢《あ》わず、之に遇《お》うて遇《あ》わず、今も古《いにしえ》も之を怨《うら》み之を恨《うら》む」（自分はせっかく達摩大師にお会いしながら、真の大師を見ることができなかった。昔もいまもこのことをただただ恨みに思う）と。

245 汝名什麼（汝、名は什麼《なん》ぞ）——碧巌録68——

仰山老和尚は臨済門下の禅将三聖《さんしょう》の訪問を受けてたずねた、「君の名は何という」。三聖は答えた、「慧寂《えじゃく》と申します」。それは仰山大和尚の名である。仰山は当然いう、「慧寂は老衲《わし》の名だ」。三聖はそれをきくと、けろりとしていったものである、「そうでした。私の名は慧《え》然《ねん》でございました」。これを聞いて仰山和尚はからからと大笑いして、若い三聖の機鋒を肯《うけが》った。慧寂と慧然は違う。そこに「個」の差別がある。しかし、その根底に慧寂が慧然で慧然が慧寂という「超個」の平等なものを見てゆかねばならぬ。しかも、やはり慧寂は慧寂で慧然は慧然である。

福昌の善禅師が超山主に問うた、「君の名は？」。山主、「老師と同名です」。善、「回互《えご》するかしないか」。山主、「回互しません」。そこで禅師は山主に棒をくらわせた。「回互」というのは甲乙互に入り組むこと、交参渉入《しょうにゅう》する「自他不二《ふに》」の個と個との交通《コミュニケーション》の世界である。

246 入海還須釣巨鼇（海に入っては還《ま》た須《すべか》らく巨鼇《きょごう》を釣るべし）——碧巌録52——

趙州和尚にある僧がいった、「久しいこと趙州の石橋を嚮《した》ってきたが、来てみればただ丸木橋が見えるだけだ」。趙州はいった、「君は丸木橋だけ見て、趙州の石橋を見ない」。僧、「それはどんなものですか」。趙州、「驢馬も渡し、馬も渡す」（140参照）。この公案を頌《じゅ》して雪竇和尚は歌う、「孤危立せず道方に高し、海に入っては還《ま》た須《すべか》らく巨鼇《きょごう》を釣るべし。笑うに堪えたり同時に灌渓《かんけい》老、劈箭《ひっせん》と云《い》うことを解《え》するも亦《ま》た徒《いたず》らに労す」。趙州は険峻な手段を用いないでその道風はまことに高い。海に入っては大亀（越格《おつかく》の大器）を釣り上げねばならぬ。それにしてもおかしくて笑いがとまらぬのは趙州と同時代の灌渓老人（？―八九五）だ。僧が「久しいこと灌渓を嚮《した》ってきたが、来て見ればただ漚麻池《おうまち》（麻を浸《ひた》すほどの小池）を見るだけだ」といったのに、「君は漚麻池だけ見て灌渓を見ない」と答え、さらに僧に「灌渓とは何か」と聞かれて、「劈箭《ひっせん》急なり」。わが灌渓の奔流は矢よりも急だと険峻な答えをしたが、趙州に比《くら》べたら、徒《いたず》らに気負った機鋒の未熟さが見える、というのである（この則は140にもある）。

247　仕官千日　失在一朝（仕官千日　失《しっ》一朝に在《あ》り）――碧巌録48――

泉州の長官王太傅《たいふ》（長慶下の居士）が同門の招慶《しょうけい》和尚の寺で煎茶《せんちゃ》の供養をした。そのとき住持の招慶は留守だったので、役位の朗上座がたまたま訪れていた明招和尚（羅山の法嗣）

の前に茶銚（小さな茶釜）を持っていったが、しくじってそれをひっくりかえしてしまった。それを見て王太傅はいった、「茶炉（茶銚をかける火鉢）の下にあるのは何ですか」。上座、「捧炉神（火鉢の足の所について顚覆せぬように捧げている鬼の形をしたもの）です」。太傅、「捧炉神というからには、なんでひっくりかえしたりしたのです」。上座、「千日も官に仕えた高官でも、一度の失敗で免職になることがあります。それと同じです」。太傅は袖を払って出て行った。そこで明招和尚がいった、「朗上座よ、君は招慶の飯を食っていながら、なんで長江の外に行って焼け株を作るような愚にもつかぬ無益なことをいうのだ」。上座、「和尚ならどういわれますか」。明招、「わしなら『非人（捧炉神）につけこまれたのです』という」。

雪竇和尚の寸評、「もしその場に私がいたら、太傅の最初の言下に茶炉を踏み倒してやったものを」。

248　施者受者　二倶瞎漢（施者・受者、二《ふた》り倶《とも》に瞎漢《かつかん》）　――碧巌録76――

丹霞《たんか》和尚が僧にたずねた、「どこから来たか」。僧は答えた、「山の下から参りました」。丹霞、「お斎《とき》はいただいたか」。僧、「はい、いただきました」。丹霞、「お前のような鈍物に、御飯を持ってきて供養してくださるお方は、おそらくは悟りの眼をもたない者だろう」。それから百年あまりすぎて、長慶と同参の保福とが、これについて論じた。長慶、「お斎を人に供養することは、仏恩《ぶっとん》を報ずる分がある。どうして悟りの眼をもたぬことがあろうか」。保福、「食を施した者も受けた者も、二人とも何も見えておらん」。長慶、「みずからの機《はたらき》を尽くして布施行をしておるのに、なんで何も見えておらんというのだ」。保福、「私を見えていないというのか。わしは悟りの眼をもたない者ではないぞ」。どうも二人ともぱっとしない。古来、ここの長慶・保福の問答は『碧巌録』中の疵物《きずもの》とされている。

249　寧説阿羅漢有三毒　不説如来有二種語（寧《むし》ろ阿羅漢に三毒ありと説くも、如来に二種の語ありと説かず）――碧巌録95――

長慶がいった、「たとえ阿羅漢《あらかん》（小乗の聖者）に三毒（貪《むさぼり》と瞋《いかり》と痴《おろか》）があるといおうとも、如来に〔方便と真実との〕二種の語があるとはいわぬ。如来に語がないというのではない、ただ二種の語だけは断じてないのだ」。『法華経』には、「ただ一乗（乗は教えの意）の法のみあって、二もなく亦た三もなし」とある。『維摩経』にも、「仏は一音《いっとん》を以て法を演説したもう。衆生の類に随っておのおの解《げ》を得るなり」とある。二種の語があるように聞えるのは、こちらの見地や境涯の届かぬせいである。保福が問うた、「如来の語とは何だ」。長慶、「全く耳の聴こえぬ者がどうして如来の語を聞くことができよう」。保福、「君が第二義に落ちて語っていることが、これではっきりわかった」。長慶、「そんなら、君のいう第一義の如来の語とは何だ」。保福はいった、「喫茶去《きっさこ》——お茶を召しあがれ」(2参照)。長慶と保福とは雪峰下のお歴々だ。前則248の問答は恐らく修行中のお互に未到のときの失敗談であろう。ここで少々面目をとりもどした。『碧巌録』は昔から「宗旨の深浅を試みるため」に読む本だという。前則のような手本にならぬ手本もあることを見落してはならぬ。

250 一切声是仏声 是否(一切声《しょうこ》是れ仏声と、是《ぜ》なりや)——碧巌録79——

投子《とうす》和尚にある僧が問うた、「経に『一切の声は仏の声だ』とありますが、ほんとうですか」。投子はいった、「そうだ」。僧、「老師、びちびち屎《くそ》をする音やおならの音を、仏の声としないでください」。投子はただちにぴしゃりと打った。僧は重ねて問うた、「またお経に『粗暴な言葉も丁寧《ていねい》な言い方も、すべて仏法の第一義に契《かな》う』とありますが、ほんとうでしょうか」。投子はいった、「そうだ」。僧、「それでは、老師を一頭の驢馬と呼んでよろしゅうございますか」。投子はすぐにぴしゃりと打った。僧は故意に巧《たく》んで悪平等で問うている。悪平等はみな我見から出る。この我見を根底から掃蕩するのが、師家《しけ》の務めだ。真に自我を空じて、平等即差別の真相に徹せしめんための涙にほかならぬ。はじめの矢は「是《ぜ》なり」と穏かに、後の矢はきびしい徹底猛「打」——まことに巧まざる巨匠の無心の妙用《みょうゆう》である。

251　蚌含明月　兎子懐胎（蚌《ぼう》明月を含《ふく》み、兎子《とし》懐胎す）――碧巌録90――

雲門の法孫智門和尚が「般若の体用《たいゆう》」（本体と作用《はたらき》）を問われて答えた語である（166参照）。合浦《がっぽ》の浦の蛤《はまぐり》が中秋の日に水面に浮かび出て、明月の光を含んで真珠を産む。兎が同じ名月の夜に口を開いて月光を呑み、月の精を受けて子をはらむ。二句とも意味は同様だから、体用は異にして同、本来不二ということを、例の雲門宗の「言句の妙密」さでこのように表現したものと解される。しかし、そんな分別知性上の解説をすると、明快ではあるが味も塩気もない。禅語は死んでしまう。圜悟《えんご》和尚も本則の垂示《すいじ》で、「声前《しょうぜん》の一句、千聖《せんしょう》不伝」といっている。千聖も伝え得ない「声前の一句」（音声に出る前の一句、父母未生《みしょう》以前の本来の面目）として、智門のこの語を受け取れというのだ。

252　這裏忽逢大虫時　又作麽生（這裏《しゃり》忽《も》し大虫に逢わんとき、又た作麽生《そもさん》）――碧巌録85――

臨済門下の四庵主の一人桐峰庵主（生寂不詳）に僧が問うた、「ここでもし大虫（虎）に逢ったら、どうします」。庵主はいきなり虎になってほえた。僧はそれを見て恐《こわ》そうなふりをした。庵主は呵々大笑した。僧はいった、「この老賊!」。庵主の笑いの中に油断のならぬ機鋒を見たというのか。庵主はいった、「この老衲《わし》をどう処置したものかな」。僧はそこでやめた。庵主の大笑あたりまでは、少々禅臭いが、まあまあ型どおりである。だが、この老賊以降がなまぬるい。文字どおり龍頭蛇尾の問答に堕してしまった。僧も庵主とともに大笑して、そこでやめたらまだしも救われたろう。雪竇和尚も見かねて評語を著《つ》けた、「よいにはよいが、このお二人、耳を掩《おお》うて鈴を盗むような間ぬけな問答をやらかした」。

253　与我将犀牛扇子来（我が与《ため》に犀牛《さいぎゅう》の扇子《せんす》を将《も》ち来れ）　——碧巌録91——

塩官和尚はある日侍者《じしゃ》を呼んでいった、「犀牛の扇子を持って来てくれ」。侍者はいった、「扇子は破《こわ》れました」。塩官、「扇子が破れたからには、犀牛を私に還《かえ》してくれ」。侍者は対《こた》えなかった。禅者なら侍者に代って何というか。

それで以下四大老の代語と雪竇《せっちょう》の評である。投子《とうす》和尚はいった、「持ち出すことは辞《さけ》ませんが、恐らく頭も角も完全でないでしょう」。雪竇がこれを評していった、「わしはその完全でない頭や角がほしいのだ」。石霜慶諸和尚はいった、「もし老師にお還《かえ》ししたら、私のがなくなります」。雪竇、「人々《にんにん》本具の犀牛は、還してもまだあるぞ」。資福和尚は、一円相を画いてその中に牛という一字を書いた。雪竇、「おそいおそい、先刻《さっき》なぜ持ち出さぬ」。保福和尚はいった、「老師もお年をめして無理をおっしゃる。私には務まりませぬから、別の侍者をお召しください」。雪竇の評、「あたら、労苦ばかりで無駄骨折りか」。

どの代語が最もすぐれているか、みなさんで参究してみてほしい。

254　不道無禅　只是無師（禅なしとは道《い》わず、只《た》だ是《こ》れ師なし）──碧巌録11──

黄檗和尚（臨済和尚の師）は門人たちをねめ回していった、「お前たちみんな酒の糟《かす》くらい坊主だ。他人の言葉のかすばかり食って、こしきった般若の清酒は飲めぬ。そんなふうで行脚して、どこで悟るというのだ。衲《わし》の眼から見れば、大唐国内四百余州に禅師らしい人物はおらんぞ」。

そのときひとりの僧が出て問うた、「それでは道場を構えて雲水を指導しておられます師《し》家《け》方は、あれはいったいどうなんです」。すると、黄檗はさっきの勢いはどこへやら、「いやそれはな、禅がないというたのではなくて、ただ師がないというたのじゃ」といった。これではまるで龍頭蛇尾だ。しかし、実はこの一見ぶざまな「風流ならざる処にまた風流」（108・150参照）があるというのが、禅者の見方である。俗世間でも、いつも勝つばかりが能ではない、「負けるが勝」ということもある。まして禅門「向上」（仏のその上の境涯）の活消息（生きた事情）をやである。

255　老僧住持事繁（老僧、住持、事繁し）――碧巌録49――

臨済門下の気鋭の禅将若き三聖《さんしょう》が、老禅匠雪峰を訪ねて問うた、「網を透った金鱗の大鯉《おおごい》は、いったい何を餌《えさ》にしているのだろうか」。まさに我れこそその金鱗よと、師匠臨済ゆずりの無依《むえ》の道人《どうにん》になりきって出た。しかし、雪峰は、「あんたが網を透ってきたら、答えよう」とおだやかにその鋭鋒をかわした。しかし、三聖そんなことでは引っ込まぬ。「門下一千五百人といわれる大宗匠が、これくらいの話もご存じないのか」と、あくまで主位に立とうとした。雪峰はいった、「老衲はなあ、住職としての仕事が忙しゅうてな」。あまり檀用が忙しゅうて、少々このごろぼけたかして、お歴々を相手にとんだ不調法ないい方をした。これではまるで若い三聖にやり込められたように見えるが、そうではない。三聖の鋭鋒をすっかり包み込んだ巨匠のみごとな龍頭蛇尾ぶり、老練な境涯をここいらで拝まねばならない。

256　銀碗裏盛雪（銀碗裏《り》に雪を盛《も》る）――碧巌録13――

巴陵《はりょう》和尚（雲門の法子）にある僧が問うた、「提婆《だいば》宗とはどんなものですか」。巴陵はいった、「銀のお碗に雪を盛る」。提婆宗とは、龍樹《りゅうじゅ》尊者（インド大乗仏教の大祖師）の弟子の迦《か》那提婆《なだいば》尊者の宗旨の意で、馬祖も「凡有《あらゆる》言句は是れ提婆宗である。只《た》だ此箇《しこ》（これ）を以て主となす」といっている。巴陵はそれを「白い銀の碗に白い雪を盛るようなものだ」という。これはいったい何のことか。もしここで、「平等中の差別」だとか「同中の異」だとか知解《ちげ》分別を加えたら、地獄に入ること矢のごとしだ。この則は「巴陵和尚三転語」といわれて、第二は次に出るので、第三をここに紹介しておく。僧が巴陵に問うた、「道とは何ですか」。巴陵はいった、「悟った明眼《みょうげん》の人も井戸に落ちる」。

257　珊瑚枝枝撐著月（珊瑚《さんご》枝々、月を撐著《とうじやく》す）――碧巌録100――

前則につづく巴陵《はりょう》の三転語。ある僧が巴陵和尚にたずねた、「吹毛《すいもう》の剣とはどんなものですか」。巴陵はいった、「珊瑚の枝々が月を撐《ささ》えている」。吹毛の剣とは、髪の毛を吹きつけると、すっと斬れるような利剣のことで、文殊菩薩が手にしている金剛王宝剣のことである。いうまでもなく人々《にんにん》本具の般若の智見の象徴だ。臨済なら一喝で、徳山なら一棒で答えるところである。しかし「紅旗閃爍《せんしゃく》」（高い所で紅い旗がひらひらはためいている）というような、高雅な宗風を身につけた雲門宗《うんもんじゅう》の巴陵のことだ。そんなやぼな答え方はせぬ。例の「言句の妙密」さで、「珊瑚樹の枝ごとに月光が輝いている」といったみごとな答えをした。ひとつ何のことか、みなさんの力でじっくり参究してほしい。

258　南泉於地上画一円相（南泉、地上に一円相《いちえんそう》を画《えが》く）――碧巌録69――

南泉和尚と帰宗《きす》和尚（生寂不詳）と麻谷《まよく》和尚という馬祖門下の三人が連れだって、高名な慧忠《えちゅう》国師を訪ねようと、都へ上る途中での話。南泉が杖で地上にくるりと円相を画いて、連れの二人を顧みていった、「君たちが何かいい得たら、ただちに行こう」。禅門の円相は慧忠国師に始まるという。それにちなんで問答をしかけたのだ。すると、帰宗はいきなりその円相の中にどっかと坐り込んだ。それを見て、麻谷はすぐに女人拝をした。女人拝というのは、正式の礼拝でなく胸に手を組んでちょっと腰をかがめて会釈するていどの拝である。女は髪飾りが落ちぬように、こうした拝が許される。南泉はいった、「そんならもう行くのはよそう」。めいめいがすでにりっぱに国師に相見《しょうけん》はすんでいる、もう行く必要はあるまい、というのだ。帰宗はいった、「何のつもりだ」。これは南泉への一拶だが、自分も南泉の尻馬にのって円相の中に坐りながら、こんなことをいう。帰宗さん、あんたも何のつもりだ。

259　互換機鋒子細看（互換の機鋒子細《しさい》に看《み》よ）――碧巌録75――

『碧巌録』の公案ではこれまでも何回か雪竇の頌を鑑賞してきたが、ここにも一つ。馬祖《ばそ》下の烏臼《うきゆう》和尚がある僧とたたかわした「屈棒」問答（178参照）につけた雪竇の頌である。「呼ぶは即ち易《やす》く、遣《や》るは即ち難《かた》し。互換の機鋒子細《しさい》に看よ。劫石《ごつせき》固うし来るも猶《な》お壊《え》すべし、滄溟深き処も立ちどころに須《すべか》らく乾くべし。烏臼老、烏臼老、幾何般《いくばくはん》ぞ。他に杓柄《しゃくへい》を与う太《はなは》だ端《はし》なし」。呼び寄せるのはやさしいが、うまく処置することはむずかしい。互に主となり客となっての働きぶりを子細に見て取れ。劫石（劫《ごう》は無限に長い時間。101参照）の堅固さもまだ破壊できるし、青海原の深底もたちどころに乾くに違いない。烏臼老人よ、烏臼老人よ。あなたのような達人は幾人といまい、他人に手中の一棒をいとも無造作に貸し与えるとは、なんとみごとな働きか。

260　時人見此一株花　如夢相似（時《とき》の人此《こ》の一株の花を見ること、夢の如くに相い似たり）――碧巌録40――

陸亘大夫《りっこうたいふ》は師の南泉和尚と話をしていたときにいった、「肇《じょう》法師に『天地と我れと同根、万物と我れと一体』という語がありますが、ほんとうにすばらしい言葉です」。のちには南泉の印可を受けた大夫も、このときはまだ未到底であった。いっていることに間違いはないのだが、そこにもう一つ境涯のうえで届かぬところがある。そこで南泉の弟子を思う垂語がほとばしり出た。南泉は「大夫」と呼びかけた。大夫がふりむくと、南泉は庭の牡《ぼ》丹《たん》を指さしていった、「世間の人は、この一株の花を見てもまるで夢でも見ているようだ」。同じく牡丹と同根だ一体だ、私の生命と庭の牡丹とぶっ続きだといっても、境涯のうえで天地雲泥の差がある。太公望は意あって（人物を待つ思いがあって）釣糸を垂れている、孔子は意なくして（無心で生きていて、しかも聖人が世に出たためでたいしるしとして）麒麟が現われた。有功用《うくゆう》（はからいが残る）と無功用《むくゆう》（無そのものの働きとしての妙用）の差である。

261　急水上打毬子（急水上に毬子《きゅうす》を打《た》す）――碧巌録80――

趙州《じょうしゅう》和尚にある僧が問うた、「生まれたての赤ん坊にも六識が具《そな》わっていますか」。趙州はいった、「急流の水の上《うえ》に毬子《まり》を投げるようなものだ」。その僧は後《あと》で投子《とうす》和尚に問うた、「趙州和尚の『急流の水の上に毬子を投げる』という、あの言葉の意味は何でしょうか」。投子はいった、「一念一念、流れて停《とど》まらないということだ」。急流も底が深いと、湛々として表面は一見流れていないかのように静まって見える。が、そこに毬子《まり》を投げ込むと、一瞬にして流れ去ってしまう。静中に動がある。人間も同じことで、達人は外見魯のごとく愚のごとくで、一見死水のように見えて、実は急水だ。これは「悟了同未悟」（悟り了《おわ》れば未だ悟らざるに同じ）という、すりあげきった向上の境涯をいうのである。キリストも「ひるがえって赤子のごとくなれ」といった。投子はそこを「一念一念、流れを停めない」といったのである。念々正念《しょうねん》の相続だ。ただ無心に前念は前念きり後念は後念きりで、一瞬一瞬の正念が「非連続の連続」で相続する。古人はそこを「数珠《じゅず》の緒のようにではなくて、数珠の玉のように」正念相続するのだ、と教えている。

262　始随芳草去　又逐落花回（始めは芳草に随って去り、又た落花を逐《お》うて回《かえ》る）——

碧巌録36——

長沙和尚（南泉の法子）がある日ぶらぶら山を散歩して、お寺の門のところまで帰ってくると、首座《しゅそ》がたずねた、「老師、どちらへおいででした」。長沙はいった、「山を散歩してきた」。首座は重ねて問うた、「どこまで行ってこられたのです」。長沙はいった、「往きは芳草につられてゆき、帰りは落花を追うてかえってきた」。悠々たる遊戯三昧《ゆげざんまい》（遊びの境地になりきった）の無心の心境である。これを無功用（はからいなし）といい、無作《むさ》の作《さ》（働かぬ働き）というも、まだ届かない。すりあげきった境涯である。首座はいった、「それはまあまったく春の陽気のような長閑《のどか》な散歩でございました」。何やら底意のほのみえる油断のならぬ口ぶりだ。長沙はいった、「秋の露が芙蕖《はす》の葉に滴《したた》るよりはましだろうて」。これは、暗に何やらありげな首座の底意をそっと押えた長沙の巧者な答えぶりだ。

ここに雪竇《せっちょう》和尚が最後の結末をつけた、「お答えありがとうございました」。

263 闍梨不曾遊山（闍梨《じやり》曾《かつ》て遊山《ゆさん》せず）――碧巌録34――

仰山和尚が僧にたずねた、「近ごろどこを発《た》って、ここに来たのか」。僧は答えた、「廬山《ろざん》です」。仰山、「廬山から来たなら、五老峰に遊んだことがあるか」。廬山は景勝の地で、なかでも五老峰は有名だ。しかし、仰山のいう五老峰とは単に地名のことか。僧、「行ったことはありません」。仰山、「闍梨（禅門では「あんた」というぐらいの敬称）は一度も山遊びをした経験がないのだな」。それではせっかく廬山に行ったかいがないではないか。山遊びに託して、脚下に安楽の地あることを返照させようとしたのである。仰山のいう遊山《ゆさん》とはいったい何のことか、悠々自適の遊戯三昧《ゆげざんまい》の境涯をいうのか。

雪竇和尚の評を見よう、「仰山のこの語は、この僧を悟らせたいばかりの慈悲心から、落草の談をされたのだ」と。底意は、仰山も慈悲心のあまりに少し言い過ぎた、というのである。落草の談とは、衆生のために第二義に落ちて、老婆が孫をかわいがるような婆々談義をすることをいう。

264 啐啄同時《そつたくどうじ》――碧巌録16――

鏡清《きょうしょう》和尚にある僧が、「私が内から啐《す》いますから、老師外から啄《つつ》いてください」といった。これは、「啐啄同時」といって、牝鶏《めんどり》が二十一日の間卵を温めて、いよいよかえろうとするとき雛が内から啐《す》う、それと同時に親鶏が外から啄《つつ》く。啐と啄とが同時にゆくと、殻が破れて雛が飛びだす。早すぎても遅すぎても、雛はかえらぬ。そのように師家《しけ》が学人《がくにん》（修行者）を悟らせるにも啐啄同時の機用《きゆう》（働き）が必要だ（83参照）というのである。この僧は、私は修行のかいあって、もう悟りに薄皮一枚の所まで来ています。どうか老師ひと突きなさってください、というのだ。鏡清はいった、「啄《つつ》いてもはたして生きるかな、流れはせんかな」。もうとっくに啄いておいたが、どうやら「ピヨピヨ！」と生きてはこなかったようだ、と。僧はいった、「もし私が生きませんでしたら、人に笑われましょう」。この僧、ちとのぼせ気味《ぎみ》だが、実は、卵はもう流れてしまっているのに、ご本人はそれを知らない。鏡清はいった、「やはり草の中の男だ」。なんのかのとほざいても妄想の草まぶれ、むさいやつだ、と。

265　老牸牛汝来也（老牸牛《じぎゅう》、汝来《きた》るや）　――碧巌録24――

鉄磨《てつま》（鉄製の臼《うす》）と仇名《あだな》された劉《りゅう》という姓の尼僧が、潙山和尚の近くに庵を結んで、和尚にも参じ、また雲水たちの世話をもしていた。

ある日、その劉鉄磨がやってくるのを見て、潙山はいった、「婆牛来《ばぎゅうらい》おったな」。口の悪いのは親しみの表現だ。鉄磨というからには、何物も粉々に打ち砕く当たるべからざる禅機を称したものであろう。老牸牛とあるから、牝牛《めうし》の老牛、禅門によく見かけるなかなかやりての婆様であったか。それがきょうは潙山老和尚と堂々と互角の法戦《ほっせん》である。劉はいった、「あした、五台山でお斎《とき》の大供養があります。老師も行かれますか」。来たかに対して行くかというのもおもしろいが、それにしても潙山は湖南省にあり台山は山西省にある。いずれにせよ、あしたはまにあいそうにもない。潙山はこれを聞くと、ころんと身を投げ出して寝てしまった。満腹でこのうえご馳走なんぞ要《い》らんというのか、それともわしの寝ておるここが台山（文殊すなわち般若の在り処《あか》）だというのか。劉鉄磨はもう何ともいわずに、さっさと出ていった。いずれとも、戦になれた作家《さっけ》（やりて）である。

266　鉢裏飯　桶裏水（鉢裏《はつり》の飯《はん》、桶裏《つうり》の水《すい》）――碧巌録50――

雲門和尚にある僧が「塵々三昧《じんじんざんまい》とは何か」と問うた。雲門はいった、「お鉢の中の飯だ、桶の中の水だ」。

「三昧」は梵語のサマーディ（samādhi）の音写で、正受とか不受とか訳されて、そのものそれと一つになりきった境涯をいう語である。それに「王三昧」と「個々三昧」の二つがある。「塵々三昧」とはその「個々三昧」をいうものと解してよい。ここで『華厳経』の「一微塵中、三昧に入る」云々を持ちだすまでもない。「無字」の公案（301参照）に参じて、「無というもあたら言葉の障《さわ》りかな無とも思わぬときぞ無となる」で、絶対無の只中に死にきったところが「王三昧」だ。しかし、そこに腰をすえていたのでは死人《しびと》禅で働きがない。そこからさらに「大死一番、絶後に蘇息」して、日常差別の一々の中でその平等三昧が生きて働かなければならぬ。そこが「塵々三昧」だ。雲門はそこを例の「言句の妙密」さで、「お鉢の中の飯、手桶の中の水」といったまでである。「白露の己《おの》が姿をそのままに紅葉《もみじ》に置けば紅《くれない》の玉」（123参照）である。一応こう解釈はするものの、単なる法理は禅ではない。要はただ体験の問題である。

267　南山起雲　北山下雨（南山に雲起《お》これば、北山に雨下《ふ》る）——碧巌録83——

雲門和尚は門下の雲水たちに示していった、「古仏と露柱（両側が壁に接していない、周囲むき出しの柱）と互いに交《まじ》わるのは第何機（何番めの働き）か」。誰も何もいわぬので、自分で代っていった、「南山で雲が起これば、北山で雨が降る」。ちなみにいうが、「起雲・下雨」を「雲を起こし、雨を下《くだ》す」と訓じてはならぬ。これは「葉葉起清風」を「葉々、清風を起こす」と読んではならぬ（145参照）のと同様だ。そう読むと、南山や北山や葉々が起こすとか下すとかいう働きをすることになって、擬人法になる。ここの起や下は行為動詞ではなくて、現象動詞であるから、「雲が起こり雨が下《ふ》り、清風が起こる」と読むのが正しい。

さて、南山の雲と北山の雨とは不二である。それを空というのだ。「空」とは「自他不二」である。平等即差別である。したがって差別即差別である。個物（微塵）と個物（微塵）とが相即相入する「事事無礙法界《じじむげほっかい》」（個と個とが円融交差して互に礙《さまた》げない自他不二の境地。100・174参照）の世界がそこにある。前則266の「塵々三昧」も実はここで成立するものであったのだ。ところで、私はここの雲門の代語を「張公茶を喫して李公覚《さ》む」と代えたい。皆さん、筆者の意図を見抜けますか（300参照）。

268　祖師心印　状似鉄牛機（祖師の心印、状《かたち》鉄牛の機に似たり）――碧巌録38――

風穴和尚は郢州《えいしゅう》の役所で説法していった、「祖師の心印は、その状《さま》をたとえると、黄河の守護神の鉄牛の働きに似ている。印を押して取り去れば印文が住《とど》まり（放行・肯定）、そのまま印を押しておけば印文は見えぬ（把住・否定）。たとえば取り去りもせずそのまま押してもおかぬとすると、印は押すがよいのか押さぬがよいのか」。そのとき、盧陂《ろひ》長老という者が進みでて問うた、「私に鉄牛の働きがあります。しかしどうか老師印可などなさらないでください」。風穴はいった、「大鯨《たいげい》を釣って大海を澄ますことには慣れているが、蛙《かわず》が泥田《どろた》で転《ころ》げ回ってるのには恐れ入った」。長老は思いためらった。風穴は一喝していった、「長老、なぜ何かいわぬ」。長老は何かいおうとした。風穴はいった、「まだ話題を憶《おぼ》えているか。ためしにいうてみよ」。長老は口を開こうとした。風穴は払子《ほっす》で打った。そばで見ていた知事がいった、「仏法（禅道）も王法（政治）も同じことだ」。風穴、「長官はいったいどんな道理を見られたのか」。知事、「断ずべきときに断じないと、かえって乱を招くことになります」（232参照）。風穴はただちに講座をおりた。

長老と知事の到未到は、みなさんめいめいの力で見てもらいたい。

269　忽遇三種病人来　作麽生接（忽《も》し三種の病人の来《きた》るに遇わば、作麽生《そもさん》か接せん）

――碧巌録88――

玄沙《げんしゃ》和尚は弟子たちにいった、「諸法の師家《しけ》方は、みなさん衆生《しゅじょう》を済度するとおっしゃるが、もしたまたま次のような三者が来たら、どう済度したものか。目の見えぬ者には木槌を取りあげ払子《ほっす》を立てて見せても見えぬ。耳の聴こえぬ者には語言三昧《ごごんざんまい》も聞えぬ。口のきけぬ者にはしゃべらせようとしてもしゃべれない。まあ、これをどう済度するか。もしこれらの人々を済度できぬというなら、仏法にはなんの霊験《れいげん》もないということになろう」。これを聞いた僧が玄沙と同門の雲門和尚に教えを乞うた。雲門はいった、「礼拝せよ」。僧は礼拝して立った。雲門は拄杖でついた。僧は退いた。雲門はいった、「君は目の見えぬ者ではないな」。またいった、「近くへ来い」。僧は近づいた。雲門はいった、「君は耳の聴こえぬ者ではないな」。そして雲門はいった、「わかったか」。僧はいった、「わかりません」。雲門はいった、「君は口のきけぬ者ではないな」。僧はここではっと気づいた。

270　従上諸聖　還有不為人説底法麼（従上の諸聖《しょしょう》、還《ま》た人の為に説かざる底《てい》の法ありや）

——碧巌録28——

南泉が同門の涅槃《ねはん》和尚（生寂不詳）の所に行ったとき、涅槃和尚が問うた、「これまでの祖師方には、人に向かって説かなかった法（真理）というものがあるだろうか」。南泉はいった、「ある」。涅槃、「では、それはどんな法か」。南泉はいった、「心でもない、仏でもない、物（衆生）でもない」（352参照）。涅槃、「貴公それでは説いてしまった法ではないか」。南泉はいった、「私はただこのとおりだ。和尚はどうなのだ」。涅槃は、「私は大善知識ではないから、説くとか説かぬとかいうことは、いっこうに知らぬよ」ととぼけた。南泉もさるもの、「私にはわからぬ」。もっというてみよと返した。涅槃はいった、「いや、私も大いに君に向かって説いてしまったわい」。兄弟二人して組んずほぐれつして、馬祖《ばそ》下の家醜（家、実は宗旨の恥）を外に挙揚《こよう》しているところが見どころである。

X　見性成仏——『碧巌録』の公案4

見性成仏——仏教はどの宗派も
成仏がねらい。禅は見性して成仏すると説く。
自己の人間性の本性を悟って
その「覚」によって仏陀となり、仏陀として生きる。

271 解打鼓《げたっく》 ――碧巌録44――

禾山《かさん》和尚(?―九六〇)は垂語《すいご》していった、「習学を聞といい、絶学を隣といい、この二つを透過した者を真過という」。これは僧肇《そうじょう》の『宝蔵論』の語で、学道に三つある。その一を真といい、その二を隣といい、その三を聞という。学問を習うのが聞だ、学問を学び尽したのが隣だ、そしてこの二つを透過したのが真だ、とある。つまり真過というのは徹底向上の境涯をいう。

そこでひとりの僧が出て問うた、「真過とは何か」。禾山はいった、「私は太鼓が打てるぞ」。

ちなみに、彼は太鼓の音を聞いて悟った、といわれる。

僧はまた問うた、「真諦(出家の真理)とは何か」。禾山はいった、「私は太鼓が打てるぞ」。

また問う、「即心即仏は問いません。非心非仏とは?」。禾山、「私は太鼓が打てるぞ」。

また問うた、「さらに向上《そのうえ》の人物が来たら、どう接化《せっけ》(教化)されますか」。禾山、「私は太鼓が打てるぞ」。

ちなみに、解打鼓の「解」は理解の解ではなくて、「能」と同じ可能の情意詞である。「鼓《く》を打つことを解《え》たり」とか「解《よ》く鼓を打つ」とか訓読するがよい。

272　因思長慶陸大夫　解道合笑不合哭（因《ちな》みに思う、長慶と陸大夫《たいふ》、道《い》うことを解《え》たり笑うべし哭《こく》すべからずと）——碧巌録12——

これは雲門の法子《はっす》洞山守初《とうざんしゅしょ》（九一〇—九九〇）の麻三斤《まさんぎん》という公案（312参照）を雪竇和尚が歌った頌の中の一句である。

陸亘大夫《りくこうたいふ》は宣州の観察使となり、南泉和尚に参じた。南泉が示寂したとき、大夫は喪を聞いて寺に入って焼香したが、そのとき霊前で呵々大笑した。院主が、「先師は大夫と師弟の間柄なのに、なぜ哭《な》かぬのですか」と、とがめた。大夫はいった、「貴師が一句いい得たら、哭きましょう」。院主は返事ができなかった。大夫は哭《な》いていった、「ああ、ああ。先師世を去ること遠しだ」。

後世にこのことを聞いた長慶和尚が評していった、「大夫はまさしく笑うべきであって、当然哭くべきではなかった」。

雪竇はこの話をかりていったのだ、「それにつけて思い出すのは長慶和尚と陸亘大夫の話だ。『笑うべし、哭すべからず』とは能《よ》く道《い》ったものだ」。——院主は笑うべき分別見解《けんげ》で大夫をとがめた。君たちも知見解会《げえ》でもって「麻三斤」の公案を見たりすると、大いに笑われるぞという忠告である。

273　坐久成労（坐すること久しゅうして労を成《な》す）　――碧巌録17――

香林《きょうりん》和尚にある僧が問うた、「祖師達摩がインドから来て伝えた禅の極意は何か」。香林はいった、「坐久成労《ざきゅうじょうろう》（長いこと坐っていて、くたびれたわい）」。禅の極意が「坐久成労」とは、いったい何のことか。達摩大師が少林寺で九年面壁して坐禅した話など持ちだしてはならぬ。第一、今日の歴史家のいうところでは、達摩は少林寺にいたことはないという。達摩系の禅が少林寺に入ったのは、達摩七世の法孫あたりからだともいうではないか。「坐久成労」とは、端的にいえば、修行つくしてすっかりすりあげきった禅者の至高の境涯を表現した語である。趙州《じょうしゅう》和尚に、「直《た》だ得たり五年分疎不下《ぶんそふげ》なることを」の語があった（242参照）。あの則あたりで見当をつけてもらうとよい。それもものまねや芝居では何にもならぬ。真に「坐久成労」の境涯になって、みずから師匠の前に躍《おど》り出さねばだめだ。

274　如何是超仏越祖談（如何《いか》なるか是《こ》れ超仏越祖《おつそ》の談）　――碧巌録77――

雲門和尚に、ある僧が問うた。「仏陀を超越し祖師を超越した談《はなし》とは、どんなものですか」。この僧、仏のホの字をいうのも口の汚れだという肚《はら》だ。しかし、実はそういうだけまだ仏祖にとらわれているといえなくもない。そこで雲門はいった、「胡麻餅《ごまもち》だ」。『雲門録』では同じ問いに、「蒲州の麻黄《まおう》、益州の附子《とりかぶと》」とも答えている。圜悟《えんご》和尚も、「衲《わし》なら、『驢《ろ》馬《ば》の屎《くそ》、馬の糞《くそ》みたいだ』といおう」といっている。仏見《ぶっけん》（仏に囚《とら》われる見解）や法見《ほっけん》（法に縛《しば》られる見解）を、さらりとすてた禅門至高の仏向上《ぶっこうじょう》（仏のその上）の境涯といってみても、型や芝居では何にもならぬ。天桂《てんけい》和尚（一六四八—一七三五）の室内で、「幽霊を済度してみよ」という公案を与えられた人が、すぐに幽霊のまねをした。天桂は笑っていった、「いつまでもそうしてござれ」。いつまでも幽霊のまねでは、幽霊どころか自己の済度さえできまい。

275　体露金風（体《たい》、金風に露《あらわ》る）——碧巌録27——

雲門和尚にある僧が問うた、「樹が凋《しぼ》み葉が落ちたときは、どうですか」。これはよい問いだ。「大死一番、絶後蘇息」どころの話ではない。それはもうはるか昔の夢物語だ。いまは煩悩生死の枝も枯れ、菩提涅槃《ぼだいねはん》の葉も落ちた、真乎《しんこ》「身心脱落」の至妙境、いわゆる「仏向上」の境涯を問うた。それに対する雲門の答えも例の「言句の妙密」さをよく示している。「体露金風《たいろきんぷう》」——体が金風に露《あらわ》れるとは、木凋《しぼ》み葉落ちたその樹木の本体が秋風の中に露出している、全体すっ裸の樹に蕭条《しょうじょう》たる秋の風が吹き渡っている、というのだ。雲門は、裸を、もひとつ裸にせよというのか。しかし、これ以上の解説はやめて、雪竇の頌を味わおう。「問い既に宗あれば、答えも亦た同じき処。三句弁ずべし、一鏃空に透る。大野涼風颯々《さつさつ》、長天疎雨濛々《もうもう》。君見ずや少林久坐未帰の客、静かに依る熊耳の一叢々」。山田無文老師の名訳を紹介しよう。「問《とい》もあっぱれ／答もみごと。／三句手の中／一矢雲外。／熊耳峰頂／秋くれて、／達摩眠ると／誰が言うた。／曠野はてなく／風颯々、／長天遠く／雨濛々。」

276　現成公案《げんじょうこうあん》　打畳不下《たじょうふげ》　——碧巌録32——

「現成公案」は「諸法実相《しょほうじっそう》」と同義で、目前に現われた現象そのままが真如実相だとする見《けん》解《げ》である。人々《にんにん》本来「箇々円成《えんじょう》」で、一人一人円満に仏性《ぶっしょう》を成就している、迷倒の衆生などどこにもいない、という空見である。それが真理であるだけに、始末に悪い恐ろしい禅病だ。これではなんとしても衆生済度はならぬ。「打畳不下」とは、その空見を一つにひっからげて片づけることができぬという意。それならここによい公案がある。臨済和尚の門下に定上座《じょうじょうざ》という旧参底《てい》がいた。彼は多年の修行でまさしく「現成公案、打畳不下」という境涯に近づいていた。そこで改めて臨済に問うた、「仏法の大精神とは何ですか」。臨済は禅床《いす》からおりて、定《じょう》の胸ぐらをつかまえて平手打ちをくわせるや、ぱっと突き放した。定は茫然自失してつっ立っていた。かたわらにいた僧が注意した、「定上座、なぜ礼拝せぬ」。定は礼拝したとたんに、はっと大悟した（164参照）。定上座はこのときはじめて末後（最後）の牢関を透過して、真に自利利他の自由を得たのである。白隠下の室内でいえば、「趙州の無字」でいったんの見性《けんしょう》経験を得た者が、さらに「雲門の関字」で末後周羅《しゅうら》の一結《いっけつ》をぶちきるようなものであろう（282参照）。ちなみに「周羅」とは、得度式の前夜に髪を剃って頂心に少し残しておく髪で、得度にあたって、師が「最後の一結、これを周羅という、云々」といって落髪する。

277　鎮州出大蘿蔔頭（鎮州に大蘿蔔頭《らふとう》を出だす）――碧巌録30――

趙州和尚にある僧が問うた、「承《うけたまわ》るところによると、老師は南泉禅師に親しく随身されて嗣法されたとのことですが、ほんとうでしょうか」。趙州が南泉の法嗣《はっす》だということは、天下にかくれもない事実なのに、これはまたなんという質問か。これが臨済だったら、前則の定上座のように、胸ぐらひっつかまれて平手打ちをくったうえに突き飛ばされるところだ。しかし、趙州の禅風はそうではない。口唇皮上《くしんぴ》に光を放つといわれて、平常心是《こ》れ道（346参照）に徹している。趙州はいった、「鎮州には大きな大根ができるわい」。鎮州は今日の河北省正定の地で、和尚のいた趙州城市はここの治下にあったから、ここに老衲《わし》がおる――南泉から老衲《わし》のような大物が出たというのであろうか。すっかりすりつぶれてまったく角《かど》のない老趙州「閑古錐《かんこすい》」（110・180参照）の円満無礙《むげ》の境涯を拝まねばならぬ。

278　要識末後句　只這是

（末後の句を識らんと要《ほっ》せば、只《た》だ這《こ》れ是《こ》れ）――碧巌録51

雪峰和尚が会昌《えしょう》の法難を避けて、小庵を結んでいたとき、二人の雲水が訪ねてきた。雪峰は僧が来るのを見て、手で庵の戸を推し開いて、身をのりだしていった、「これは何か」。僧も同じようにいった、「これは何か」。雪峰は頭を低《た》れて庵に帰った（徳山老和尚の再来か。179・358参照）。僧はのちに巌頭和尚の所に行った。巌頭、「どこから来た」。僧、「嶺南から」。巌頭、「雪峰に行ったか」。僧、「行きました」。巌頭、「どんな語をはいたか」。僧は前の話をした。巌頭、「彼はどういった」。僧、「何もいわず頭を低れて庵に帰りました」。巌頭、「ああ、あのときに彼に末後の句を教えておけばよかった。そうすれば天下の人も雪峰老をどうもできなかったものを」。僧は夏安居《げあんご》の終りに再び問うた。巌頭、「なぜ早く問わぬ」。僧、「問題をたいせつにしたからです」。巌頭、「雪峰は徳山下の同門で、わしと同じ枝に生じた（悟りの見地は同じだ）が、わしと同じ枝で死なぬ（為人《いにん》の方便すなわち人を教える手段は異なる）のだ。末後の句を知ろうと欲するなら、ただこれがそれだ」。巌頭のいう「これ」とは何であろうか。

279　**黄巣過後　還収得剣麽**（黄巣《こうそう》過ぎて後、還《ま》た剣を収得すや）——碧巌録66——

巌頭和尚が僧に問うた、「どこから来たか」。僧は答えた、「西京（長安）から来ました」。巌頭、「黄巣の乱の後、例の剣の話をいっこう聞かぬが、君は剣を持ってきたか」。黄巣という男があるときひとふりの剣を拾ったが、その剣に「天、黄巣に賜う」とあったので、衝天大将軍と号して乱を起こし、一時長安の都を陥《おと》して帝位についたという話から、人々《にんにん》本具の金剛王宝剣はどうだ、と問うたのだ。僧は答えた、「持ってきました」。これではまぬるい。体《たい》は得ていても用《ゆう》が手に入っていない。そこで巌頭は首をさしのべて、近づいて「囮《えいっ》！」と気合をかけた。さあ、斬れ、持ってきたならみごとその剣を使ってみよ、というのだ。僧はいった、「老師の首は落ちました」。こんな口頭禅ではなんにもならぬ。巌頭は呵々大笑した。僧はのちに雪峰に参じた。雪峰、「どこから来た」。僧、「巌頭から」。雪峰、「彼はどんな語をはいたか」。僧は前の話をした。雪峰は三十棒をくらわせて追い出した。

280　**錯**《しゃく》　——碧巌録98——

天平《てんぺい》和尚（羅漢三世）は行脚のとき西院《さいいん》（臨済三世）に参じたが、いったんの悟りをかついで常に参禅を怠った。ある日、西院はそんな天平を遠くから見て、「従漪《じゅうい》」と名を呼んだ。天平は頭をあげた。西院、「それ錯《あやま》った」。天平は知らぬふりで二、三歩行った。西院、「それ錯った」。天平は西院に近づいた。西院はいった、「先刻の錯《あやまり》は私の錯か上座《あんた》の錯か」。天平、「わたくし従漪の錯です」。西院、「それ錯った」。天平はそこでやめた。西院はいった、「まあここで夏安居《げあんご》を過せ。上座とあの両錯《ふたつのあやまり》について問答しよう」。しかしそのとき天平はすぐに西院を去った。のちに住院したとき大衆にいった、「私はむかし業《ごう》の風に吹かれて西院長老の所に行き、両錯をくらった。そのうえ私を留めて共に商量しようといわれたが、私は留まらずに去った。私はあのとき錯ったとはいわない。私の錯は、私がはじめ南方に行脚に出たときすでに錯ってしまったのだ」。この則のみどころは西院の錯と天平の錯との境涯の違いにある。『碧巌録』は「法の深浅を試みる為《ため》」に読むとは、ここらあたりのことをいうのであろうか。

281　這掠虚頭漢（這《こ》の掠虚頭《りゃくことう》の漢）　――碧巌録10――

睦州《ぼくじゅう》和尚は僧にたずねた、「近ごろどこを離れて、ここへおじゃった」。僧は一喝した。この僧、臨済の弟子でもあったか、得意の喝を吐いた。真空無相のお悟りの真只中《まっただなか》から出てきたといわんばかり。睦州、「おやおや、衲《わし》もお前に一喝をくったわい」。負けて出たは老和尚の何の手か、あくまでこの僧の真偽を試みんとの肚《はら》か。僧は重ねて一喝した。少々勢いに乗りすぎた感もあるが、強《し》いて悪いというでもなかろう。睦州、「三喝四喝ののちはどうじゃ」。お前いつまでお悟りの奴隷になっておるつもりだ。そんなにいつも肩いからせていると、くたぶれるぞ。もそっと長閑《のどか》にいかぬものかいと、そっとたしなめた。僧は無語――この無語はどうか。古人はこれをほめる人もある、けなす人もある。とまれ睦州はぴしゃりと打っていった、「このかたり者めが！」。ここでこの僧なんとか働かねば先の喝が掠虚頭《うそもの》になりかねないところだが。

282　関《かん》　――碧巌録 8――

翠巌和尚は師の雪峰禅院の首座《しゅそ》でもしていたのか、夏安居の終りの日に大衆《だいしゅ》にいった、「結制以来一夏《いちげ》九十日の間、兄弟たちのために説法してきたが、あまり説きすぎて仏罰を蒙《こうむ》り、眉毛がぬけ落ちたのではないかと心配だ。衲《わし》の眉毛があるかどうか見てくれえ」。まちがって法を説くと、その罰で眉毛がぬけ落ちるという伝説があるのだ（169・345参照）。同門の保福がいった、「盗人《ぬすっと》は心がびくつくそうな」。同じく長慶がいった、「生えているとも、ふさふさと生えておるわい」。最後に雲門がいった、「関」。

全体作用《さゆう》である。一声の下に自己を忘ずるとき、天地自己ならざるはない。三長老の中でも、とりわけこの関字がすさまじい。

あるとき、故大淵窟（河野宗寛）老師が筆者に語ったことがある。「雲門の関の公案のときは師匠（山崎大耕老師）も必死だった。私も心墻壁のごとく、あれで一年以上も関字で錬えられた。それで透過のときは身がすがすがしゅうなって、ほんとにまめ息災という境涯になったのは関字を透過した後ではないかと思う。ほんとに力が出て、この細い体でもう何をやっても誰にも負けをとらんと思うた」と（276参照）。

283 諦観《たいかん》法王法　法王法如是《にょぜ》　――碧巌録92――

世尊はある日、法座にのぼった。文殊が白槌《びゃくつい》（大衆に告報する前に木槌でかちんと台を打って注意を喚起すること）していった、「諦《あきら》かに法王の法を観ぜよ。法王の法は是《か》くの如し」。これは説法が終ったときの唱え言葉だ。まだ説法が始まらぬうちに、文殊は説法終了の合図をした。何のことか。そのとき、世尊はすーっ、とそのまま座をくだった。ここで世尊の境涯を拝まねばならぬ。

筆者は生前ただ一度だけ青娥宝（関精拙）老師に逢ったことがある。ある陸軍病院の講堂であった。老師は壇上にあがって、「皆さんお国のためにご苦労じゃ。わしはもう老齢だから、長い話はご免をこうむる」とこうひとことといって、それで壇を降りた。そのなにげない平常の姿がまるでお能の名人の動きのようにみごとだった。これを道力《どうりき》というのであろうか。そのとき私は、「私はきょう禅を見た！」という思いを抱いた感激をいまに忘れ得ない。禅とは読むもの聞くものではない、見るものだという私の主張は、この時以来のものだ。

284　鶏寒上樹　鴨寒入水（鶏《にわとり》寒うして樹に上り、鴨《かも》寒うして水に入る）——人天眼目

禅は正伝《しょうでん》の仏法である。その意味では如来禅と祖師禅とは全同である。しかし、禅はインドのものでなくて、あくまでも中国のものである。その意味では祖師禅と如来禅とは全別である。

巴陵《はりょう》和尚にある僧が問うた、「祖意と教意とは、同じですか別ですか」。巴陵はいった、「鶏《にわとり》は寒いと樹に上り、鴨《かも》は寒いと水に入る」。同じ寒さに処するのにもやり方が違うというのだ。またある僧が問うた、「三乗十二分教（如来一代の教意。31参照）には疑いはありません、宗門中の事《じ》（禅宗の祖意）とは何ですか」。巴陵はいった、「衲僧分上《のうそうぶんじょう》の事《じ》ではない（禅僧の知ったことか）」。僧、「それはどういうことです」。巴陵、「白浪を貪り観て、手橈《しゅどう》（手中の櫂《かい》）を失った」。言語文字の千波万波に気を取られていると、肝心の仏意を見失うぞというのだ。

285　鎮海明珠（鎮海の明珠《みようしゆ》）——伝燈録——

朗州東邑の懐政《えせい》和尚（馬祖三世）は仰山《ぎようざん》が来参したときにたずねた、「お前はどこの者か」。仰山、「広南の人間です」。

懐政、「私は聞いたことがある、広南には鎮海の明珠（すき透った珠）があると、ほんとうか」。仰山、「ほんとうです」。

懐政、「その珠はどんな形をしているのか」。仰山、「月が輝くとすぐに現われます」。

懐政、「持ってきたか」。仰山、「持ってきました」。

懐政、「そんなら、どうして老僧《わし》に呈しないのだ」。仰山はいった、「以前に潙山に参りましたときも、同じようにわたくし慧寂《えじやく》にその珠を求められましたが、お答えすべき言葉もなく申しあぐべき法理もありませんでした」。

懐政はいった、「本当の獅子児だ、みごとな獅子吼《ししく》だ」。

——「どうしてわしに呈しない」という問いに対して、仰山に代わって一句いうてみよ、という。こんな問いも、もうみなさんにはなんでもないだろう。それでもまだわからないというなら、先に犀牛児を求められたときの投子の答え（253参照）、を参考にして工夫するがよい。

286

南泉遷化　向甚麽処去（南泉遷化《せんげ》して甚麽《なん》の処に向かってか去る）――葛藤集272

三聖《さんしょう》が秀首座《しゅそ》に命じて「南泉は死んでどこへ行ったか」と問わせたとき、長沙《ちょうさ》は「石頭は沙弥《しゃみ》であったときに、六祖にお目にかかったことがある」と答えた。秀が「そんな沙弥の話など問わぬ、南泉は死んでどこへ行ったか」というと、長沙は「あの方をして尋思《じんし》させたのだ」といった。尋思は、尋《たず》ね思う意に、思すなわち行思（後の青原和尚）を尋ねさせたという故事をふむ。

秀はいった、「老師には千尺の寒松はおありだが、枝を抽《ぬ》く石筍がおありでない」。長沙は黙っていた。秀は「老師の尊答を謝す」といった。長沙はやはり黙っていた。

秀は帰って三聖に報告した。三聖はいった、「もし本当にそうなら、臨済より勝れること七歩だ。だが、わしがあすもう一度点検してみよう」。

そこで翌日行って、「和尚はきのう『南泉遷化』の話に答えられたと聞くが、あれは光前絶後、古今聞くことも希《ま》れな名答です」といった。が、長沙はやはり黙っていた（89・338参照）。

世に「長沙の三黙然《もくねん》」の話《わ》として伝えられる。

287　祇是未在（祇《た》だ是れ未在《みざい》）　――葛藤集259――

白雲和尚（一〇二五―七二）は弟子の法演にいった、「数人の禅客が廬山からやってきた。いずれもみなりっぱに悟っている。彼らに提唱させてみると、ちゃんと由来のある説法をする。公案をとりあげて問うてみると、見地もしっかりしている。語を著《お》かせてみてもみごとに著く。しかし、なんとしても未在《いまだし》だ」。

何もかもちゃんとできるのに、なんで未在《みざい》なのか。道元古仏に次の語があった、「身心に法いまだ参飽せざるには、法すでに足れりと覚ゆ。法もし身心に充足すれば、ひとかたは足《た》らずと覚ゆるなり」。だからいうではないか、「釈迦も達摩もいまなお修行中」と。「たとえ劫石《ごっせき》は尽くる日あるも、わが願力《がんりき》の尽くるときなし」である。

288　堪対暮雲帰未合　遠山無限碧層層（対するに堪えたり暮雲の帰って未だ合せざるに、遠山限り無く碧層々）　――碧巌録20――

夕暮れの雲が周囲から集ってきて山を包まんとしつつあるが、その雲間から見える山また山と緑の重なる遠景は、なんとも見ごたえのあるすばらしさだ。これは前出の「龍牙《りゅうげ》西来無意」（214参照）の公案を歌った雪竇和尚の頌の一節であるが、古来「暮雲の頌」と称して一則の公案としてだいじに扱われている。この頌に参ずるには、むしろこれも前出の保福と長慶とが雪峰山の裏山にのぼって交わした問答（206参照）を参考にするほうがよい。

はるかに重なる連山を指して保福が思わず「ただここそが妙峰頂《みょうぶちょう》だ」（180参照）、なんともすばらしい眺めではないかと感歎すると、長慶がしぶい顔をしてたしなめた、「すばらしいには違いないが、惜しいことだ」。もう日暮れも近いし、やらねばならぬことも多いから、いつまでも見ほれていないで、もう山をおりようよ、と。

289　我当時被馬祖一喝　直得三日耳聾（我れ当時《そのかみ》馬祖《ばそ》に一喝せられて、直《た》だ得たり三日耳聾《ろう》することを）──葛藤集182──

百丈がふたたび師の馬祖に参じたある日、師のそばに立っていると、馬祖は目で禅床《いす》の角《かど》の払子《ほっす》をじろりと見た。百丈がそれを取りにくるのを見て、自身で払子を取ってすっと立てた。百丈はいった、「この用《はたらき》に即するのですか、この用を離れるのですか」。馬祖は払子を元の所にかけた。なおしばらくそばに立っていると、馬祖はいった、「お前は今後二つの唇《くちびる》をたたいて、どのように人を教化するか」。百丈は払子を取って立てた。馬祖はいった、「この用に即するのか、この用を離れるのか」。百丈は払子を元の所にかけた。そのときである、馬祖が威をふるって一喝した。百丈は大悟した。のちに弟子の黄檗に語っていった、「私はあのとき馬祖に一喝されて、三日間耳がつぶれるというめに逢うた」。黄檗はそれを聞いてぞっとして舌をはいた(73参照)。

290 臨済一句白状底《はくじようてい》 ——本光軒室内——

『臨済録』一巻を一句に集約して、その家宝の虎の子を白状したところがあるから、見てこいというのである。たいていの修行者がこれには泣かされる。現に天下の宗匠として法幢《ほうとう》(仏法の旗)を立てている師家《しけ》方の中にも、この公案ではほとんど神経衰弱(?)になるほどに骨身をけずったという。両忘庵(釈宗活)老師(一八七〇—一九五四)の『臨済録講話』示衆の一節に、「これより本文わずかに三、四枚の中に、『臨済録』初めの「上堂」より、終りの「瞎驢《かつろ》辺《へん》に滅却まで」の全体をただ一句に白状してある。臨済一句の白状底というところがある。その一句子《いっくす》に、「仏陀の一代時教も祖師の一千七百則も、ことごとく説き尽しておるが、具眼の者はどの一句であるか、見ぬいてごろうじろ。作麽生《そもさん》か那《な》の一句」という婆説(老婆が孫をかわいがるような親切すぎる説き方)があった。こんな閑文字なきにしかずだが、あたら有為《ゆうい》の修行者を禅病や神経衰弱患者に終らせてはなるまいとの婆心とみて、ここに重ねて室内の天機(重大な秘密)を漏らしておくしだいである。

291　従来不失　何用追尋（従来失わず、何ぞ追尋《ついじん》を用いん）――十牛図――

廓庵《かくあん》和尚（五祖法演三世の法孫）に『十牛図』という書があって、十枚の牧牛の図と詩偈《しげ》と序で、よく禅門の修行の過程《プロセス》を示すものとして重宝がられている。

第一尋牛――見失われた心牛を尋ね求める。心の牛とは、真実の自己である。臨済のいう無位の真人である。個が自己の中に自己の根源をもたぬみずからの有限性を感じて、求道の志を発《おこ》した段階である。しかし、この心牛（無相の自己）は実はこれまでもけっして失われてはいない。真人はわれわれの面門（眼耳鼻舌身意）に常に出入している（78参照）。ただその正しい自覚を欠くために、本来それ自体である自己と疎遠になっているだけだ。どうしてそれを外に求める必要があろう。ただ自己の脚下を照顧すればよいことだ。

292　依経解義　閲教知蹤（経に依って義を解し、教を閲《けみ》して蹤《あと》を知る）――十牛図――

『十牛図』第二見跡――心牛の足跡だけが見つかった。これは経典や禅書を読み師匠の教えを聞いて、仏教の法理を理解した段階である。いろいろな器《うつわ》がある（差別）が、みな黄金でできている（平等）と知り、万物（客観）と自己（主観）とぶっつづきの生命（差別即平等

—自他不二《ふに》であると、頭でわかったところである。万法《まんぼう》（すべての存在）はすべて一心牛（無相の自己）の千変万化だという禅の「思想」的理解である。しかし、これだけなら華厳《けごん》の哲学だってまにあう。足跡だけでは黒牛か白牛かわからない。だから、まだ禅の門に入ったわけではない。そこでかりに、「跡」を見たという。

293 従声得入　見処逢源（声より得入し、見る処源に逢う）——十牛図——

『十牛図』第三見牛——いよいよ本物の牛が見つかった。

音声を聞く（聞声《もんしょう》）、物の形や色を見る（見色《けんじき》）という感覚の縁にふれて、大死一番の禅《ぜん》定《じょう》（身心の安定統一）の三昧《ざんまい》境が爆発すると、大活現成《げんじょう》して個（差別）はみずからの根源（平等—超個）に出逢う。見るもの聞くものすべてが自己だ。眼を見開けば万物まさしく他物ではない。たしかに「自他は不二」と体認した。分《わか》ると悟《さと》るの違いが、いまこそはっきりした。

興教の寿和尚はある日の薪作務《たきぎさむ》で、薪のくずれ落ちる音を聞いて豁然《かつねん》と大悟して、頌《うた》った、「撲落他物にあらず。縦横塵にあらず。山河並びに大地、法王身を全露す」（落ちたのは他の物ではない、自他不二の無相の自己だ。物はすべて本心の鏡をくもらす塵ほこりではない、まさに真如そのものだ。山も河も大地も、みんな法王身を全体露現しているのだ）。

294　久埋郊外　今日逢渠（久しく郊外に埋もれて、今日渠《かれ》に逢う）――十牛図――

『十牛図』第四得牛――牛を見ただけではまだ自分のものにならぬので、その牛をこの手でしっかりつかまえようというところ。長い間、妄想の原野に放たれていた心牛を、きょうやっと見つけたばかりだから、牛にはまだ野性が強く残っている。美しい煩悩の草原を恋うてやまない。牛を見つけはしたものの、環境の力が強くて、ともすればそれに引きまわされる。そこで牛の鼻づらをぎゅっとつかんでおく必要がある。したがって図も手綱がまだぴんと張っている。

古人も、「見惑（知性の惑い）は石を破るように頓断（ぱっと割れる）できるが、思惑（情意の惑い）は藕糸《はすのいと》のように漸断（だんだんに断つ）せねばならぬ」といった。見性《けんしょう》（悟り）には深浅があるから、悟後の修行がなんとしてもだいじである。

295　前思纔起　後念相随（前思纔《わず》かに起こるや、後念相い随う）――十牛図――

『十牛図』第五牧牛――つかまえた牛をさらによく牧《か》いならす段階である。同じ悟後の修行でも、悟りの正念を相続するのに、前の得牛が自己になりきる修行なら、この牧牛は対境になりきる修行とみてよい。日常万般の差別の境において、われわれは一念が起こるとすぐに二念がそれに続く。美しい花を見れば、ただちにつんで自分の花瓶にさしたくなる。美しいものを見て美しいという念の起こるのが悪いのではない、そこに二念をつぐことが迷いの起こりなのである。そこで一念の起こったところで、「紅炉上一点の雪」と、すっと正念にとって返しさえすればよいのである。古人もそこを「後念生ぜざれば、前念おのずから滅す」というている。

296 干戈已罷　得失還空（干戈《かんか》已《すで》に罷《や》み、得失還《ま》た空ず）——十牛図——

『十牛図』の第六騎牛《きぎゅう》帰家——牛（真実の自己）と人（現実の自己）の戦いがすでにやんで、牛を得ることも失うこともなくなったという段階。発心して（尋牛）、法理を学び（見跡）、実践修行して見性入理（見牛）し、さらにそれを徹底して見性悟道（得牛）し、その上にも正念相続の動中の工夫に努めて（牧牛）、ずいぶん苦労してきたが、人と牛との戦いもようやくおさまって人牛一体となった境涯である。もう手綱はいらぬ、牛の背にまたがって横笛でも吹いていれば、牛がひとりでに本分の家山につれて帰ってくれる、心の欲する所に従って矩《のり》を越えぬ「自然法爾《じねんほうに》」の境地である。〝見る〟ことはまだしもやさしい。しかしその見たものが真に〝身につく〟ことはけっして容易ではない。「悟り」よりも実は「悟後の修行」のほうが難事である。

297　法無二法　牛且為宗（法に二法なし、牛を且《しばら》く宗《しゅう》となす）——十牛図——

『十牛図』第七忘牛存人《ぼうぎゅうそんにん》——牛（真実の自己）と人（現実の自己）と自己の存在に二つあるわけではないが、かりに牛を理念《イデー》として立てたままである。求め得てみれば、求められた目標は実は求めていた当のそのもの自体であった。そこでここは本分の家山に帰りついて、もう牛のことは忘れてしまったという段階だ。兎をつかまえるにはわなが入用だ、魚をとるにはやなが必要だ。しかし、獲物を捕えてしまえば、それらはもう無用である。マイステル・エックハルト（Johannes Eckhart、一二六〇?〜一三二七）に「神をすら忘れたところに真の神がいます」という語があった。図にも唯我独尊の人が、家に帰って昼寝か何かしているところが描かれていて、牛の姿はもう影も見えない。

298　凡情脱落　聖意皆空（凡情脱落し、聖意も皆な空ず）——十牛図——

『十牛図』第八人牛倶忘《にんぎゅうぐぼう》——迷いの心が脱け落ちただけでなく、悟りの心もすっかりなくなったという段階。前則297までで、生死透脱というひととおりの修行は完了したが、さらにその上にその到り得た悟りの聖位をも空ずるというところに、禅の修行の特色がある。いわゆる「仏向上」の境地である。かつて牛頭《ごず》和尚（五九四—六五七）がまだ四祖に相見《しょうけん》しなかったときは、百鳥が花をふくんで献じたが、四祖に相見して正しい祖師禅を体得してからは、鳥も花をふくんで献じなくなったという。はじめはまだ聖意があってそれが鳥にもありがたく感じられたのだが、四祖の教えで仏見法見《ほっけん》をすっかり空じてからは、もう鳥などにはその境涯が読めなくなったのである。趙州に、「有《う》仏の処に住《とど》まらず、無仏の処は急ぎ走り過ぎよ」という句があった。

299　水緑山青　坐観成敗（水緑にして山青く、坐《い》ながらにして成敗を観る）——十牛図

——

『十牛図』第九返本還源——前則では一円相だけが描かれていた。「真空無相」の境地である。しかし、こういうと人はすぐに何もない但空《たんくう》の虚無主義《ニヒリズム》と間違えてしまう。そこで、ここにその表の反面を出した。柳は緑、花は紅、「真空無相」がそのまま「真空妙有《みょうう》」である。沢庵和尚は「仏法もずっとたけ候へば、仏とも法とも知らぬ凡夫と同じやうになり候」といった。「悟り了《おわ》れば未だ悟らざるに同じ」（261参照）である。しかし、それは「本来清浄、一塵を受けず」で、ただの素凡夫《すぼんぷ》とは違う。水は緑に山は青く、本来清浄の真如実相のまま

で、栄枯流転の万物の変化を居《い》ながらにして見ながら、けっしてそれに囚《とら》われて足をすくわれて流されることはない。

300　酒肆魚行　化令成仏（酒肆《しゅし》魚行《ぎょこう》、化《け》して成仏せしむ）――十牛図――

『十牛図』第十入鄽垂手《にってんすいしゅ》――店に入って手を垂れるとは、町に出かけ酒屋や魚屋にも行って、みんなを成仏させるという大乗菩薩の慈悲行をいう。灰頭土面の利他行である。「真空妙有」に対して鈴木大拙先生が「真空妙用《みょうゆう》」といったところである。そこで八・九・十は「無位の真人」の体・相・用を現わしたものと見てよい。先師寒松室（宮田東珉）老師（一八七五―一九六四）の名言に、「禅にもし大悲心ということがなかったら、禅も一箇の哲学で終ってしまう」というのがあった。「空」とは「自他不二」である。真の悟りとは「自己の身心・他己の身心を脱落」させる働きでなければならない。かつて国際基督教大学で東洋思想を講じたとき、ある女子学生が「禅に深い哲学のあることは知っていた。しかし、『十牛図』の第十図を学んで禅の深い宗教性をはじめて知った」といった言葉が忘れられない。

私がさきに、雲門の「古仏と露柱と相交わる、是《こ》れ第幾機ぞ」という問いに対する雲門自身の「南山に雲起これば、北山に雨下る」という答えを未穏在《みおんざい》として、「張公茶を喫して李公覚《さ》む」という語に代えたいといった（267参照）のは、ここである。従来の禅では、相交わる対象がどうも自然に傾きすぎて、「私と汝」という人間対人間のところで「自他不二《じたふに》」の境涯を練る訓練がたりなかった、と思うのである。

XI　大道無門――『無門関』の公案1

大道《だいどう》は無門――真理に入る大道には門はない。
どこからでも入れる。家々の門前はすべて
長安に通じている。そして門がないとは
また「無（絶対無）」の門ということである。

301 **趙州和尚　因僧問　狗子還有仏性也無　州云無**（趙州《じょうしゅう》和尚、僧の「狗子《くし》にも還《ま》た仏性《ぶっしょう》ありや」と問うに因《よ》って、州云く、「無」）――無門関1――

趙州和尚は、僧に「犬にも仏性《ぶっしょう》がありますか」と問われて、「無《む》」といった。仏性とは即今・当処・自己の「仏陀《ぶっだ》としての本性」のことで、未来に成仏するという〝仏陀になり得る可能性〟の意ではない。原典の『趙州録』によれば、「犬にも仏性があるか」「ない」「上《かみ》は諸仏から下《しも》は螘子《あり》にまで、すべて仏性があるのに、狗子《いぬ》になぜないのか」「彼に業識性《ごっしきしょう》（宿《しゅく》業《ごう》による煩悩意識の性）があるからだ」とあり、また後代の公案集『従容録《しょうようろく》』によると、あるときは「犬にも仏性があるか」「ある」「あるという以上（畜生になど落ちぬはずなのに）、なぜ畜生になったか」「彼が知って故《ことさら》に犯しているからだ」と答えたとある（16参照）。しかしこれを「有無《うむ》の会《え》（あるとかないとかいう相対的な見方）を作《な》す莫《なか》れ」として、前の原典の後半の問答を切り捨てて、「絶対無」ないし「東洋的無」として見るようにしたのが「五祖下の暗号密令」（302・327参照）と呼ばれる公案としての「趙州無字」である。このように、作者の原意にかかわらず自分の必要なところだけ抽《ぬ》き出して用いることを、「断章取義」という。前後の文脈から切り離してそこだけに新たな意義を読み取るのである。原典の意からはそれるが、しかしこれによって文化は新たな創造発展を得る。こうしたやり方は、すでに孔子の『論語』にはっきり見ることができる。

ちなみに『無門関』という本は、無門慧《え》開《かい》（一一八三―一二六〇）が、古今の公案を四十八則あげてその一つ一つに評語を加えて頌古《じゅこ》（古則に詩偈を付すこと）した公案集である。

302　大慧曰　趙州無字祇麽挙（大慧《だいえ》曰く、趙州《じょうしゅう》の無字、祇麽《しも》に挙《こ》せよ）――葛藤集46

―

前則の引用を見てもわかるように、『趙州録』にいう「趙州の無字」の本来の意味は、単に「ある」に対する「ない」という、ごくあたりまえの言葉使いであった。日常ふだんのなんでもないこうした平話で自由に仏法を説きぬかれたのが、趙州和尚の禅の宗風であった。古人はそこを称賛して、「口《く》唇皮《しんぴ》上に光を放つ」といっている。こうした趙州の「無」の字をまったく換骨奪胎して、「絶対無」の公案にまで形成したのは、おそらく中国臨済宗中興の祖師といわれる五祖法演のころからであった。公案のことを「五祖下の暗号密令」（301・327参照）というのも、そうした公案禅すなわち看話《かんな》禅《ぜん》（話頭すなわち公案を看《み》せて修行させる禅）の意識的な創始者が東山法演であったからであろう。そしてそれを受けてこの「無字の公案」を大いに挙揚《こよう》したのが、法孫の大慧和尚であった。大慧はいう、「趙州の無字は、ただ問題とせよ」、けっして頭で意味を考えて、分別にわたってはならぬ。この「ただ」（祇麽）がだいじである。全身全霊でもって、ただこの一箇の無の字に取り組めというのである。出る息も「ムー」入る息も「ムー」と、ただひたすら参じてゆけ、そうすれば、必ずいつか時節因縁が熟するとき、驀然《まくねん》として（頓《とん》に、突然に）打発《たはつ》する（直覚する、悟る）つまり頓悟するに違いないというのである。

303　如啞子得夢　只許自知（啞子の夢を得るが如く、只だ自知することを許す）――無門関1――

口のきけぬ者が夢を見ても他人には語れない。語れないからといっても自分では確かに見て知っている。そのように、体験の真実境は他人には告げがたい。絶対無の体験の真髄は口では説けぬ、ということのたとえである。「啞子喫苦瓜」（啞子、苦瓜《にがうり》を喫す）とも、「冷暖自知」（水を飲んで自《みずか》ら冷たいかあたたかいかを知る）ともいう。「只可自怡悦、不堪持贈君」（只《た》だ自ら怡悦《いえつ》すべし、持《じ》して君に贈《おく》るに堪えず）という句もある。『寒山詩』の一句である。体験のことはただみずから肯《うなず》き、みずから喜び楽しむ（怡悦）よりほかはない、親しい仲の君にも分かちようはない、というのである。しかしこれは、いってもわからぬからといって、いえぬというところにあぐらをかいていてよい、ということではけっしてない。「わしが心のこの切なさを思う殿御《とのご》に伝えたい」という、この思い（大悲心）を内に秘めればこその立言でもある。

304　密却在汝辺（密は却《かえ》って汝が辺に在《あ》り）――無門関23――

盧《ろ》行者《あんじゃ》慧能《えのう》が居士身《こじしん》（俗人の身）で五祖弘忍《ぐにん》の法を嗣《つ》いで六祖となったとき、黄梅山の多くの弟子が達摩伝来の衣鉢《えはつ》を奪い返そうと跡を追ったが、なかでただ一人《ひとり》軍人出身の明上座《みょう》だけが追いついた。そして逆に慧能の道力《どうりき》にうたれて教えを乞い、「父母未生以前、本来の面目は」と問われて言下に大悟した（160参照）。そのとき明上座《みょう》は全身汗《あせ》びっしょりになって、泣いて六祖を礼拝して、「さきほどの秘密の言葉と秘密の心のほかにも、さらに何かまだ深い宗旨がありましょうか」と問うた。悟りはしたものの明上座にはこのときまだ残りものがあった。そこで慧能はいった、「私がいま君のために説いたことは、けっして秘密ではない。君がもし自己の本来の面目を返照《てらしかえりみ》るならば、秘密は逆に君のほうにある」。法《しんり》はもともと一杯一杯みんながわが身に持っている。ただそれに気づかぬのは自分で自分の眼を蓋《おお》うているからだ、というのである。

ゲーテに「公開の秘密」という語があった。何もかもギロリとそのまま露呈されているのに、その公開されている真如が見えないのは、自己の罪だというほかはない。そこをまた、「盲者の見ざるは太陽の過《とが》にあらず」ともいう。

305　瞎却頂門眼　錯認定盤星（頂門の眼《まなこ》を瞎却《かっきゃく》して、錯《あやま》って定盤星《じょうばんじょう》を認む）——無門関46——

「頂門の眼」というのは、ふつうに横についている二つの肉眼に対して、仏像の額《ひたい》などに見られる竪眼《たてまなこ》のことで、これまで筆者がたびたび「心眼」と呼んできたもの、一隻眼《いっせきげん》（この場合は文字どおり「片目」ということでなく、「頂門の一隻眼」の意）ともいう。「定盤星」とは、秤《はかり》の目盛《めもり》のこと。句は、悟りの眼をつぶして秤の目盛を見誤るの意。無門和尚が「竿頭《かんとう》進歩」の公案につけた頌の一節である。

先には「百尺竿頭、須《すべか》らく歩を進めて十方世界に全身を現ずべし」の公案を、真空無相の禅定三昧《ぜんじょうざんまい》から般若の覚への一転と解したが（161参照）、この則にはまた次のような別の見方もある。「我れ一人悟れり、我れ清し」と百尺竿頭に居坐《いすわ》っておるようでは、まだ本物の悟りではない。現実の社会を離れて、どこに仏法があるか。目を開けば社会がそのまま自己ではないか。十方世界に全身を現じて、十字街頭に飛び出し、活潑々地に殺活《せっかつ》自在の働きをせねばならぬ（100参照）。それなのに、みずから悟りの眼をつぶして、我れもなければ世界もない、払いはてたるうわの空かなだなどと、自分一人悟ったとして済ましこんで、秤の目盛を読み違った禅者が、なんと多いことか。

306　倩女離魂　那箇是真底（倩女《せんじょ》離魂、那箇《なこ》か是れ真底《しんてい》）──無門関35──

唐の伝奇小説に『離魂記』がある。昔、衡陽の張鑑という男の末娘に倩女という美しい姑娘《クーニャン》がいて、娘一人に婿八人といわれた中から、父親張鑑は科挙の試験に及第した有望な青年を彼女の夫に選んだ。ところが、彼女の従兄に王宙という青年がいて、互に憎からず思っていた。幼いころ、張鑑が戯れに「大きくなったら似合いの夫婦になるだろう」といったのを真《ま》に受けて、自分たちは許婚《いいなずけ》の仲と思い込んでいたものだから、倩女の結婚話を知った王宙は快々《おうおう》として楽しまず、彼女には何もいわずにこの地を去った。夜半に舟宿りをしていると、誰か追ってくる。なんと倩女だった。二人は蜀の国に逃れて夫婦になり、五年して二児の親ともなった。しきりに故郷を懐しがる倩女の願いで、衡陽に帰って父母に許しを乞おうと二人は蜀の国を発《た》って、衡陽に至ってまず倩女を舟つき場に残し、王宙がひとり張鑑を訪ねてわびた。ところが張鑑はけげんな顔で、倩女は五年このかた奥の一間で口もきかずに寝たきりだという。あまりのふしぎにそのことを病室の倩女に話すと、彼女は喜んで起きあがった。そのうちに舟からおりた倩女も車で着いた。病中の倩女が出迎える。車上の倩女が車をおりたとたんに、二人の倩女は一体となった。着ていた着物の柄までぴたりと一つになったという。

五祖法演が門弟たちに、「お倩は魂が離れて二人になったというが、どちらのお倩が真底《ほんもの》か」と問うたのが、この句である。怪談話には用はない。私どもも日常「心は二つ、身は一つ」ということがある。使徒パウロも、「わが欲する善はなさず、反《かえ》って欲せぬ悪はなす」「われ中《うち》なる人としては神の律法《おきて》を悦べど、わが肉体の内に他の法《のり》ありて、わが心の法と戦い、われをわれを肉体の中なる罪の法の虜《とりこ》とするを見る。ああ、われ悩める人なるかなた」といった。近代屈指の禅傑少林窟（飯田欓隠）老師は、「心を二つにする者は悟れない。これを打破する工夫こそ肝要だ。〝那箇《どっち》〟の二字が猛毒だ。〝那箇是不真底〟（那箇か真底ならざる）と不の字を加えて見よ」といった。どっちもみんな真底だというのである。しかし、禅者ならこれだけではたりない。即今みずから「これが真底だ」と師の前に躍り出るのでなければならない。

307　奚仲造車一百輻　拈却両頭去却軸　明甚麽辺事（奚仲《けいちゅう》車を造ること一百輻《ぷく》、両頭を拈却《ねんきゃく》し軸を去却《こきゃく》して、甚麽辺《なにへんじ》の事をか明らむる）――無門関8――

奚仲《けいちゅう》という人は、中国の古代に初めて車を発明した人とも、最初にそれを牛馬でひっぱらせた人ともいう。古代の車造りの名人としておこう。彼は百輛《りょう》もの車を造ったが、車の両輪を取り去り、それを貫く軸の横木を拈《と》り去《さ》って、みんな分解してしまった。いったい何を明らかにしようとしたのであろうか、というのである。

古人は小乗の「析空観《しゃくくうかん》」を歌って、「引き寄せて結べば柴の庵かな解《と》くれば元の野原なりけり」という。老子に「車を数うれば車なし」の語がある。これは輪、これは軸と、分解して数えてゆけば車と呼ばれるものはなくなる。人間も四大（地水火風の四つの要素）分離しては空に帰する。しかし大乗の「体空観」はそうではない。「引き寄せて結べば柴の庵かな解けねど元の野原なりけり」で、あるがまま、そのままで「真空妙有《みょうう》」（真の「空」は表現を絶した存在そのもの）であるというのである。

308　庭前柏樹子（庭前の柏樹子《はくじゅし》）――無門関37――

趙州和尚に、ある僧がたずねた、「初祖達摩大師がインドからやってきて伝えようとした禅の極意とは何ですか」。趙州は答えた、「庭前の柏《このてがしわ》の木だ」。僧、「老師、外境で人に示さないでください」。趙州、「老衲《わし》は外境で人に示したりはしない」。僧は改めて問うた、「祖師達摩がインドからやってきて伝えようとした禅の極意とは何ですか」。趙州はいった、「庭前の柏の木だ」。これでみると、趙州のいう「柏樹子」は、主観（人《にん》）と客観（境《きょう》）とが分かれたうえでの、客観（外境）としてのそれではないことがわかる。主客未分以前の「直接経験」でいう「自他不二《ふに》」の「仏性《ぶっしょう》」（人間の自然の性《ヒューマン・ネイチュア》）そのもの、いわば真人《しんにん》（人）即真如《そくしんにょ》

（境）としての柏樹子である。これを体得する方法はただ一つ、自己を空じてみずからその天地一枚の「柏樹子」になりきってみるよりほかにない（130参照）。

309　先師無此語（先師に此《こ》の語なし）——無門関37・葛藤集9——

　初祖達摩が、インドから来て中国に伝えた禅の極意は何か、と問われて、趙州和尚が、「庭前《さき》の柏樹子《このてがしわのき》だ」と答えた（前則308参照）ことは、当時の禅界でも有名な話であった。のちに法眼《ほうげん》和尚が趙州の直弟子《じきでし》の覚鉄觜《かくてつし》（生寂不詳）にたずねた、「聞くところによると、あなたの師匠の趙州様には『柏樹子』の語があるといいますが、ほんとうでしょうか」。

　そのとき、覚鉄觜はいった、「先師（なくなった師匠をいう語）には、そんな言葉はありません。先師を謗《そし》らないでください」。法眼はいった、「ほんとの獅子の子だ。よく親獅子に似て獅子吼《ししく》（獅子のほえるさま）する」。

　古人は覚鉄觜を評して、「好児、爺銭《やせん》を使わず」（44参照）といった。すぐれた子どもは親《おや》爺《じ》の銭《ぜに》など使わない。覚鉄觜が「先師にこの語なし」といっているところに、先師ゆずりの「柏樹子」は森々《しんしん》（生い茂るさま）たり、というべきであろう。

310 我当時若見　一棒打殺　与狗子令喫却　貴要天下太平（我れ当時《そのとき》もし見ば、一棒に打ち殺して、狗子《いぬ》に喫却せしめ、貴《ひたす》ら天下太平ならんことを要《ほっ》せしに）――葛藤集114――

釈尊は誕生のとき、一指は天を指し、一指は地を指し、七歩周行して、四方を顧みていった、「天上天下、唯我独尊」（122参照）。

雲門和尚がこれを評していった、「私がそのときもしそれを見ていたら、一棒に打ち殺して犬に食わせて、ひたすら天下太平を願ったものを」。

前則の覚鉄觜《かくてつし》同様、雲門も言葉のうえでは教主釈尊を否定している。しかし、そういいながら、みずから主体的に釈尊の言葉どおりの「天上天下、唯我独尊」の境涯になりきって出ている。こんなやり方を禅門では「拈弄《ねんろう》」（禅特有の言語の知的スポーツ）という。

さらに応庵和尚（一一〇三―六三）が雲門の語を拈弄していった、「カピラ城の赤ん坊（釈尊）は恐しい胎毒を持って生まれてきたらしい。雲門老人もその毒に中《あ》てられたとみえて、またどえらい毒気を吐《は》きおった」。

311 柏樹子話有賊機（柏樹子《はくじゅし》の話《わ》に賊の機あり）――葛藤集35――

徳川初期に隠元和尚（一五九二―一六七三）が渡来したことは、日本の禅界にとって一つの大きな事件であった。なにぶんにも鎌倉時代に禅が日本に伝えられて以来の、絶えて久しい本場中国からの禅僧の渡来であったからだ。日本僧のあいだには、隠元を本山妙心寺の住持に迎えようという運動まで起こった。

隠元もまたある日、京都花園の妙心寺に赴いてたずねた、「ご開山にはどんな語録があるか」。「当山の開山には語録などない」と聞いて、隠元は心中で開山関山慧玄《かんざんえげん》の禅をあなどった。しかし「語録はないが、ただ一つ『柏樹子の話に賊の機あり』という語がある」（16参照）と聞かされて、隠元は深く怖れて、開山堂微笑《みしょう》塔を拝すると、そうそうに妙心寺を退山したという。「柏樹子」の公案（308参照）には「賊機」がある。禅門では「賊」の語を重んじる。なぜなら、賊とは他人の持ち物を奪う者、まず煩悩妄想の迷いを奪う、さらには、禅者が後生大事と担ぎまわるたいせつな悟りさえも奪う者だからである。

312 麻三斤《まさんぎん》――無門関18――

洞山守初《とうざんしゅしょ》和尚は、ある僧が「仏とはどんなものですか」とたずねたとき、「麻《あさ》三斤だ」と答えた。そこで僧は洞山の法姪《ほうてつ》（法の上の甥《おい》）にあたる智門和尚の所に行って、「洞山和尚に、仏はと問うと、麻三斤だと答えられたが、どんな意味でしょうか」と聞いた。智門はいった、「花簇《ぞく》々錦簇々だ（花が群がり咲いて、錦《にしき》を織りなしたようだ）」。僧が「わかりません」というと、智門はさらにいった、「南地の竹、北地の木だ」。僧はますますわからなくなって、ふたたび帰って洞山に問うた。洞山は「言《ごん》は事《じ》を展《の》ぶることなく、語は機に投ぜず。言を承《う》くる者は喪《うしな》い、句に滞《とどこお》る者は迷う」と垂示《すいじ》した。言語は事実を伝えず、悟りの機会とはならぬ。言句についてまわる者は真実を失い、ますます迷うばかりだ。だからあれこれの言葉じりについてまわらないで、「麻三斤」と吐《は》き出した洞山その人の心境に目をつけることがだいじだ、というのである。

313　**如世良馬　見鞭影而行**（世の良馬《りょうめ》の鞭影《べんえい》を見て行くが如し）　――無門関32――

ある外道《げどう》が世尊にたずねた、「有言《うごん》を問わず、無言を問わず」。有無相対を超越した真実の禅境如何《いかん》。世尊は黙って坐っていた（原語は「拠座《こざ》」ないし「良久」）。すると、外道は讃歎して、「世尊の大慈悲が私の迷いの雲を開いて、悟りの世界にひき入れてくださった」といって出ていった。侍者《じしゃ》の阿難が「あの外道は何を悟ってあんなに讃歎して出ていったのですか」と問うた。世尊はいった、「駿馬《しゅんめ》が鞭《むち》の影を見ただけで走り出すようなものだ」。鞭影だけで御者《ぎょしゃ》の意に随う馬、毛に触れると走り出す馬、肉に触れ、いや骨肉に徹してはじめて覚《さと》る馬があるように、人間の利鈍にもいろいろある、というのである。ただし、この公案の参究の眼目は世尊の「拠座」(安座)または「良久」(しばらくそのままでいること)にある。そこに外道は、相対二元の分別知を超えた一真実の般若の無分別智の世界を見たのである(208参照)。

314 活却従前死路頭　死却従前活路頭(従前の死路頭を活却し、従前の活路頭を死却す)

——無門関5——

これまでの死の路を活《い》かし(活人剣)、これまでの活の路を死なす(殺人刀)——修行者のために煩悩《ぼんのう》の鉄鎖《てっさ》を除き、また菩提《ぼだい》(悟り)の金鎖を奪う(62参照)。師家《しけ》の務めはこのほかにない。臨済はいう、「私もその昔、まだ悟りが開けなかったときは、ただ一面の暗闇《くらやみ》であった。光陰をむだに過してはならぬと思い、腹はにえたぎり心は忙しく、じっとしておれずに、あたふたと駆《か》け走って、道を求めたものだ」「そののち、すぐれた師家《しけ》に遇《あ》って、やっと道眼《どうげん》が明らかになった」と。臨済は黄檗和尚や大愚《だいぐ》和尚に遇って「従前の死路頭を活却された(死人同様の身が生かされた)」のだ。麻谷《まよく》は兄弟子《でし》の章敬《しょうけい》和尚に「よし、よし」

といわれて、自分の機鋒を認めてもらったと早合点したが、南泉和尚に「いかん、いかん」といわれて高慢の鼻をへし折られた（170参照）。麻谷は南泉和尚によって「従前の活路頭を死却された（みずから悟っていたと思っていた悟りを奪われた）」のである。悟りも機鋒も囚《とら》われれば、それがまた黄金の鎖となってわが身を縛る。鎖は鉄でも黄金でも同じである。

315　路逢達道人　不将語黙対（路に達道の人に逢わば、語黙を将《も》って対せざれ）——無門関36——

五祖法演和尚は香厳《きょうげん》の語を引いていった、「路上で人生の達人に逢ったら、言語で応対してもならず、沈黙で応対してもならぬ。まあいってみよ、どういう方法で応対すればよいか」。前々則313の外道《げどう》は「言語を問わぬ、沈黙も問わぬ」と問うて、世尊の拠座（良久）に逢って讃歎した。ある人が西田寸心（幾多郎）先生を訪ねたとき、二時間ほど対座して理窟をこねた。その間先生は一言も発しなかった。あとでその人は「まるで深山の巨木に対したようだった」と語ったという。「寸心先生良久す」である。それならこの則も、路で黙って突っ立つか。または「終日説いて未《いま》だ曾《かつ》て説かず」だと、ぺらぺらしゃべるか。ともに落第である。実はこの公案は「路に」の一語に参究の字眼がある。公案には時々こんな「八幡の藪くぐり」といわれるとんでもないはめ手がある。これはもう分別知では歯が立たぬ。じっくり坐り込むよりない。

316 将謂吾辜負汝　元来却是汝辜負吾（将《まさ》に謂《おも》えり吾れ汝に辜負《こふ》すと、元来却是《かえ》って汝の吾れに辜負す）――無門関17――

南陽の慧忠《えちゅう》国師は、あるとき侍者に向かって、「応真」と喚《よ》んだ。侍者は「はい」と応答した。こうして三度喚ばれて三度答えた。すると、国師は「私がお前に辜《そむ》いていると思っていたのに、なんだ反対にお前が私に負《そむ》いていたのだな」といった。問題は、国師のこの語をどう解するかにある。この公案は伝統の見解《けんげ》が真二つに割れているので有名な則だ。たとえば隠山（白隠下隠山派の始祖。一七五三―一八一六）下の平田精耕老師は、これを「国師の弟子に対する慈悲の言葉」と解するし、卓洲下の飯田欓隠老師は「お前がドジなら私もドジよ、ドジとドジなら通りぬけ。この狂歌によって二人の間柄の親しきを見よ。畢竟《ひっきょう》証明の一句と知れ」（343の語参照）という。このときに侍者がまだ悟っていなかったと見るか、すでに悟っていたと見るかが、見解の岐《わか》れ目となる。筆者はどちらかといえば前者に与《くみ》したい。

317 美食不中飽人湌（美食飽人《ほうじん》の湌《さん》に中《あた》らず）――無門関17――

どんなご馳走にも満腹のときには食欲が起こらぬように、せっかくの真理もくだらぬガラクタでいっぱいの心には入らない。キリストも「心の貧しき者は幸福《さいわい》だ」といった。昔、白山道場の南隠老師（一八三四―一九〇四）をある大学教授が訪ねて道を問うた。教授の話を黙って聞いていた老師は、「まあ、お茶をおあがり」と、急須《きゅうす》から茶をついだが、茶碗にいっぱい溢《あふ》れてもまだ茶をつぐので、しまいには畳《たたみ》の上までこぼれた。「老師、お茶が溢《あふ》れます」というと、南隠老師はいった、「そうだ、ちょうどあんたのようだ。哲学だ科学だと頭の中にいっぱいつめ込んでいるで、わしが何をいうてやっても入る余地はあるまい」。この話をしてある老師はいった。「茶碗の価値は、焼きでも形でもなくて、中が空《から》っぽだというところにある」と。

318　若将耳聴応難会　眼処聞声方始親（若《も》し耳を将《も》って聴《き》かば応《まさ》に会《え》し難かるべし、眼《げん》処《じょ》に声《しょう》を聞いて方《まさ》に始めて親しからん）――無門関16――

「世界恁麼《いんも》に広闊たり、甚《なん》に因《よ》ってか鐘声裡《しょうせいり》に向かって七条を披《き》る」の公案（137参照）に対する無門和尚の評唱の結局である。よい機会だから、ここで無門の提唱の口ぶりを聞いてみよう。和尚はいう、「およそ参禅学道は音声や色相《いろかたち》に引きまわされることを切《せつ》に嫌う。かりに竹にあたる石の音で悟り、桃の花を見て悟ったといっても、それは禅者としてあたりまえのことだ。禅者たる者は音声や色相を使いこなして、一々の事物を見きわめ、一手一手に絶妙の働きを現わすことを知らねばならぬ。それはそうだが、まあ諸君いうてみい。音声が耳にやってくるのか、耳が音の方に行くのか。かりに音響も静寂もともに忘却するという境地になったとしても、ここのところをなんと説明したものか。もし諸君が耳で音を聞くなら、理解しにくいであろう。眼で声を聞いてはじめてピタリとくる」。大燈国師の歌に「耳に見て眼に聞くならば疑わじおのずからなる軒の玉水」というのがあった。

319　為伊不成仏（伊《かれ》が成仏せざるが為《ため》なり）――無門関9――

興陽山の清譲《せいじょう》和尚（生寂不詳）は、ある僧に、「『法華経』の化城喩品《けじょうゆぼん》に、大通智勝仏は十劫《じっこう》という長いあいだ道場で坐禅したが、仏法は現前せず、仏道を成就することもできなかった、とあるが、どうしてか」と問われて、「君の問いはぴたりと的《まと》を射ている」と答えた。僧は重ねて「仏が道場に坐禅をしているからには、仏道はすでに成就されているはずなのに、なぜ仏道を成就することができないというのか」と問うた。すると清譲和尚はいった、「それはあのお方（大通智勝仏）が仏道を成就しないからだ」。臨済和尚はこの則を評して、「仏はさらに仏にはなれぬ」といった。無門和尚も、「神仙をなんで大名になどする必要があろう」と評した。しかし、この公案は例の菩薩《ぼさつ》の大悲闡提《だいひせんだい》（大悲心からいっさいの衆生を済度し尽すまでは自分一人だけ成仏はしない）の願心（140参照）を示すものと見ることもできる。私はむしろそのほうをとりたい。

320　業識忙忙《ごっしきぼうぼう》　那《な》伽《か》大定《たいじょう》　――無門関42――

「那伽」はもと梵語ナーガ（nāga）の音写で、龍とか象とか訳される。「業識」は宿業《しゅくごう》すなわち過去の業《カルマ》（行為が因果の理法の支配を受けて現在および未来に影響を与える）による煩悩意識である。句は、その宿業による煩悩妄想の迷いの真只中《まっただなか》に、龍がどん坐ったような悟りの大禅定が行ぜられるというのである。まさに大乗仏道の極意である。芭蕉に「白菊の目にたてて見る塵もなし」の句がある。明《あか》き清《きよ》き直《なお》き誠《まこと》の心は古神道《しんとう》のものである。しかしそれはまだ濁流うずまく実人生の苦悩を知らぬ。宗教的な嬰孩性《えいがいせい》を脱しない。わさびは山間の清《し》水田《みずだ》にしか育たない。きれいはきれいだがなんとしてももろい。小乗仏教の清浄さは山林閑居の羅漢《らかん》道だ。そこで大乗教徒は、泥中に花開く蓮《はす》をもってみずからの象徴とするのである。「煩悩即菩提」である。はてしない広漠たる業識の迷中に那伽大定を体現してこそ、また「前百丈《ぜんひゃくじょう》 贏《か》ち得たり風流五百生（さきの百丈山の住持、あの野狐の老人が実は五百生の風流な生活をわがものにしていたということ。343参照）」なることも知ることができよう（この則は175にもある）。

321　殺人刀《せつにんとう》　活人剣《かつにんけん》　――無門関11――

仏教は「不殺生《ふせっしょう》」ということを強調する。生き物の生命《いのち》を断たないということが最大の戒とされる。その中でも人間と天人と龍との生命を断つことが特に重大な罪とされる。それはこの三者が「仏法を聴く耳」を持っているからだという。しかし一般に殺生といって殺人といわぬのが仏法のたてまえとされる。だが禅者だけはなぜかよく「殺人刀」をふり回す。「殺活わが手裡《しゅり》にあり」（活かすも殺すもわが手の内だ）などといって、ぶっそうこの上ない。また「殺人箭《せん》か活人箭か」ともいって、刀剣でなくて弓矢のこともある。ともに人殺しの道具たる（168参照）ことには違いがない。しかし、それもこれも一にかかって「衲僧那箇《のっそうなこ》の一隻箭《いっせきせん》」（81参照）といって、禅僧のあの一本の矢すなわち一点無縁の（私が・誰を・どれほど、という意識のまったくない、無心の）大悲心の否定（殺人）肯定（活人）二様の働きにほかならない。

薩摩の人斬り半次郎ことのちの陸軍少将桐野利秋（一八三八―七七）が独園《どくおん》和尚（一八一八―九五）を訪ねて、一首の俗謡を呈した。「三千世界の鴉《からす》を殺し主《ぬし》と朝寝がしてみたい」。和尚はにやりと笑って、「お気の毒だが桐野さん、そんなことでは天下は取れぬ。わしならこうする」といった。「三千世界の鴉とともに主と朝寝がしてみたい」。

322

巻起明明徹太空　太空猶未合吾宗（巻起《けんき》すれば明々として太空《たいくう》に徹す、太空すら猶《な》お未《いま》だ吾が宗に合《かな》わず）――無門関26――

法眼和尚の「二僧が簾《すだれ》を巻いた」という公案（171参照）に対する無門和尚の頌である。くわしくは「巻起すれば明々として太空に徹す、太空すら猶《な》お未だ吾が宗に合《かな》わず。争《いか》でか似《し》かん空より都《すべ》て放下《ほうげ》して、綿々密々風を通ぜざらんには」というのである。

簾を巻きあげるとはっきりと青空が見える。禅はまず、そうした真空無相の心境を得ることがだいじだ。しかし、そのからりと晴れわたった太空でさえ、まだわが禅宗の真実境にはかなわない。そんな何もない、などという所に腰を落ちつけていては、禅の活機《かっき》用《ゆう》は手に入らぬ。

そこで一度巻きあげた簾をもういっぺん下におろして、一分《いちぶ》のすきまもない綿密な風も通らぬ境涯を得なければならぬというのである。

からりとして是非の分別をもたぬ太空のような心境でいて、しかも一分のすきもない綿密さがある。ポカンと呆《ぼ》けているようでいて、何も彼《か》も承知している、そんな油断のならぬ宗風が法眼宗だといわれる。

323　巨霊擡手無多子　分破華山千万重（巨霊《これい》手を擡《もたぐ》るに多子《たし》なし、分破す華山の千万重《じゅう》）

――無門関3――

昔、巨霊神《これいしん》という大力量の神がいて、今日の華山と首陽山とはもともと一つの山であったのを、この神が二つに引きさいてその間に黄河の水を通した、という中国の古代神話によったもので、無門和尚が『碧巌録』第三十二則の雪竇和尚の頌を借りて、「倶胝《ぐてい》一指頭の禅」（155・204参照）の公案につけたものである。

臨済が大愚和尚のもとで悟ったときに吐《は》いた有名な「黄檗の仏法多子なし」の句もあるが、「多子無し」という句は、ここの第323の則ではっきりとわかるように「造作《ぞうさ》もない、わけもない」の意で、なんの複雑なこともない、しごく単純な、という語感であるから、臨済の句を、従来のように「黄檗の仏法など大したことはない」と価値判断に解してはならない。これは仏法の端的さ、自明さを表現した語なのである。

ちなみに真の大力量とは何か。古人に「草に力あり、風吹けば能《よ》く臥《ふ》す」という語があった。風が吹くとそれになびいて臥すことができる、そこに草の真の力があるというのである。味わい深い一句である。

324　**西天胡子　因甚無鬚**（西天《さいてん》の胡子《こす》、甚《なん》に因《よ》ってか鬚《ひげ》なき）――無門関4――

或庵《わくあん》和尚（一一〇八―七九）はいった、「西天《インド》の達摩になぜひげがない」。西天は中国人が印度《インド》を指していう語。胡子は「毛唐」といった語感、毛むくじゃらの外国人の意。ひげの達摩になぜひげがないというのだ。この公案は「趙州の無字」と裏腹《うらはら》に用いられる。趙州和尚の「狗子《くし》に還《ま》た仏性《ぶっしょう》ありや。州云く、無」という公案（301参照）が、自我の徹底否定のための公案なら、或庵和尚の「西天の胡子《こす》、甚《なん》に因ってか鬚なき」は、本来の自己の絶対肯定すなわち「大死一番して絶後に蘇《よみが》えった」端的――「色即是空」（真空無相）に対する「空即是色」（真空妙有《みょうう》）の体験境を直指《じきし》するための公案である。初関の「無字」の透過のときはまだ無我夢中といった感のあった修行者も、この公案あたりまで進んでくると、いわゆる「東洋的無」の思想の実体が誰にもはっきりと見えてくるのである。ありがたい則である。

325　**拈起竹篦　行殺活令　背触交馳　仏祖乞命**（竹篦《しっぺい》を拈起《ねんき》して、殺活《せっかつ》の令を行《ぎょう》ず。背《はい》触交馳《そくこうち》、仏祖も命を乞う）――無門関43――

首山和尚の「竹篦背触」という公案（173参照）に対する無門和尚の頌である。首山は竹篦を持ち出して、生かすか殺すかの勅令を下《くだ》した。背《そむ》くと触《ふ》れるとでこもごも攻めたてられては、仏祖もお助けを乞うほかあるまい、というのである。鈴木大拙先生はこれを「竹篦は即《すなわ》ち竹篦に非《あら》ず、是《こ》のゆえに竹篦と名づく」というて、「即非の論理」といわれた。「竹篦は竹篦でない」という否定は、体験的には自己も竹篦もない真空無相・本来無一物の無我の三昧境である。それがふしぎにその大死一番の禅定から一転して大活現成すると、「竹篦は竹篦である」という般若の自覚に出る。そこで、「否定が即《そく》肯定だ」（絶対矛盾の自己同一）というのが「即非の論理」である。青原惟信《せいげんいしん》（晦堂祖心の法子）はいった、「老僧《わし》は、三十年前まだ禅に参じなかったときには、山を見れば山、水を見れば水であった。そののち親しく禅匠に見《まみ》えて一箇の見処《けんじょ》に入って見ると、山を見れば山でなく、水を見れば水でなかった。それが今日、真の悟りに落ち着くと、なんとしたことぞ、もとのとおり山はただ山で、水はただ水であった」。これはまことに鮮かに禅経験のプロセスを道破《どうは》した（いいぬいた）みごとな立言である。

326　扶過断橋水　伴帰無月村（扶《たす》けては断橋の水を過ぎ、伴《ともな》っては無月の村に帰る）——無門関44——

九世紀の朝鮮僧芭蕉《ばしょう》和尚（生寂不詳）が門下生に示していった、「お前たちに拄杖《しゅじょう》があるなら、お前たちに拄杖を与えよう。お前たちに拄杖がないなら、お前たちから拄杖を奪おう」。これは話が逆のようである。持っているならもらおう、持っていないならやろう、というのが普通である。それなのに芭蕉和尚は反対に「あるならあげよう、ないなら取りあげる」というのである。古人は「拄杖子《しゅじょうす》を識得すれば、一生参学の事《じ》畢《おわん》ぬ」といった。問題は、ここにいう拄杖とは何かである。それはいうまでもなく禅の大事、悟りであり仏性である。無門和尚はいう、「橋のこわれた川を渡るのも、月のない暗夜の村に帰るのも、この一本の拄杖子のおかげだ」と。要は、有無相対の閑葛藤《かんかっとう》のむだな思慮分別を超えて、自由にこの仏性を、悟りを働かすことがだいじだというのである。「あるならやる、ないならもらおう」という言葉にひっかかるのは、まだ分別知にとらわれて生きているからである。「無分別の分別」で本来の仏性そのままに生きる者なら、こんな公案わけはない。

327　大力量人　因甚擡脚不起（大力量の人、甚《なん》に因《よ》ってか脚を擡《もた》げ起さざる）――無門関20――

「松源三転語」といわれるものの一である。松源《しょうげん》和尚（一一三二―一二〇二）はいった、「すぐれた力をもつ人がなぜ自分の脚を持ちあげることができないのか」。宗門では「因甚」（甚《なん》に因ってか）の二字を、特に五祖下の暗号密令（301・302参照）すなわち「公案」というものの〝眼目をなす大事〟と見る。なぜ大力量の人が脚を持ちあげられないか。公案はこのなぜ・どうしての語で諸君の自由な（ほんとうはデタラメな）行動にストップをかける。朝に晩に一日幾度となく飲んできたお茶が、お見合いの茶室の中ではいままでのように飲めない。いままで無心に自由にできたことに、ここでストップがかかる。そこで私たちは恥を知る。恥を知って、人間らしい文化的な茶の飲み方を学ぶ。そして最後はまた、元の自由な無心の日常の茶にもどる。そこに茶道の修行がある。それと同じで「因甚」の二字で、一度あがる脚をあがれなくすることによって、もう二度となぜということなどに絶対にひっかからぬ真の「自由」の境涯を体得させよう、というのである。ただし、この公案にも以上とまったく別な見方もある。

328 開口〔因甚〕不在舌頭上（開口《かいく》〔甚《なん》に因《よ》ってか〕舌頭上に在《あ》らざる）——無門関 20——

「松源三転語」の一である。松源和尚はいう、「しゃべることは〔なぜ〕舌でしゃべるのでないか」。『無門関』には「因甚」の二字はないが、『葛藤集』によって加えておく。噺家《はなしか》の円朝が山岡鉄舟に逢ったとき、鉄舟はいった、「貴公は話の名人だそうだが、ひとつ桃太郎を話してくれまいか」。円朝も鉄舟先生の頼みとあって、真剣に桃太郎の昔話を語った。そのとき鉄舟は評していった、「貴公は舌でしゃべっている。それでは桃太郎が生きてこない」。円朝はどうすれば舌なしで話せるかと問うた。鉄舟は禅に参ずることを勧めた。入門を乞うと、鉄舟は即日円朝を二階の一間に追いあげて坐禅させた。一週間ほどして円朝は見《けん》性《しょう》した。改めて鉄舟の前で桃太郎を語って印可された。鉄舟は師の滴水和尚の許しを得て、円朝に「無舌居士」の号を与えたという。

329　明眼人　因甚脚下紅糸線不断（明眼《みょうげん》の人、甚《なん》に因《よ》ってか脚下の紅糸《こうし》線不《せんふ》断《だん》なる）

——葛藤集142——

「松源三転語」の一である。松源和尚はいう、「悟って心眼の明らかな人が、なぜ脚下《あしもと》の紅《あかい》糸線《いとすじ》が断《き》れないのか」。この第三語は『無門関』にはないので、『葛藤集』によった。「脚下の紅糸線不断」というのはよくわからぬが、古来「妄想の赤筋がまず切れておらぬ。まだ生死にくくられている」ということだという。七寸の草鞋《わらじ》で天下を横行して、行脚《あんぎゃ》年久しければ、足の裏の皮が厚くなって、血脈が見えなくなるというので、大修行底の人に比したのだと古註にはある。千七百則の公案を透過して印可を受けて宗匠となっても、わずかのことで私忿《しふん》をもらし、三毒の習気《じっけ》（貪・瞋・痴の習性）が取れぬようでは、師家《しけ》といってもまっかなニセモノだ。そこで「因甚」の二字のせめ道具がどうしても必要になる、と少林窟（飯田欞隠）老師はいっている。室内では紅糸線を下駄の花緒《はなお》と解して見解を呈させる。

330 譬如水牯牛過窓櫺　頭角四蹄都過了　因甚麽尾巴過不得（譬《たと》えば水牯牛《すいこぎゅう》の窓櫺《そうれい》を過ぐるが如き、頭《ず》角《かくし》四蹄《ていす》都べて過ぎ了《おわ》るに、甚麽《なに》に因《よ》ってか尾巴《びは》過ぎ得ざる）――無門関38――

五祖法演和尚はいう、「たとえば水牯牛が格子窓《こうしまど》を出るようなもので、頭も角も四本の足も全部通り過ぎたのに、なぜ尻尾《しっぽ》だけが通り過ぎることができないのか」。『仏説給孤《ぎっこ》長者女得度因縁経』に、「王が一匹の大象が窓から出る夢を見たが、身は出ることができたのに、尾は窓にさまたげられてしまった。これは仏陀の寂後にその遺法を学んだ人々が、眷族を捨てて出家学道するが、出家してもなお心に名利《みょうり》や俗事を貪著《とんじゃく》して解脱できないようなものである」とあるのを、文中の大象を水牯牛に代えて中国で公案にしたのだといわれる。大きな身体が出られたのに、なぜ小さな尻尾が出れぬのか。ここで尻尾というのは「名利」の念だなどというような経典ふうの解釈をしたら、もう禅ではない。それでは禅の見解とは如何。平田精耕老師は、「この一則の公案に理致（根本の理法・法身）・機関（働き）・向上（仏のその上）の三大宗旨（五ページ参照）がある」といって、天龍滴水下の室内の天機をちょっぴりもらしている。

XII　千差有路——『無門関』の公案2

千差路《せんしゃみち》あり——大道は無門で八方開けっ放し、
千万差別のどの路からでも出入り自由である。
だから、どの公案でも一つに徹底すれば、
「一処透れば千処万処一時に透る」はずである。

331　他弓莫挽　他馬莫騎（他《た》の弓は挽《ひ》く莫《なか》れ、他の馬には騎《の》る莫れ）——無門関45——

五祖法演和尚が、「釈迦も弥勒《みろく》も、他《かれ》の奴僕《ぬぼく》だ。他とは誰のことか」といった話（143参照）に、無門和尚は頌して歌った。——他人の弓は挽くな、他人の馬には乗るな、他人の非《おちど》はいうな、他人の事《こと》は知るな、真にだいじなのは自己のことぞ。——公案の「他」は彼《かれ》の意だが、この頌の「他」は自他の他であるところが、この詩のミソである。真に自己の主人公が自覚され主体性の確立した者なら他人の知恵や学問を自分のもののように盗用することはいらぬし、他人の尻馬に乗って附和雷同することもない。しかも「自他不二」の心境から見れば、他人の非はすなわち自分の非である。悪口などいっておれぬ。要するに、「他の事《じ》、知るなかれ」である。他人の財産を数えてもなんにもならぬ。無位の真人を自覚して、随処に主となって、天下を横行濶歩してこそ、真に禅者といえる、というのである。

332　毎日自喚主人公（毎日自《みずか》ら主人公と喚《よ》ぶ）——無門関12——

瑞巌《ずいがん》和尚（生寂不詳）は、毎日自分自身で「主人公」と呼びかけ、自分で「はい」と返事をして、そこでいった、「眼をさましておれよ」「はい、はい」「これからのち人にだまされまいぞ」「はい、はい」。臨済和尚はいう、「大器の者の如きは、直《た》だ人惑《にんわく》を受けざらんと要《ほっ》す。随処に主と作《な》れば、立処《りっしょ》皆真なり」と。

器量の大きな人物であったら、絶対に他人の惑わしを受けまいとするものだ。どこであろうと、自分が主人公となれば、立っている所がすべて真実である、というのである。禅とは自己の主人公に目覚《めざ》めて、随処に主と作《な》って生きる生活をいう。瑞巌和尚の愉快なところは、それを自分で買い自分で売って、毎日「おい主人公」「はい、はい」と、独り芝居をやらかしたところにある。

333　学道之人不識真　只為従前認識神（学道の人の真を識らざるは、只《た》だ従前より識神を認むるが為なり）――無門関12――

無門和尚は前の瑞巌の主人公の話《わ》の頌に、長沙《ちょうしゃ》和尚の偈《げ》（頌に同じ）を引用した。「学道の人の真（の自己）を識らざるは、只《た》だ従前より識神（感性・知性的自己）を認むるが為なり。無量劫来《ごうらい》（無限の過去からの）生死《しょうじ》の本《もと》、癡人《ちじん》（愚者）は喚《よ》んで本来の人となす」。分別的自我を否定してはじめて真の主人公（本来の霊性的自己）が自覚できるというのである。

太田道灌《どうかん》は曹洞宗の雲岡《うんこう》和尚に参じた大居士であるが、ある日の入室《にっしつ》で和尚に「即今主人公那裡《なり》にか在《あ》る（どこにおるか）」と突っ込まれ、即座に「山は答ふ月楼の鐘」と応じて師の印可を得た。月楼の鐘の響きに応じて山がこだまするように、「おい」と呼ばれて「はい」と答える、その無心の働きをほかにして、どこにも主人公などという固《かた》りは存しない、というのでもあろうか。とまれ真にこの主人公を自覚することは容易なことではない。

334　過去心不可得《かこしんふかとく》　現在心不可得　未来心不可得　——無門関28——

徳山和尚は自他ともに許す『金剛経』の学僧であった。最近南方で「教外《きょうげ》別伝」の禅という新興の邪宗が盛んだと聞いて、憤慨してこれを折伏しようと、故郷の蜀の国を出て澧《れい》州まできた。途中の茶店で、老婆に点心《てんじん》（間食）を乞うた。老婆はいった、「和尚のその荷物はなんの本か」。徳山は答えた、「『金剛経』の注釈書だ」。老婆、「聞くところによると、『金剛経』には、『過去の心もつかめぬ、現在の心もつかめぬ、未来の心もつかめぬ』という句があるそうですが、和尚の欲しいという点心は、いったいどの心に点じようとなさるのか」。徳山は老婆のこの一問に、口を「へ」の字に結んだまま、何も答えられなかった。茶店の老婆にこれだけの問答ができるには、きっと近くにすぐれた禅匠がいるに違いないと思って、老婆に聞いて五里ほど離れた龍潭《りょうたん》禅院をたずねた（105・163参照）。「心不可得」とは心は対象的には把握できぬという意。本心すなわち真の主人公に目覚めるには、主体的自覚によらねばならぬ。

335　覓心了不可得（心を覓《もと》むるに了《つい》に不可得なり）――無門関41――

達摩大師は面壁して坐禅していた。

そこに当時の中国第一の学行をつんだ神光《しんこう》（のちの二祖慧《え》可大師）がやってきた。しかし達摩は坐禅したままふり向こうともせぬ。神光はそこでみずから左腕を切り落して、雪を血で染めて求道《ぐどう》の決意を示していった。

神光、「私は心がまだ不安です。どうか私を安心《あんじん》させてください」。

達摩、「不安だというその心を持って来い。そうすればお前を安心させてやろう」。

神光、「心を探しましたが、ついに見つかりませんでした」。

達摩、「もう安心させてやったぞ」。

達摩が九年面壁して真の人物の到来を待ったという有名な安心問答である。「心を覓むるに了に不可得なり」とは「絶対空」の自己否定の心境の現前をいう。その「不可得」の否定のところに、どうして「安心せしめ竟《をは》んぬ」という自己肯定の境地が出てくるか。そこに「死んで生きるが禅の道」という禅経験の神秘境がある。

336 撥草参玄　只図見性　即今上人性在甚処（撥草参玄《はっそうさんげん》は只だ見性《けんしょう》を図る。即今上人《そっこんしょうにん》の性甚《しょうなん》の処にか在《あ》る）——無門関47——

草を撥《はら》って行脚して名師を訪ね禅の玄要（玄妙な真理）を参究するのは、ほかでもない、ただ見性成仏が目的である。

只今《ただいま》あなたの自性《じしょう》はどこにあるか。兜率《とそつ》和尚（一〇四四―九一）「三転語」といわれるものの第一である。これはもう見性するための公案というような初歩のものではない。すでに見性した、自己の本性を徹見したというなら、その自性はどこにあるか、と問うているのである。

『金剛経』は、「三世心不可得」といい、二祖慧可大師は「心を覓《もと》むるに不可得」といった。その心をその仏性をいま目の前に出して見せよというのだ。ここで古人は「声はすれども姿は見えず主《ぬし》は萱野《かやの》のきりぎりす」と歌った。見性した、悟ったという禅者なら、ここでなんとかいわねばならぬ。

この則には天龍寺の峨山和尚がこの則に参じて、苦しんだ末にある日竹林で悟ったという痛快無比の見解《けんげ》が、天龍・相国の両僧堂に伝えられている。

337　識得自性　方脱生死　眼光落時　作麽生脱（自性《じしょう》を識得すれば方《まさ》に生死《しょうじ》を脱す。眼光落つる時作麽生《そもさん》か脱せん）——無門関47——

「兜率《とそつ》三関」の第二則。自性を徹見して見性《けんしょう》すると、まさにそのとき生死《しょうじ》を透脱するという、それなら眼光落ちる臨終《りんじゅう》のとき、どう生死を脱するか。それを即今《いま》目の前で示してみよ、というのである。

死の床《とこ》に眠るように安らかな大往生を遂げる人もあろう。世の中には、まるでそうした死にざまだけが宗教の役割ででもあるかのように考えている人々もいる。

しかし、鉄舟のような禅傑も「腹張って苦しき中に明け烏」と吟ずるような胃癌の激痛に苦しんで死んだ。

不顧庵主禾山《かさん》に次の語がある。

「普通の人も病気になる、わしもいま病気だ。病気という点ではまったく同じである。だが、この病気、同か別か。もしお前たちが同じだというなら、わしの禅僧としての面目はどこにあろう。だがもし別だというなら、わしのこの苦しみようはなんと彼らと似ていることか。さあお前たち、ここの所に眼をつけて一句いうてみい」。

338　脱得生死　便知去処　四大分離　向甚処去（生死《しょうじ》を脱得すれば便《すなわ》ち去処《こしょ》を知る。四大分離して甚《なん》の処に向かってか去る）——無門関47——

「兜率《とそつ》三関」の第三。生死輪廻《りんね》の世界を脱し得たら、ただちに死んでから去《ゆ》く処《ところ》がわかるというが、肉体を構成している地・水・火・風の四大がばらばらになったとき、人間はどこに行くのか。これを死後の世界のことだと考える人は、すでに禅者ではない。釈尊は死後の世界の霊魂の有無《うむ》についての問題には、「ノー・コメント」と答えている。禅の問題はつねに「即今・此処《ここ》・自己」である。類則に、「南泉遷化《せんげ》して甚麽処《なんのところ》に向かってか去る」（89・286参照）というのがある。古人はこの公案を「四大分離」のところと「向甚麽処去」のところと二つに分けて見て、前者に「断碑古路に横《よこた》う」（こわれた石碑の断片が古い路に横たわっている）という語を著《お》き、後者に「河南にあらずんば河北に帰らん」（77参照）という語を著《お》いている。みなさんの力で味わってみていただきたい。

339　不是風動　不是幡動　仁者心動（風の動くにあらず、幡《はた》の動くにあらず。仁者が心の動くなり）——無門関29——

居士身で五祖弘忍《ぐにん》の法を嗣《つ》いで六祖となった行者《あんじゃ》慧能《えのう》は、数年の聖胎長養《しょうたい》（悟後の修行）ののち、広州の法性寺《ほっしょうじ》で印宗《いんじゅう》法師（六二七―七一三）の『涅槃経《ねはんぎょう》』の講座を聴聞した。説法のあることを報ずる寺の幡《はた》が風にパタパタ鳴っていた。二人の僧がそのことについて対論して、一人は幡が動くといい、一人は風が動くといって、往復問答して理に合わないのを見て、慧能はいった、「それは風が動いているのでもなければ、幡が動いているのでもない。あなた方の心が動いているのだ」。二人の僧はこれを聞いてゾッとした。このことが縁になって、慧能はついに印宗に見出《みいだ》されて、師家《しけ》として世に立つことになるが、無門和尚はこの六祖の言葉にさらに語を著《つ》けていう、「風が動くのでもない、幡が動くのでもない、心が動くのでもない。どこに六祖の真意を見るか」。

340　開口即失　閉口又喪（口を開けば即ち失し、口を閉ずれば又《ま》た喪《うしな》う）――無門関25

――

仰山和尚は夢の中で弥勒《みろく》菩薩のいる兜率天《とそつてん》に行って第三座《だいさんぞ》に坐らされた。そのとき一人の尊者が白槌《びゃくつい》（283参照）して、「きょうは第三座の説法の番に当たっている」といった。そこで仰山は立って白槌して、「大乗の教えは四句を離れ百非《ひゃっぴ》を絶している。よく聴け、よく聴け」といった。「四句を離れ百非を絶す」とは、いっさいの概念や論理を超越する意である。

これを聞いて大衆はみな散じ去った。目が覚めて、これを師匠の潙山和尚に話すと、潙山は「あなたはすでに聖位に入った」といった。仰山はすっと礼拝した。無門和尚はこの公案を評していった、「まあ、いうてみよ。これは説法したのか、しないのか。口を開いてもだめだし、口を閉じて黙っても説法にならぬ。そうかといって開きもせず閉じもせずでも、真理からへだたること十万八千里だ」。

341 長憶江南三月裏　鷓鴣啼処百花香（長《とこしな》えに憶《おも》う江南三月の裏《うち》、鷓鴣《しゃこ》啼《な》く処百花香《かんば》し）——無門関24——

風穴和尚に、ある僧が問うた、「語っても黙っても離微にかかわるには、どうしたら咎《とが》がないでしょうか」。これは僧肇《そうじょう》法師の『宝蔵論』をふまえての質問である。「離」とは諸相を離れて寂滅平等な法性《ほっしょう》の体（真空無相）をいい、「微」とはその日常差別の世界での微妙な用《はたらき》（真空妙用）を意味する。宇宙の本体すなわち真実在は本来清浄で平等（離）即差別（微）である。それで「本浄の体は離微」であるという。語るときも黙るときも、その離微という本浄の体を保つには、どうすれば通じて犯さないことができるかという問いである。前則の「四句を離れ百非を絶す」るというのに似ためんどうな問題設定である。しかし、さすがは風穴である。そんな煩わしい問者の意図などいっこうおかまいなしに、杜甫の美しい詩の一句でさらりと答えた、「私は鷓鴣が鳴いて百花が香しいあの江南の春三月の頃を長い間憶うている」。

342　光明寂照遍河沙《こうみょうじゃくしょうへんがしゃ》　――無門関39――

雲門和尚にある僧が問うた、「光明寂照遍河沙（仏陀の光明が寂《しず》かに遍《あまね》き河沙《むすう》の国土を照す）」。僧がまだその一句をいい終らぬうちに、雲門はいった、「それは張拙秀才の語ではないか」。この句はたしかに張拙が石霜慶諸和尚に参じて悟ったときの偈頌《げじゅ》の一句である。（70参照）。僧はそこで「はい、そのとおりです」といった。すると雲門は「いいそこなった」といった。後日、死心和尚（一〇四三―一一一四）が、この話をとりあげていった、「まあ、いうてみよ。どこがこの僧のいいそこなったところか」。張拙秀才の語ではないかといわれて、「はい、そうです」と答えたのが、なぜいいそこないか。禅者なら、「いいえ、私の語です」と答うべきであったとでもいうのか。

真に自己の悟りの境涯から吐《は》いた一句なら、前則の風穴和尚のように他人の杜甫の詩の句で答えても、りっぱにそれが自分のものになっているからである。しかし、真理に向かって自分のものだの他人のものだのというのはケチくさい話である。要は、それが真に自己の胸襟《きょうきん》から流出《るしゅつ》した一句（巌頭が雪峰にいった語。106参照）かどうかにかかっていよう。

343　将謂胡鬚赤　更有赤鬚胡（将《まさ》に謂《おも》えり胡鬚赤《こしゆしやく》と、更に赤鬚の胡あり）　――無門関2

――

百丈和尚が説法すると、いつも一人《ひとり》の老人が雲水とともに聴《き》いていた。ある日、みんなが退出しても残っていた。百丈、「そこに立っているのは何者か」。老人、「私は人間ではない。大昔、私はこの山の住持であった。『大修行の人も因果の支配を受けるか』と問われて、『因果に落ちない』と答えたために、私は五百生の間、畜生道に輪廻《りんね》して野狐身《やこしん》に堕《お》ちている。私に代って一転語（聞く人を転迷開悟させる力のある語）を吐《は》いて救ってほしい」といって、さきの問いを問うた。百丈はいった、「因果を昧《くらま》さず」。老人は言下に大悟して礼拝していった、「私はもう野狐身を脱した。なきがらを亡僧の例にならって葬ってほしい」。百丈は役位に命じて、斎座《ひるめし》のあと葬式をするとふれさせた。「道場には病人も死人もないのに」と、雲水たちは不審《ふしん》に思った。百丈は食後みなをつれて裏山にゆき、死んだ野狐を一匹、杖ではね出して火葬にふした。

晩になって法堂《はっとう》で前の因縁話をした。高弟の黄檗がすぐに問うた、「古人は誤って一転語を答えて、五百生の野狐身に堕《お》ちた。一つ一つ誤らずに正しく答えたら、いったい何になったろうか」。百丈はいった、「こっちへ来い。あの方（野狐の老人）のためにいおう」。黄檗はそこで近づいて師の百丈に平手打ちを見舞った。百丈は手を打って笑っていった、「達摩のひげは赤いとは思っていたが、なんとここにも赤ひげの達摩がいたわ」。ダルマはわしだけと思っていたら、なんだお前も生きダルマだったか。百丈が弟子の黄檗の見地と作略《さりゃく》とを認めた証明の言葉である（316参照）。

344　不落《ふらく》因果　不昧《ふまい》因果　――無門関2――

前則の公案を門弟に示して、無門和尚はいう、「不落因果、甚《なん》としてか野狐に堕《だ》する。不昧因果、甚《なん》としてか野狐を脱する」。大修行底《てい》の人も因果に落ちるかと問われて、〝因果に落ちない〟、悟った人は因果の支配など受けないと答えたら、なぜ野狐に堕《お》ちたのか。〝因果を昧さない〟、悟っても因果は撥無《はつむ》（否定）できないと答えたら、なぜ野狐から脱け出すことができたのか。これが公案の提起する問題だというのである。悟っていっさいの束縛から解放された解脱《げだつ》の境地に出ると、人は往々にしてその自由の天地に酔ってしまう。平等の所に腰を落ち着け、もう何をしてもよいのだという思いに流されて、時にとんでもない脱線をしたりもする。これを「野狐禅」（198・228参照）という。一種の禅病である。しかし、悟っても「肘《ひじ》は外《そと》には曲らない」（鈴木大拙）。平等の中にも厳として「仁義道中」の差別の法がなければならぬ。「僕の前に道はない。僕の後《うし》ろに道はできる」（高村光太郎）。真の「不落」

は即《そく》「不昧」でなければならない。

345 一刀両断底且置 一刀一断底如何（一刀両断底《てい》は且《しばら》く置く、一刀一断底は如何）――無門関14――

南泉禅院の東西の両堂の雲水が、猫《ねこ》のことで争ったので、南泉和尚がその猫をつまみあげて、「お前たちが一句道《い》うことができたら斬《き》るまい、できなければ斬るぞ」といったが、誰もいわぬので、やむなく猫を斬った。その晩、高弟の趙州が外出から帰ったので、南泉がこのことを語ると、趙州は草鞋を頭の上にのせて出て行ったという公案（138・139参照）を批評して、白隠和尚はいった。

「雪竇は南泉斬猫《ざんみょう》の話《わ》に頌して『一刀両断偏頗《へんぱ》に任《まか》す』（南泉が猫を一刀両断したことについて諸君がどんなに是非を論じようと勝手だ。230参照）というが、一刀両断はまあおいて、『一刀一断底』はどうだ」。

一刀両断は殺人刀《せつにんとう》である。しかし一刀一断は活人剣《かつにんけん》である。白隠は南泉の斬猫が趙州の草鞋を待たずにすでに活人剣であったというのである。それなら問いたい、斬られた猫は、いまどこにどうしているであろうか。猫についてまわって、南泉の殺生をとがめたりすると、それこそ眉毛が落ちる（169・282参照）ことになろう。

346　平常心是道（平常心是《へいじょうしんこ》れ道）――無門関19――

南泉和尚に若き趙州が問うた、「道とは何ですか」。

南泉は答えた、「ふだんの心、ふだんの心が道である」。

趙州、「そのふだんの心を、目ざすべき目標として据《す》えてよいでしょうか」。

南泉、「めざそうとすると、すぐにそれてしまう」。

趙州、「目ざさなかったら、どうしてそれが道であると知ることができましょうか」。

南泉、「道は知るとか知らぬとかいったカテゴリーに属さない。知は妄想だ、不知はただの虚無だ。もし真に目ざしようのない道に達したら、それは虚空のようにからりとして空である。なんで強《し》いてああのこうのということができようか」。

趙州はその言下にはっと悟った。

「平常心是れ道」は、実は南泉の言葉ではなく、その師の馬祖《ばそ》の語である。「即心即仏」といい、「煩悩即菩提」といい、また「心心不異」といっても同じだが、この「平常心是道」の語こそ、中国禅宗の本質を端的にいい表わし得た言詮《ごんせん》（言語表現）というべきである（この則は156にもある）。

347　洗鉢盂去（鉢盂《はつう》を洗い去れ）　――無門関7――

趙州和尚にある僧がたずねた、「私は新入りの僧です。どうか老師ご垂示を」。趙州はいった、「朝の粥《かゆ》はいただいたか」。僧は答えた、「はい、いただきました」。趙州、「いただいたら、持鉢《じはつ》を洗っておけ」。

その僧ははっと気づいた。

いったいこの僧は何事に気づいたのであろうか。

この公案は二様に解される。まず朝飯を食べる、食器を洗う、という卑近な生活の中に仏法がある。すなわち前則346の「平常心是《こ》れ道」の意味をより具体的に示したものだという素直な解である。

いま一つは、粥座《しゅくざ》はすんだかというのは「悟りは開けたか」という問いであり、それに対して僧がすでにすんでいますと答えたから、「悟りを開いたら、そのお悟りをきれいに洗い去れよ」と示されたという向上の公案としての解である。

みなさんはどちらでもお好きなほうをとられてよいが、筆者はどちらかといえば前解に与《くみ》したい。「道という言葉に迷うことなかれ朝夕おのがなすわざと知れ」（至道無難禅師）。

348　青原白家酒　三盞喫了　猶道未沾唇（青原白家の酒、三盞喫し了《おわ》って、猶《な》お道《い》う未だ唇《くちびる》を沾《うるお》さずと）――無門関10――

曹山和尚にある僧がいった、「私、清税《せいぜい》は孤独で貧乏でございます。どうか老師施《ほどこ》しをいただきとうございます」。曹山は「税さん」と呼んだ。清税は「はい」と答えた。曹山はいった、「産地青原の名酒造家白氏の銘酒を大盃《たいはい》三杯も飲んでしまっておりながら、まだ唇もぬらしておらぬというのか」。孤貧です、施し物をというのは、私は真空無相の体験をした、胸中無一物、兎《う》の毛一本もないというお悟り自慢である。それに対して曹山は名を呼んで彼が返事をしたところで、それ、そこに呼ばれて返事する者は何者か。けっして空ではないではないか、空が生き生きと働いているではないかという代りに、君は名酒三盞かたむけて、しかも飲んだことを隠しているといったのである。空の悟りより空にして働く禅機こそが禅の生命であると。

349　即心是仏《そくしんぜぶつ》――無門関30――

馬祖は大梅《だいばい》に「仏とは何ですか」と問われて、「心そのものが仏だ」と答えた。「即心即仏」ともいわれ、彼のもう一つの有名な語「平常心是《こ》れ道」（346参照）と同義である。惜しい、欲しい、憎い、かわいいといっている、この煩悩、すなわちふだんの心こそが、仏であり、道であり、菩提《さとり》である、というのである。のちに大梅が大梅山に住してから、ある僧がたずねた、「老師はこんな山中でどんな禅を行《ぎょう》じておられますか」。大梅、「即心是仏」。そこで、その僧はいった、「馬大師も昔はそのようにいわれてましたが、このごろは違います」。大梅、「どういわれる」。僧、「もっぱら『非心非仏』といわれます」。それを聞くと大梅はいった、「老漢《おやじ》はまだそんなことをいって人をだましておるのか。たとえ馬大師はなんといおうと、私はただ『即心即仏』だ」。それを伝え聞いて、馬祖はいった、「梅の実は熟した」（大梅も本物になったな）。

350　非《ひ》心《しん》非《ひ》仏《ぶつ》　――無門関33――

馬祖は僧が「仏とは何ですか」と問うたので、「心でもない、仏でもない」と答えた。これは明らかに前則の語が頭にあっていったものである。僧があるとき問うた、「老師はどうして『即心即仏』とおっしゃるのですか」。馬祖はいった、「子どもの泣くのをやめさせるためだ」。僧、「それでは泣きやんだときはどうですか」。馬祖、「非心非仏だ」。寸心居士西田幾多郎はいった、「これまでの哲学はすべて対象論理を問題にしてきた。それでは物の世界は説けても、心の世界は説けない。自分はその心すなわち真の主体性を明らかにするために場所的論理を主張する」と。禅とは、結局この「心」が「無」だとわかることが仏法だ、というのである。しかし、そこで禅者はいう、「箇《こ》の仏の字をいうも満面の慚惶《ざんこう》（恥さらし）、箇の禅の字を説くも拖泥帯水《だでいたいすい》（泥まみれ、水まみれ、汚い汚い）だ」。仏のホの字も心田の汚れだ、跡を払え跡を払えと。

351 天晴日頭出　雨下地上湿（天晴れ日頭出ず、雨下《ふ》って地上湿《うるお》う）——無門関34——

南泉和尚はいった、「心は仏ではない、智は道ではない」。これも「即心即仏」や「非心非仏」の類則とみてよい。あるとき僧が南泉に聞いた、「昔からの祖師がたは馬祖大師に至るまで、みんな『即心即仏』『平常心是《こ》れ道』とおっしゃるのに、いま老師は、『心は仏ではない、智は道ではない』といわれます。それで修行者はみんな疑惑を生じています。どうか老師、お慈悲をもってご教示ください」（『南泉語要』）。馬祖が「即心是仏」だとか「平常心是れ道」だと示すと、みんながまたその仏だとか道だとかに囚《とら》われる。その凡夫の執著を奪うために、弟子の南泉和尚は親切にも改めてこんな一見逆の立言をしたのである。無門和尚は頌《うた》う、「空が晴れて太陽が出る、雨が降って地上が湿う。思いの限りを尽してすべてを説明しても、おそらくは君たちはまともに信じてはくれぬだろう」。

352 不《ふ》是《ぜ》心《しん》 不是仏 不是物《もつ》 ——無門関27——

南泉和尚はある僧に「人に向かって説かなかった法《しんり》がありますか」と問われて、「ある」と答えた。僧はいった、「人に向かって説かなかった法とは何ですか」。南泉はいった、「それは心でもなく、仏でもなく、物（衆生《しゅじょう》）でもない」。これもまた馬祖の「即心即仏」の語にちなんだ類則である。「物」を「衆生」と注したのは、『華厳経』の「夜摩天宮品」の「心と仏と衆生と、この三つには差別はない」という句を根拠として、「物とは衆生のことだ」とした故寒松軒（柴山全慶）老師（一八九四—一九七四）の説に従ってである。また『五燈会《え》元《げん》』に次の問答がある、「南泉はみずからいった、『江西《こうぜい》の馬大師は〝即心即仏〟といわれた。王老師（南泉の自称）はそうはいわぬ。〝不是心、不是仏、不是物〟だ。こういって過《あやま》ちがあるか』。それを聞くと、弟子の趙州は礼拝して出て行った」（「不是心……」の則は270を参照）。

353 乾屎《かんし》橛《けつ》 ——無門関21——

雲門和尚はある僧が「仏とは何ですか」と問うたので、「乾屎橛《くそかきべら》だ」と答えた。乾屎橛とは屎《くそ》を乾《きょ》める橛《へら》のことだという。昔はトイレット・ペーパーの代りに便所に木のへらがおいてあって、用をすましたあとそのへらで上手に尻の始末をしたのだという。さて、この公案もいろいろに解される。普通、「仏」とは尊いもの清浄なものと思っているのに、雲門はそんな観念から遠い「糞《くそ》かきべら」と答えた。これは雲門が僧のもっているそんな仏の概念をぶち砕くためにこう答えたのだ、などと解したら、白雲万里遠くして遠しだ。そうした思慮分別を絶して、雲門はただ「乾屎橛」と答えた。このただがわからねばダメだという人がいる。またある人は汚いもので清らかなものを、低いもので高いものを示しているところに、雲門宗の宗風があるという。一則の公案も「法身」にも「向上」にも「言詮」にも使える。

354　不得喚作浄瓶　汝喚作甚麼（喚《よ》んで浄瓶《じんぴん》と作《な》すことを得《え》ず、汝喚んで甚麼《なに》とか作さん）——無門関40——

司馬頭陀《ずだ》（生寂不詳）という禅客がいて、百丈和尚の所にきて、「潙山という名山がある。そこに道場を開けば千五百人の大叢林《そうりん》（大道場）になる」というので、百丈が「そんなら衲《わし》が行こうか」というと、「和尚ではダメだ。せいぜい千人しか集らぬ」という。そこで百丈の門下から潙山新道場の主《あるじ》を選ぶことになった。首座《しゅそ》と典座《てんぞ》の二人を一見して、司馬は典座を選んだ。首座は納まらぬ。そこで大衆《だいしゅ》の前で再試験をすることになった。百丈は水瓶を地上においていった、「これを水瓶と呼んではならぬ、何と呼ぶか」。首座はいった、「まさか棒っ切れとも呼べますまい」。百丈が典座に問うと、典座は水瓶をけとばして出て行った。百丈は笑っていった、「首座和尚はあの山だしの典座めに負けたわい」。そこで典座に命じて潙山の開山とした。

355 十方薄伽梵《ばぎゃぼん》 一路涅槃門《ねはんもん》 ――無門関48――

乾峰《けんぽう》和尚（洞山良价の法子）に、僧が「十方の諸仏は涅槃の一筋道を行く、と申しますが、いったいその道はどこにあるのですか」と問うた。乾峰は拄杖《しゅじょう》を取りあげて、空中に一画を引いていった、「ここにある」。のちに僧は雲門和尚に教えを請うた。雲門は扇子を立てていった、「扇子が飛びあがると、三十三天に上り、帝釈天《たいしゃくてん》の鼻の孔を突きあげる。東海の鯉に一棒をくらわすと、盆《ぼん》を傾けるようなどしゃぶりの雨が降る」。これは何のことか。無門和尚はいう、「一人《ひとり》は（乾峰か）深い深い海底に行って、そこで砂塵をまきあげている。一人は（雲門か）高い高い山頂に立って、白浪を天に届くほど溢れさせている。一人は「把《は》定《じょう》」（否定門）といって要点をしっかと押さえ、一人は「放行《ほうぎょう》」（肯定門）といってすべてを解放して、二人して片手を出し合って禅の宗旨を扶《たす》け建《た》てている」。

356　放汝三頓棒（汝に三頓《とん》の棒を放《ゆる》す）――無門関15――

雲門和尚は弟子の洞山守初《とうざんしゅしょ》がはじめて参じたときに、「近ごろどこを離れて、ここに来たか」とたずねた。洞山は答えた、「査渡《さと》からです」。雲門、「夏安居《げあんご》はどこで過したか」。洞山、「湖南の報慈《ほうず》寺です」。雲門、「いつそこを離れてきたか」。洞山、「八月二十五日です」。するとと雲門はいった、「お前に三頓の棒をくらわすところだが、きょうのところは許しておく」。洞山は翌日になって、雲門の所へ行って問うた、「きのうは老師に三頓の棒をお許しいただきましたが、いったい私のどこに過《あやま》ちがあったのでしょうか」。三頓の棒とは、三度こっぴどくひっぱたく意。必ずしも六十棒と解する要はあるまい。雲門はいった、「この無駄飯食《くら》いめ！　そんなふうにして江西・湖南と行脚してきたのか」。

洞山はここではっと気づいた。

357　台山路向甚処去（台山の路、甚《なん》の処に向かってか去る）――無門関31――

趙州和尚の観音寺の近くに茶店があって、一人の老婆がいた。茶店の前が分かれ路だかで、よく五台山参りの雲水たちが「台山への路はどう行ったらよいか」とたずねた。婆さんは、「まっすぐ行かっしゃい」と答える。そこで僧が数歩歩くと、すぐに婆さんはいう、「よいお坊様がまたあんなふうにして行くわ」。ある僧がこのことを趙州和尚に語った。趙州はいった、「ひとつ衲《わし》が行って、お前たちのためにこの婆さんを見届けてやろう」。翌日すぐに出かけて同じように問うた。婆さんもまた同じように答えた。趙州は黙って頭を低《た》れて帰ってきたが、大衆《だいしゅ》にはこういった、「衲《わし》はお前たちのために、台山の婆さんを見破ってやったぞ」。老婆の何を老趙州はどう勘破したのか。この婆子は一枚悟りていどの道化役者に過ぎないと見破ったのだ、などという見解《けんげ》もあるが、そんな見方ですましていては断じて隠山の法孫とはいわれぬ。

358 大小徳山 未会末後句（大小の徳山、未《いま》だ末後の句を会《え》せず）――無門関13――

徳山和尚は持鉢《じはつ》を捧げて食堂《じきどう》に来た。典座《てんぞ》の雪峰が、「この老漢《おやじ》、まだ合図《あいず》の鐘も太鼓も鳴らさんのに、持鉢を持ってどこへ行かれますか」ととがめた。すると、老徳山は何もいわずに頭を低《た》れてすっと居間に帰った（179参照）。雪峰は老漢《おやじ》をやり込めた気になって、このことを先輩の巌頭に話した。巌頭はいった、「ごりっぱな徳山老師もまだ末後の句がおわかりでない」。だからお前などにやり込められたんだ、といわんばかりだ。徳山はそれと聞くと、侍者に巌頭を呼びにやって問うた、「お前は老僧《わし》を肯《うけが》わぬのか」。巌頭は密《ひそ》かに徳山に何かいった。徳山はそこでやめた。翌日、講座にあがった徳山の説法は、はたして尋常《ふだん》とは違っていた。巌頭はそのあとで僧堂の前にきて、掌《て》を打って大笑いしていった、「嬉しいことに、老漢《おやじ》も末後の句がわかった。今後天下の人もあのお方をどうすることもできまい」。ここで、雪峰とともに「末後の句」とは何かと参究すべきである。

359　拈花微笑《ねんげみしょう》　――無門関６――

釈尊が、その晩年のある日、霊鷲山《りょうじゅせん》の法会《ほうえ》で、きょうこそとっておきの法を説かれるというので、会衆一同かたずをのんで見守っていた。そのとき世尊はただ金婆羅華《こんぱらげ》と呼ばれる金色の蓮の花の一枝を取りあげてみんなに示された。大衆《だいしゅ》は何のことかわからずに黙っていた。そのとき高弟の大迦葉《かしょう》尊者だけが、それを見てにっこり微笑した。すると世尊はいった、「私に正法眼蔵《しょうぼうげんぞう》、涅槃《ねはん》の妙心、実相無相、微妙《みみょう》の法門がある。いまそれを不立《ふりゅう》文字、教《きょう》外《げ》別伝にして摩訶《まか》迦葉に付《わた》した、迦葉よ嘱《たの》んだぞ」。

正法眼蔵云々は、正しい法を見る般若の眼・涅槃の真理《さとり》の妙心《ふしぎなこころ》・実相は無の相という、微妙の法門《おしえ》の意である。それを、文字を立てずに教えの外に別に伝えるという方法で、いまこそ大迦葉に付嘱したというのである。史実はともあれ、ここに「以心伝心」という禅門の大法伝授の典型が示されている。

360　倒却門前刹竿著（門前の刹竿《せっかん》を倒却著《せよ》）――無門関22――

阿難《あなん》は世尊の晩年の二十余年その側に随侍して十大弟子中「多聞《たもん》第一」と称せられた人であったが、ついに師の生存中には阿羅漢《あらかん》の聖位に入れなかった。そして世尊の寂後に兄弟子《あにでし》の迦葉《かしょう》の啓発でようやく悟れた（133参照）。そのときに迦葉に問うていった、「世尊があなたに法をお伝えになりましたとき、金襴《きんらん》の袈裟《けさ》を授けられたと聞きますが、そのほかに何かまだ別に伝えられましたか」。迦葉はそれには答えずに「阿難よ」と呼んだ。阿難は「はい」と答えた。迦葉はいった、「門前の旗竿《はたざお》を倒しなさい」。もう説法はすんだから、説法のしるしにあげた旗をおろせというのだ。その「はい」という無心の働きをするその者がわかれば仏法はもうそれでよいのだと、阿難の人心《にんしん》を直指《じきし》した。阿難がここで真に徹底したなら、それが「以心伝心」の大法の授受（直指人心、見性成仏）というものである。そこに「禅」があるる。

361　我手何似仏手　我脚何似驢脚　人人有箇生縁（我が手《て》仏手に何似《いずれ》ぞ、我が脚《あし》驢脚に何似ぞ、人人箇《にんにんこ》の生縁あり）――無門関付録――

『無門関』に付記された「黄龍《おうりゅう》の三関」と称せられる公案である。黄龍和尚は臨済宗黄龍派の派祖である。㈠私の手は仏の手と比《くら》べてどうか。㈡私の脚は驢馬の脚と比べてどうか。㈢人間一人《ひとり》一人《ひとり》に一つの誕生の縁がある。この公案はわが国の禅門で「賓主互換《ひんじゅごかん》の則」といわれる。禅はけっして精神修養でもなければ、人格完成の道でもない。「仏道というは自己を忘るるなり」で、初めから自己を捨ててかかる自己否定の道である。自己を忘れ自己を空ずるとき、庭の柏樹と木枝《こずえ》のみんみんぜみと自己とぶっつづきという自他不二の自己を自覚する。死んで生きるが禅の道である。「空」とは「自他不二《じたふに》」である。そこがわかれば、自己と他己の身心が脱落して一如《いちにょ》となる。そして、そこでは主《しゅ》が賓《ひん》（客）となり、賓が主となって、互いに入れ換わる自他交参自在の事事無礙《じじむげ》法界《ほっかい》の消息が体得される。私が汝で、汝が私で、しかも私は私、汝は汝という境涯がわがものとなる。

362　摩訶般若波羅蜜多《まかはんにゃはらみった》は仏道の第一義なり。至心《ししん》に憶念せよ。　――般若窟「三綱領」

般若窟（釈定光《しゃくじょうこう》）老師は仏教の八万四千の広大な法門を「三綱領」に集約された。その第一がこれである。

仏教とは仏陀《ぶっだ》の教えである。仏陀とは覚者の意である。自覚・覚他、覚行円満の人格者をいう。その「覚《かく》」の「智慧《ちえ》」それが般若である。摩訶は大きな勝《すぐ》れたの意であるから、摩訶般若は「大智」である。梵語では、分別知《ヴィジュニャーナ》と区別して無分別智《プラジュニャー》という。波羅蜜多は、「迷いの此岸《しがん》から悟りの彼岸《ひがん》に到達した」という意で、簡単に「完成」と訳される。そこで「摩訶般若波羅蜜多」すなわち「大智の完成」、これが仏道の第一義である。お葬式や法事や、お寺や僧尼は、第二義第三義である。大智の完成すなわち「悟り」を開き、悟りを身に体現し、悟りを生きる生活こそ、仏道である。真実の人間性の自覚の道が仏道である。それは特別のいわゆる仏教信者だけの問題であってはならぬ。仏道こそ全人類が真に人間として生きる道であるといわねばならぬ。

363 戒《かい》・定《じょう》・慧《え》の三学は成道《じょうどう》の要訣なり。至心《しいしん》に修持《しゅじ》せよ。　――般若窟「三綱領」

――

般若窟「三綱領」の第二。偉大な智慧《ちえ》の完成のために、仏教徒として学ぶべき三つのもの――三学とは持戒と禅定《ぜんじょう》と智慧である。三学は原始仏教以来いうことであるが、大乗仏教では六波羅蜜《ろっぱらみつ》――布施《ふせ》・持戒・忍辱《にんにく》・精進《しょうじん》・禅定・智慧という。般若の智慧の体得のためにはどうしても禅定が必要である。禅定とは、身心の安定統一の意で、ずばりいえば坐禅（いわゆる動中の〝せぬ時の坐禅〟をも含めて）である。正しい禅定からのみ真の般若が出る、いや真の智慧は定智《じょうち》（定慧一等《じょうえいっとう》）だと禅者はいう。そして正しい禅定に入るためにはどうしても持戒が必要である。戒とは、正しい身心の安定統一に入るために、われとみずから誓ってわが生活を規制することである。この三学の実践こそが成道《じょうどう》――仏道を成就する肝心要《かんじんかなめ》の秘訣である。

364　四弘《しぐ》の誓願は我等が本誓《ほんぜい》なり。至心《しいしん》に奉行《ぶぎょう》せよ。

――般若窟「三綱領」――

般若窟「三綱領」の第三。六波羅蜜――持戒と禅定と智慧の三学に布施（他に与えること）と忍辱（辱《はずか》しめを堪え忍ぶこと）と精進（努力すること）の三を加えたもの――は衆生を迷いの此岸《しがん》から悟りの彼岸《ひがん》へ渡す（衆生済度）六つの実践徳目であるが、これだけでは道徳の世界のことであって、まだ宗教としての仏教の話ではない。仏法はほんとうには持戒の上に禅定を修持して般若の智慧を開いたところから始まる（悟を以て則となす）。そこで般若波羅蜜が自発自展（道元和尚のいわゆる「本証の妙修」）して、前五の布施ないし禅定がすべて悟りの自己限定として、前五のおのおのの下に波羅蜜がつく。そこにはじめて「証上の修」としての布施ないし坐禅が働く。そして「般若」とは「空にして自他不二」の意だから、「自己がなければすべてが自己」として、他人のために慈悲心を行じ他物を生かしてこそ、真に自己が生きるということになる。大乗菩薩道の願心――四つの弘大な誓願がそこに生じる。「衆生無辺誓願度、煩悩無尽誓願断、法門無量誓願学、仏道無上誓願成」である。

365 億劫相別而須臾不離　尽日相対而刹那不対　此之理人人有之（億劫《おくごう》相別れて而《しか》も須臾《しゅゆ》も離れず、尽日《じんじつ》相対して而も刹那も対せず。この理、人々之《にんにんこ》れあり）――大燈国師法語――

雲巌がお茶をたてていた。そこへ師兄《すひん》の道吾が入ってきた。道吾、「そのお茶だれにやるのかい」。雲巌、「ひとり欲しいという者がいてな」。道吾、「その欲しいという者自身でお茶をたてるわけにはいかんのかい」。雲巌、「幸いにわたしがここにおるのでな」。この話には実は先例がある。雲巌が若いころ、先輩の百丈和尚を訪ねた。雲巌、「老師は毎日、せっせといったい誰のために働かれるのですか」。百丈、「ひとりそれが必要な者があってな」。雲巌、「どうして彼自身にさせないのです」。百丈、「彼は自身では家活《くらし》がたてられんのだ」。

ここにいう「一人《ひとり》」が「超個」（真実の自己―平等）であり、「某甲《わたし》」が「個」（現実の自己―差別）である。宗教も哲学も結局この「超個」と「個」の関係にある。大燈国師はこれを「相別れて離れず、相対して対せず」という「理」が人間ひとりひとりにあるという。「超個」と「個」（102・223参照）とは絶対に区別されながらそのままただちに一つであるという。鈴木大拙はその理を「即非の論理」といった。「即非」は一応は「別れて（非）離れず

(即)、対して(即)対せず(非)」で、「即(肯定)にして非(否定)」というがごとくである。しかし、実はそうではない。大拙の真意は一息に「即非」と読むところにある。それは「如《によ》」(Is-ness)であり、「真人《しんにん》」である。一息に「超個の個」である。大燈の真意もまた一息に「相別而不離、相対而不対」と読むところにあるといわねばならぬ。

366　不《ふ》可《か》分《ぶん》・不《ふ》可《か》同《どう》・不《ふ》可《か》逆《ぎゃく》　――滝沢克己――

前則で述べた鈴木大拙の「即非の論理」を西田幾多郎は哲学的論理学として形成しようとして「場所の論理」を主張し、その最後の論文で、その「場所的論理」の生命を示すものとして「逆対応の論理」とでもいうべきものを提唱した(西田はそこで彼のいう「逆対応」を最もよく示すものとして、先の大燈の語を引用している)。しかし、これはその急逝によって十分の発展を見ないまま後人の手に託された。

私見によればこれをより一歩明確にしたのが、滝沢克己(一九〇九―八四)の前掲の語である。

彼は超個と個との接触――大拙のいう「即非」――に第一義のそれと第二義のそれとを厳密に区別する。各人の自己成立の根底に本来平等に存する(此の理、人々これあり)原事実たる第一義の即非と、これに基づいてこれに応じて成り立つところの人間の本来的なあり方の成就としての第二義の即非、とをあくまで厳密に区別しようとする。そして大拙の「即非」といったものを、さらに具体的に「不可分・不可同・不可逆」と表現する。彼はいう、「超個」と「個」との関係は、切り離すことはできない（不可分）が、厳密に区別しなくてはならぬ（不可同）、そしてその関係はあくまで前者が先《さき》で後者は後《あと》であって、けっしてその順序を逆にすることは許されない（不可逆）と。われわれはここから、本来は本覚も始覚もないと思われる絶対の「覚」体験の中に、現実のわれわれの覚の反省の上ではあの第一義の即非なる「本覚」とそれに基づいてある時ある所である人の上に起こる「始覚」という第二義の即非との区別が厳として存すること、そしてその秩序は絶対に逆にすることはできないという新たな真理へと開眼させられる。

詳細は別の論書（小編『現代のエスプリ――鈴木大拙』の小稿、至文堂刊参照）にゆずらねばならないことであるが、禅道仏法にとっても大切な宗教的生命の原点なので、滝沢のこの語を最後の禅語としてとりあげて、禅の思想上の大事として今は一応これだけのことを言及しておく（「即非の論理」については102・173・205・325・365を参照）。

解説

竹村牧男

本書の著者、秋月龍珉老師は、一九二一年の生まれ、「行としての禅道と、智としての禅学の二足の草鞋《わらじ》をはいて、禅という一筋道を歩む」という、行学豊かにそなえた、まったく稀有の禅者であった。東大哲学科で哲学の訓練を受ける一方、宮田東珉・古川堯道・苧坂光龍・大森曹玄各老師に参禅、居士《こじ》身ながら光龍・曹玄両老師から印可を受けている。すなわち、臨済正宗隠山派の越渓下と滴水下の二つの室内を尽したのである。満五十歳のとき、山田無文老師に就いて得度《とくど》し、僧籍に入った。それは門弟の指導上、授戒を行わなければならず、それには出家であることが必要との判断からであった。

龍珉はそのように禅を深く学んだだけでなく、自らの学をさらに仏教学・宗教哲学にまで広げていった。特に鈴木大拙に親しく師事し、薫陶を受けるとともに、大拙の心友の西田寸心の宗教哲学に参じ、独自の宗教哲学を拓いている。また、滝沢克己、八木誠一らのキリスト者と交わり、仏教とキリスト教等との対話に先駆的に取り組んだ。晩年はこの事の促進のため、海外の学会等にも積極的に出かけて、国際的に活躍していたが、惜しいかな先年、一九九九年、病によりこの世を去った。

この間、龍珉はおびただしいほどの著作をものしたが、代表作としては『校訂国訳 趙州禅師語録』『公案——実践的禅入門』『誤解だらけの仏教』『絶対無と場所——鈴木禅学と西田哲学』などがある。本書『一日一禅』は講談社現代新書として一九七七年に刊行されている。龍珉の著作群の中では比較的初期のものであるが、龍珉五十六歳のときの作であり、脂の乗り切った頃の、人が想像する以上の会心作である。

さて、本書は、数ある意義深い禅語の中から三百六十六選んで、一日に一語鑑賞すべく、短い解説を施したものである。もちろん、一日に数語ないしたくさん読んでもいっこうにさしつかえなく、読み方は読者の自由に任されている。

禅語といえば、読者の方はどんな語を思い浮かべるであろうか。22「明鏡止水」とか、238「日日是好日」とかは、その代表的なものなのであろう。また、禅者はしばしば、自らの心境を漢詩でもって表現する。たとえば、26「竹影階《きざはし》を払って塵動ぜず、月潭底を穿って水に痕無し」とか、288「対するに堪えたり暮雲の帰って未だ合せざるに、遠山限り無く碧層層」とかである。これらの詩境＝禅境は、龍珉の本書における解説によって、ますます興趣深く味わわれるにちがいない。

あるいは茶道を習っている方は、しばしば茶掛で禅語に出会うであろう。207「独坐大雄峰」とか、282「関」とかがあろうか。往々、それを読めなかったり、読めても意味が解らなかったりすると思う。しかし本書に親しむことによって、その語句も自然と判明し、その意味もより深く理解できるようになるにちがいない。日本人として真の教養を培うに、本書はかっこうの手引きとなるはずである。

今日、住宅の様相も昔とずいぶん変わり、床の間のある家は少なくなってきた。昔は床の間に禅語が書かれた墨跡などを掛けて、その境涯に親しんだものだが、今日ではそのすべもないかのようである。このときにあたって、このように簡便な書物により、禅の心、詩と真実とが一体になった世界を心ゆくまで味わうことができるのは、まことに幸甚のことである。解説には日本・中国それも古今の禅界の実に興味深いエピソードがふんだんに盛り込まれ、かなり艶っぽい話も随所に織り込まれていて、読み物としても飽きさせないものがある。

あるいはまた、まったくの競争社会と化した今日にあって、ストレスの多い毎日を乗り切るためにも、本書によって日々、禅語をかみしめることは、きっとその有効な手だてとなることであろう。

もっとも、龍珉はたとえば「日日是好日」といった禅語の、世間に通俗的な解釈は断乎《だんこ》しりぞけている。元来、禅の主眼はただ一点、この自己の生死を透脱することにあり、祖師がたは皆、大死一番、絶後蘇息する体験を有するほどの者であった。禅語は、その古人の命がけの修行のはてに発せられた、貴重な言句である。したがって、どんな禅語にもその背景には苛烈なまでの修行があるのであり、龍珉の解説は総じて禅のその峻厳なる道を伝えようとするものになっている。

それに実のところ、本書に収められた禅語は、前に見たような美しくも雅趣に富むものばかりではない。激しく棒・喝を浴びせるがごとき禅者の一句もたくさん含まれている。98「莫妄想」とか、213「勘破了也」とか、さらに毒を含むような鋭い語も、少なからず採りあげられている。龍珉がなぜ耳ざわりのよい語ばかりを集めずに、禅のもっとも禅らしい語句を集めているかというと、実は本書は参禅修行のための公案(問題)を一年分編んだようなものにほかならないからである。龍珉が「まえがき」にも明かしているように、本書の構成は次のようである。

Ⅰ・Ⅱ　日本の禅者の機縁(となった公案)、
Ⅲ・Ⅳ　中国の禅者の機縁(となった公案)、
Ⅴ・Ⅵ　白隠下の公案体系、
Ⅶ〜Ⅹ　『碧巌録』百二十則の公案、
Ⅺ・Ⅻ　『無門関』六十六則の公案

このように、本書は実は公案集として編まれているのである。もちろん龍珉の解説は、「ちょっとよい話」も多く、話題はすこぶる多彩で面白い。しかしその解説の姿勢は、単に禅語の好境界を味わうというのではなく、それが修行者に公案として課せられたときにどのような見解《けんげ》（解答）を呈するのがよいのか、という視点に貫かれている。実に一日一禅は一日一公案の趣がある。したがって、本書はただ先へ先へと読んでいけばよいというものではなく、やはり一つの禅語（公案）とその龍珉の解説とを、一日じっくり味わって、そのつど自らの見解を繰り出すべきなのである。

このような次第なので、龍珉の解説はしばしば参禅の実際に即したものとなっている。128では、「松になれ、菊になれ」と言い、162では「まず山花になれ、澗水になれ」と言ったりする。時に異なる室内の見解を比べつつ解説する箇所もあり（16・316等）、その辺は隠山下のみならず卓州下の室内までも詳しかった龍珉ならではのものであろう。ある先輩が、ひそかに室内の秘密を示唆したのに乗じて、それを紹介することまでも行っている（290）。老婆《ろうば》心切《しんせつ》も過ぎるというものである。

結局、面白さに引き込まれて本書を読んでいくうちに、いつしか書物の上で参禅修行させられることになるわけである。心の安らぎ・癒しを求める向きには、やや意に沿わないものもあるかもしれない。しかし考えてみれば、この一冊で、格式ばった僧堂を訪れ、礼を尽くして老師様と相見しなくても、簡単に多くの、それも精選された公案に取り組むことができるのであるから、読者の法幸この上もないことである。我々はその僥倖を至心に感謝すべきであろう。

ともあれ、本書は禅語集であってその実、公案集である。特にⅤの白隠下の雑則（日本語の公案）は、龍珉によってほぼ初めて公開された貴重なものである。127「虚空を粉にして持つてこい」、130「富士山を燈心でくくり出せ」等々、平易な言葉の中に甚深の法理が秘められている。龍珉は本書でその心を巧みに明かしており、これらを味わうだけでも禅というものがいかなるものであるのか垣間見ることができるであろう。

なお、本書には、ところどころ秋月禅学の真髄が披露されている。267「南山起雲、北山下雨」の解説には、「ところで、私はこの雲門の代語を『張公茶を喫して李公覚む』と代えたい。皆さん、筆者の意図を見抜けますか」と言っている。龍珉自ら答えて言うに、300「従来の禅では、相交わる対象がどうも自然に傾きすぎて、『私と汝』という人間対人間のところで『自他不二』の境涯を練る訓練がたりなかった、と思うのである」。つまり、今までの禅は山水と一体となって喜んでいた。しかしこれからの禅は社会に出て人々のために働くのでなければならないというのである。それは大拙の悲心を承《う》けるものでもあった。

本書の末尾、365には、大燈国師の「億劫相別れて而も須臾も離れず、……」の句がおかれている。西田寸心が、逆対応ということを説明するために用いた句としてよく知られている。龍珉は宗教的実存を「超個の個」と言ったが、それは大拙とそして寸心とを受けたものであり、そこに龍珉の思想の原点がある。では、「超個」と「個」との関係はどのようなのであろうか。本書の真の最後366に、龍珉は滝沢克己の句、神と人とは「不可分・不可同・不可逆」であるという、その語をおいている。これは、寸心の逆対応の断面図にほかならないという。龍珉の禅学はここに極まる。すなわち多くの公案で採りあげられた禅的境涯も、その事理はといえば「超個」と「個」の「不可分・不可同・不可逆」なのだと最後に言って、龍珉は自らのはらわたを見せたのであった。

ふたたびいえば、本書は祖録や公案の語句を、室内の参究という観点から解説したものである。そこには考えられないほど豊富な蘊蓄《うんちく》が傾けられており、室内での扱いが的確にそれとなく紹介されており、さらに宗教哲学的な議論も鏤《ちりば》められている。このような書物を書ける禅者は、向後何百年間、おそらく出ないであろう。簡易・手軽のようで実は濃密・重厚なものであり、まことに貴重な書物である。この書物の評価は、未来になればなるほどまれに見る傑作としていよいよ高まるにちがいないと確信するのである。

（東洋大学教授）

ら　行

わ　行

ま　行

や　行

な　行

は　行

た　行

さ　行

か 行

【人名索引】

あ　行

ま　行

や　行

ら　行

わ　行

な　行

は　行

た　行

さ　行

索　引

→印は関連事項参照

【事項索引】

あ　行

か　行

KODANSHA

本書は一九七七年三月刊行の講談社現代新書『一日一禅』上・下を底本としました。

秋月龍珉（あきづき　りょうみん）

1921年宮崎県生まれ。東京大学文学部哲学科卒，同大学院修了。臨済正宗真人会師家，埼玉医科大学教授，月刊誌「大乗禅」主幹等を務める。著書に『公案——実践的禅入門』『校訂国訳 趙州禅師語録』『鈴木大拙の言葉と思想』『道元入門』など著書多数。1999年没。

講談社学術文庫

定価はカバーに表示してあります。

一日一禅《いちにちいちぜん》

秋月龍珉《あきづきりようみん》

2003年５月10日　第１刷発行
2025年２月12日　第16刷発行

発行者　篠木和久
発行所　株式会社講談社
東京都文京区音羽 2-12-21 〒112-8001
電話　編集（03）5395-3512
販売（03）5395-5817
業務（03）5395-3615

装　幀　蟹江征治
印　刷　株式会社ＫＰＳプロダクツ
製　本　株式会社国宝社

ISBN4-06-159598-9

「講談社学術文庫」の刊行に当たって

これは、学術をポケットに入れることをモットーとして生まれた文庫である。学術は少年の心を養い、成年の心を満たす。その学術がポケットにはいる形で、万人のものになることは、生涯教育をうたう現代の理想である。

こうした考え方は、学術を巨大な城のように見る世間の常識に反するかもしれない。また、一部の人たちからは、学術の権威をおとすものと非難されるかもしれない。しかし、それはいずれも学術の新しい在り方を解しないものといわざるをえない。

学術は、まず魔術への挑戦から始まった。やがて、いわゆる常識をつぎつぎに改めていった。学術の権威は、幾百年、幾千年にわたる、苦しい戦いの成果である。こうしてきずきあげられた城が、一見して近づきがたいものにうつるのは、そのためである。しかし、学術の権威を、その形の上だけで判断してはならない。その生成のあとをかえりみれば、その根は常に人々の生活の中にあった。学術が大きな力たりうるのはそのためであって、生活をはなれた学術は、どこにもない。

開かれた社会といわれる現代にとって、これはまったく自明である。生活と学術との間に、もし距離があるとすれば、何をおいてもこれを埋めねばならない。もしこの距離が形の上の迷信からきているとすれば、その迷信をうち破らねばならぬ。

学術文庫は、内外の迷信を打破し、学術のために新しい天地をひらく意図をもって生まれた。文庫という小さい形と、学術という壮大な城とが、完全に両立するためには、なおいくらかの時を必要とするであろう。しかし、学術をポケットにした社会が、人間の生活にとってより豊かな社会であることは、たしかである。そうした社会の実現のために、文庫の世界に新しいジャンルを加えることができれば幸いである。

一九七六年六月

野間省一